论道稷下：

新材料、新方向下的中国古代文化

陈嘉礼　林稚晖　主编

山东大学出版社
SHANDONG UNIVERSITY PRESS
·济南·

图书在版编目(CIP)数据

论道稷下：新材料、新方向下的中国文化 / 陈嘉礼，林稚晖主编．—济南：山东大学出版社，2023.5
ISBN 978-7-5607-7839-6

Ⅰ．①论… Ⅱ．①陈… ②林… Ⅲ．①文化史—中国—古代—文集 Ⅳ．①K220.3-53

中国国家版本馆CIP数据核字(2023)第079774号

责任编辑　李　港
封面设计　王秋忆

论道稷下：　新材料、新方向下的中国古代文化

LUNDAOJIXIA：XINCAILIAO XINFANGXIANG XIA DE ZHONGUO GUDAI WENHUA

出版发行　山东大学出版社
社　　址　山东省济南市山大南路20号
邮政编码　250100
发行热线　(0531)88363008
经　　销　新华书店
印　　刷　济南华林彩印有限公司
规　　格　787毫米×1092毫米　1/16
　　　　　14.75印张　268千字
版　　次　2023年5月第1版
印　　次　2023年5月第1次印刷
定　　价　58.00元

序　言

陈嘉礼[*]　林稚晖[**]

人文学界历来致力于探索中国古代文化的新研究方向，发掘新材料。近数十年来，中外前辈学者和后起之秀不断在新资料的基础上开拓出新议题，或对原有资料再行深刻发见，在多个领域屡屡推动研究范式的转向，硕果累累。现今文史研究在研究方法的多样性、资料的丰富性和学科交叉等方面，皆前所未有。

本书是"论道稷下：新材料、新方向下的中国古代文化研究"学术会议之论文集。是次会议由山东大学儒学高等研究院主办，于2021年1月8日举行，来自中国、日本、新加坡、美国等地的学者通过网络会议方式参与。本书所收论文分四个专题，在研究方法上博集兼有，包括典籍诠释、文图互见、文本析读；主题上古新并聚，探讨中国古代文学与文化的多样性和可能性，包括宗教信仰、社会文化、中外交流、性别研究等，其中多篇论文即已相互形成对话。当然，无论研究角度抑或材料，本书的"新"都并非开创性的，亦未及颠覆某一领域的研究现状，而是建基于学界近数十年来在各个方向不断推陈出新所获得的丰硕成果之上。因此，本书冀望对已探研成熟的议题提供新的思考与阐释，同时在各个方兴未艾的新方向有所推进。

"古代文化、社会与宗教"专题所录之三篇论文围绕古人对大自然和社会生活的想象、诠释和转化，落实到古人的具体实践中，即表现为信仰演变、伦理内涵推演和知识体系构建三者的结合。翟奎凤从"皇天后土"一词探讨早期中国的天地信仰与祭祀。他指出，"皇天后土"可能源自《诗经》中的"旻天（上天）、下土"，最初所指为天地神灵，即审视人间活动的人格神，其后被赋予更多自然义、

---

* 陈嘉礼，山东大学儒学高等研究院副教授。

** 林稚晖，现任教于香港理工大学。

空间义乃至法则义。翟氏留意到，“后”与“皇”都有帝王、神圣、伟大之义，但是后来在人们的认知中，“皇天后土”被理解为一种阴阳关系，在天父地母的观念下，后土被女性化，成为地母神。此外，“后土”还作为五行五政之土政，与平治水土以及社神发生了关联。汉代的天地祭祀与冬至、夏至及阴阳交合密切起来，对后世影响深远。

黄景春关注五通神，比较儒释道及民间信仰中对五通神的想象和态度。五通仙人是佛经反复提到的外道人物。在中国南方，五通仙与山魈融合，出现了在树上构巢的五通神。此五通神拥有山魈的状貌和行为特点。黄氏认为，这些影响到人们对五通神的想象，把他叙说成盗窃财物、淫占妇女、好恶作剧的妖物。五通神能盗来财物，被视作财神，伴随而来的是民间借元宝、还阴债、茶筵等仪式。但在儒者看来五通神诲淫诲盗，是典型的邪神，其祭拜仪式都是扰乱民心的淫祠赛会。官方多次发起禁毁淫祠运动。五通神声名狼藉，转而以五显、五圣、五路等多种名号出现，保留了财神职能，剔除秽行，增加了忠孝、公平、正义的伦理内涵，因而被称作五路财神，并得到了民众、儒者、官方的接受。有见及此，黄氏总结，五通神演变成五路财神，是民众信仰功利性、巫祝神格建构、儒者伦理教化、国家治理策略共同发生作用的结果。

段晓琳的研究则着重古代社会史和文本史，关注明人如何沿革和化用宋代有关西湖的记载。明末的地理书籍、旅游手册和地图出版蔚然成风。在此背景下，出现了有关某一个具体山川湖泊的地方志，而不局限于传统的郡县方志。杭州西湖成为第一个拥有地方志的旅游景点。段氏此篇旨在探讨明代如何对宋代文献中有关杭州的地理知识进行复述、化用和传播，通过比较宋明两代的文献记载，她指出，二者在风景名胜的叙事结构和制图的空间逻辑上有很强的连续性。明人的活动一方面参考了历史上的知识体系，另一方面也因晚明旅游的商业化发展而展现出新的特点。段氏更进一步论述，人们对某个地方的追忆是由一种真实或者想象中的移动视角所引发。

“古代中外交流”专题以中日为重点，所收之四篇论文既有分别探讨中国和日本之作，亦有中日比较论述，所关注的时期也正好互相衔接，从不同角度分析15世纪中期至20世纪初中日交流的一些侧面。胡炜权关注日本战国时代的汉学肇始，分析武士遗训等史料，认为日本战国时代的汉学并非空白，而是在日本汉学史发展上有不可轻视的作用。胡氏指出，在这段漫长的战乱日子里，即便知识传播受到掣肘，战国武士通过僧侣的教导，在行为和道德思想上已经受到儒家思想的影响，而且从自身的修为到教化家臣上都借用汉学的智慧，实可视为下启江户时代儒学大兴之基础。

许建业的研究集中于晚明与日本江户时期，取“汉文化圈”的宏观视野，梳辨和比照李攀龙所编之《唐诗选》在这两个出版高峰时期的流转情况。在此基础上，许氏进一步考察该部诗选在这两个时段的印刻情况与文本生成、流衍等的关系，具体含涉晚明期间已出现的早期与现存版本系统以及江户时代的舶载与再刻情况，从而考察诗选的传续情况。他指出，晚明与江户的文人对其版本校订与追寻原本的考虑，也是文本流传过程中非常重要的一环；而不同出版环境之下《唐诗选》文本的挪借现象尤能反映文本生成状态与其所反映的文学文化意义。

西山尚志则探讨日本明治初期全面西方化背景下的“汉学复兴”热潮，分析及梳理其原因和具体内容。明治五年(1872)，明治政府公布“学制”，小学、中学阶段不设汉文、汉学内容，而以实学为中心。19世纪七八十年代，启蒙开化运动与自由民权运动兴起，西方思想文化更急剧渗透到社会的各个方面，导致儒学、汉学的社会地位似有降低。但实际上，在东京等大城市中，人们对汉学教育的需求依然很高，当时东京的汉学系私塾甚至多于英学。1880年前后逐渐出现批判、反思西洋化，并重视汉学、儒学式教育的意见，形成“汉学复兴”热潮。他分析指出，趁此热潮，明治政府试图通过义务教育普及儒学式道德教育，介入国民的内在道德，形成以天皇为顶点的“一大血族”型民族国家。

王日根的研究视角则与以上三篇异趣，从光绪三十四年(1908)的中日“二辰丸案”透析中国晚清时期朝廷和南方官员的海权意识分歧。当年日本二辰丸号商船被广东地方查扣，引起双方交涉。王氏指出，两广总督张人骏运用国际法准则，与日方进行了有理有节的斗争，体现了中国南方官员海权意识的增强及对国家利益的维护，但清廷囿于对国际形势的不理解，财力投入不足，多取苟安和息事宁人的对策，丧失了自我维护的能力。作者认为，晚清时期虽然海权意识在增强，但维护国家海洋权益的能力却在减弱。

“古代文学与文本”专题内四篇文章着重中国古代典籍的新解读、新诠释、新传播和传承，展示古代文本的丰富性和活力。《易》是常读常新的经典，张文智和韩子奇两位学者从不同角度进行新的诠释。张文智考察《周易》中的阴阳观，认为除“阴阳对待”“阴阳交错”“阴阳流转”“阴阳合和”等方面之外，亦有必要明晰《周易》经传本身是“崇阳抑阴”还是“崇阴抑阳”。张氏综合分析《周易》经传所蕴含的本体生成论，认为从“先天”的角度来看，《周易》确实是“崇阳抑阴”，而从“后天”的角度来看，《周易》则更为“崇阴抑阳”。

韩子奇则以“忧患意识”为视角，探讨《易经》在中国古代从六十四卦发展到《十翼》再延伸出多种注解的发展脉络。他指出，《易经》基于阴阳学说，展现宇宙中两大此消彼长的元素，除了描述稳定的宇宙结构、颂扬人类发挥宇宙和自身力量外，还涉及如何看待及应对混乱、灾祸和偶然性。韩氏发现，中国早期对《易》的解读倾向人在不确定性、不可预测性和偶然性的被动处境，而之后的解读则着重人的能动性，从“危”与“机”的辩证关系中看见“化危为机”的可能，这正反映了古人忧患意识的转变。

雷晋豪对另一典籍《穆天子传》中的其中四个疑难字进行释读，比较字形的版本之别,整理前贤诸说,并运用古文字资料加以诠释。雷氏的研究不仅增进对这部古书的文意理解,也就该书的情节安排、历史地理、版本流传以及八骏的命名等方面提出新的认识。

衣若芬的研究则超越文字文本,提出需重视广义“图像”的重要性,建立和发展“文图学”这一新颖的研究方向。衣氏结合例子考察当代中国和西方创作者如何运用绘本激活中国经典文学,对古代经典在当代的传播、传承、理解和接受等方面皆提出有趣的观察。

“古代性别与家庭”专题所收四篇论文关注明代至民国期间的两性互动、女性自我表达和家庭生活表达。赵橙从图像学、符号学角度探讨明清图绘文本中所见的园林与性别空间,通过对明清女性题材绘画中有关园林配景与女性活动的细致剖析,揭示其时男性以既定性别权力观玩女性与女性努力自觉建立主体意识两者并存、多元交织的性别实践,从而发掘潜藏在明清园林中的多重性别话语与两性互动。作者指出,一方面男性画者/观者沿袭闺怨诗的传统创作/观看仕女画,以梧桐、湖石彰显女性的依附人格,或将她们描摹/想象成弱柳扶风之状、情色挑逗之态,女性命运与园林景观一样,皆属承载男性视觉欲望的客体物象。另一方面,部分男性画者成功塑造了深具自主性、文人化的“新”女性形象,赋予她们在园中读书、赋诗、题字、作画、雅集、博古等权利。

林稚晖则从“日常生活”角度关注清代女性笔下有关对镜自照这一碎片式“琐事”的感悟。作者认为,明清女作家恰如其分地把对镜自照变成了表达生命历程中的情感记忆以及进行人生思考的途径。透过临镜自赏、拒镜避镜、重开鸾镜等种种细节,女性将“对镜”变成情绪流转的动态场域。以镜为媒,女性展现出丰富的自我寻索层次:从身体观察到人生省思,再到有关真与幻的形而上思索。由此可见,女性笔下的日常事象其实是文化传统与女性个体经验的融合。

刘晓艺的论文围绕《在中国寻求风雅:超越性别与阶级的商榷》(中译本)探讨明清及民初的“风雅”概念,评介书中所收文章及探讨有关书题的中译用词。

林存秀的研究关注民国初年的家庭情节剧,指出1913年后家庭剧的演出盛行一时,传统以维护宗族伦理的惩戒剧和伦理教化剧,渐渐向以爱情为中心的家庭情节剧转变。“游园”情节在新剧中的出现是这一变化的表征。同时,家庭情节剧作为一种融合了中国传统戏剧的形式,又受到外来戏剧的极大影响,是特定历史时期社会形态的隐喻和缩影。作者认为,家庭情节剧的出现,和核心家庭的出现相关,也要放在工业化和城市化的背景中来考虑。

本书的出版,得到诸方支持。首先,各论文的初稿都于上述的“论道稷下:新材料、新方向下的中国古代文化研究”学术会议上发表。该会议蒙山东大学儒学高等研究院支持及赞助,党委书记李平生教授于会上致欢迎辞,向各与会者介绍儒学高等研究院现况,并指出此次会议广邀国内外优秀学者参会,互相交流，是体现山大国际化的办学特色。本书的编辑工作，也得到山东大学儒学高等研究院老师及学生助理的帮助，张扬老师联系出版社及行政支持，王露晗、苟朋星、王明琪同学协助文稿处理，张猛、仙刘鑫同学负责全书统一格式及检查字体、错别字等，在此一并致谢。

21世纪的中国古代文化研究，应该继续开拓新的材料和利用新的方向。千里之行，始于足下。本书的出版，旨在抛砖引玉，期望后来者能承先启后，对新时代中国古代文化研究继续作出贡献。

陈嘉礼、林稚晖

2021年9月

目　录

古代文化、社会与宗教

古代中外交流

古代文学与文本

古代性别与家庭

古代文化、社会与宗教

皇天后土：早期中国的天地信仰与祭祀

翟奎凤*

摘　要："皇天"一词早在西周时期就已经出现。从今文《尚书》及西周金文来看，"皇天"在早期作为绝对至上神，不与"土"或"地"相对。从《左传》《国语》等文献来看，春秋时期，"皇天后土"一词已经开始出现。"皇天后土"可能导源于西周晚期《诗经》中所说"旻天（上天）""下土"，最初其基本上是天地神灵的意思，作为人格神监视着人间的活动，其后也赋予了更多的天地自然义、空间义，乃至法则义。"后"与"皇"都有帝王、神圣、伟大之义，但是后来在人们的认知中，皇天后土被理解为一种阴阳关系，在天父地母的观念下，后土被女性化，成为一种地母神。此外，后土还作为五行五政之土政，与平治水土以及社神发生了关联。汉武帝创立并亲临的甘泉泰畤、汾阴后土祭祀成为西汉最为重要的国家祭祀，是汉武帝系列改革的重要组成部分。泰畤、后土祭祀也被理解为一种天地祭祀，泰一相当于皇天。匡衡、王莽主张的南北郊祭祀，开始以《周礼》《礼记》等儒家经典来规范统一政权的天地祭祀，在时间上天地祭祀与冬夏至及阴阳交合密切起来，这对后世影响深远。

关键词：皇天；后土；天地；汉武帝；王莽

一、作为绝对至上神的"皇天"

一般认为，"天"字在甲骨文少见，在西周才开始普遍出现。[①]胡厚宣说："终

*　翟奎凤，山东大学儒学高等研究院教授、博士生导师。

①　郭沫若认为，"殷时代是已经有至上神的观念的，起初称为'帝'，后来称为'上帝'，大约在殷周之际的时候又称为'天'：因为天的称谓在周初的《周书》中已经屡见，在周初彝铭如《大丰簋》和《大盂鼎》上也是屡见，那是因袭了殷末人无疑"（郭沫若：《先秦天道观之进展》，《青铜时代》，《郭沫若全集·历史编》第一卷，北京：人民出版社，1982年，第324页）。

殷之世，未见天称。”“称帝为天，盖自周武王时之《大丰簋》言‘天亡尤王’始。”[①]而且在早期，“天”也多在人格神意义上来使用。如果说“帝”“上帝”代表了殷人的至上神，那么“天”“皇天”则代表了周人的至上神。

“皇天”一词在早期文献《尚书》中多有出现，而且集中见于《周书》部分。下面就一般认为较为可靠的今文《尚书·周书》部分，讨论“皇天”一词的早期用法及其思想意义。

《周书·梓材》是周公教导康叔如何治理殷商故地的训告之词，里面说：“皇天既付中国民越厥疆土于先王，肆王惟德用，和怿先后迷民，用怿先王受命。”[②]意思是说，“上帝既然已经把中国的臣民和疆域赐予先王，当今的王只有施行德政，教导殷顽民，使之心悦诚服，以此完成先王所承受的大命”[③]。这里“皇天”的意思就是上帝、上天，有强烈的意志性，能主宰改变一个王朝政权命运，这个含义在《尚书》中被反复强调。

成王欲迁都洛阳，先派召公去经营。周公视察洛阳时，召公委托周公上书，告诫成王应当敬德，使天命长久，于是《周书·召诰》说道：“呜呼！皇天上帝，改厥元子兹大国殷之命，惟王受命，无疆惟休，亦无疆惟恤。呜呼！曷其奈何弗敬？”引文意为：“呜呼！伟大的上帝，更换了天子，终止了大国殷商的福命，周王承受了大命，无限美好，也无限忧患。唉！怎么能不谨慎呢？”[④]这里“皇天上帝”的说法很特别，在《尚书》中也仅此一见。东汉班固《白虎通·三军》中说：“文者先其文，质者先其质，故《论语》曰：‘予小子履，敢昭告于皇天上帝。’此汤伐桀告天，用夏家之法也。”[⑤]此“夏”字，《四部丛刊初编》所收录《白虎通德论》，为影印江安傅氏双鉴楼藏元刊本，于此作“忧”，显误；同时，所引《论语》少了“敢用玄牡”四字。《白虎通·三正》也载有类似言论：“文者先其文，质者先其质。《论语》曰：‘予小子履，敢用玄牡，敢昭告于皇王后帝。’此汤伐桀告天，以夏之牲也。”[⑥]所用即“夏”。这两处所记《论语》一作“皇天上帝”，一作“皇王后帝”，而通行本《论语·尧曰》篇又作“皇皇后帝”。这句话是成汤说的，据胡厚宣的看法，商代没有至上神意义上的天，那么，通行本作“皇皇后帝”应该更为合理，“皇皇”是形容“后帝”。“皇皇后帝”的说法还见于《诗经·鲁颂·閟宫》：“皇皇后帝，皇祖后稷。”

---

① 胡厚宣：《殷代之天神崇拜》，《甲骨学商史论丛初集（外一种）》（上），石家庄：河北教育出版社，2002年，第239页。

② 李民、王健撰：《尚书译注》，上海：上海古籍出版社，2010年，第283页。

③ 李民、王健撰：《尚书译注》，第284页。

④ 李民、王健撰：《尚书译注》，第288～289页。

⑤ 班固：《白虎通义》卷上，《景印文渊阁四库全书》第850册，台北：台湾商务印书馆，1983年，第26页。

⑥ 班固：《白虎通义》卷下，《景印文渊阁四库全书》第850册，第48页。

“后”本义是君王,“后帝”可以说即是上帝。

“皇天上帝”的说法对后世影响颇大,《礼记·月令》说季夏之月:“是月也,命四监大合百县之秩刍,以养牺牲。令民无不咸出其力,以共皇天上帝、名山大川、四方之神,以祠宗庙社稷之灵,以为民祈福。”(此句也见于《吕氏春秋·季夏纪》,《淮南子·时则训》对季夏之月也有类似之说)又于季冬之月说:“乃命太史次诸侯之列,赋之牺牲,以共皇天上帝、社稷之飨。乃命同姓之邦,共寝庙之刍豢。命宰历卿大夫至于庶民土田之数,而赋牺牲,以共山林名川之祀。凡在天下九州之民者,无不咸献其力,以共皇天上帝、社稷、寝庙、山林、名川之祀。”(又见于《吕氏春秋·季冬纪》,《淮南子·时则训》对季冬之月亦有类似之说)《大戴礼记·盛德》中说:“夫民思其德,必称其人,朝夕祝之,升闻于皇天,上帝歆焉,故永其世而丰其年”,否则“夫民恶之,必朝夕祝之,升闻于皇天,上帝不歆焉;故水旱并兴,灾害生焉”。那么,皇天与上帝两者有什么关系呢?若仅就《大戴礼记》分析,“皇天”似有空间性,“升闻于皇天”有上达天庭的意思,而上帝是纯意志性存在。

《召诰》中又引周公之言:“其作大邑,其自时配皇天,毖祀于上下,其自时中乂。王厥有成命治民。”意思是说,“要建大都洛邑,要从此以周的先祖先王配享伟大的上帝,谨慎地祭祀天神地祇,要从此居中治理国家。王已经有美好的福命治理人民”。[①]先王去世后,“宾于上帝”,到上帝身边做客,这种配帝、配天说非常古老。在《周书·君奭》中,周公对召公说:“我闻在昔成汤既受命,时则有若伊尹,格于皇天。在太甲时,则有若保衡。在太戊时,则有若伊陟、臣扈,格于上帝。”意思是“我听说过去在成汤的时候,已经接受上帝赐予的大命,当时就有个伊尹辅佐成汤,祭祀时享配于天。在太甲的时候,就有个保衡。在太戊的时候,就有伊陟、臣扈分别辅佐,祭祀时享配于上帝”。[②]这里同时出现了“格于皇天”“格于上帝”,那么,“皇天”“上帝”并列,似乎皇天又高于上帝。“上帝”为殷人信仰旧称,而“皇天”为周人新的信仰。“格”也通“假”,如《史记·燕召公世家》引述此语则作“汤时有伊尹,假于皇天;在太戊时,则有若伊陟、臣扈,假于上帝”,“格”“假”,两者皆为“升”“感”通义,这里是升闻于皇天、上帝的意思。

在《康王之诰》中,太保和芮伯对康王说:“敢敬告天子,皇天改大邦殷之命,惟周文武诞受羑若,克恤西土。”[③]意思是“恭敬地禀告天子,皇天更改了大国殷的大命,周文王、武王完全承受大命,他们能够关怀西方的民众”。[④]康王敬答众

① 李民、王健撰:《尚书译注》,第289、291页。

② 李民、王健撰:《尚书译注》,第323、325页。

③ 类似言论亦见于《逸周书·祭公解》,祭公谋父对周穆王说:“敢告天子:皇天改大殷之命,维文王受之,惟武王大克之。”

④ 李民、王健撰:《尚书译注》,第381、382页。

臣，里面也说道："昔君文武丕平富，不务咎，厎至齐，信用昭明于天下。则亦有熊罴之士，不二心之臣，保乂王家，用端命于上帝。皇天用训厥道，付畀四方，乃命建侯树屏，在我后之人。"意思是"从前我们的君王文王、武王非常完美，省刑罚，尽可能做到公平适当；以信义昭明于天下。所以就有像熊罴一样勇敢的将士，忠贞不二的大臣，保卫治理我们周国，从上帝那里承接天命。皇天用大道来教导先王，把天下交给先王，先王命令分封诸侯，树立藩卫，眷顾我们这些子孙后代"。[①]这里"上帝""皇天"同时出现，但似乎"皇天"更有权威性。

"皇天"一词在周代金文中也多有出现，有时称"皇天王"，也有以"上帝""皇帝""皇上帝"等词来指示至上神。[②]那么，总体上我们可以把"天""皇天"视为周人的新信仰，而"上帝"为殷人信仰，两者总体意思接近，有时混用，甚至融合着用，如"皇帝"一词在金文中出现过，在《周书·吕刑》中也有"皇帝哀矜庶戮之不辜，报虐以威，遏绝苗民，无世在下"，"皇帝清问下民鳏寡有辞于苗"，这些"皇帝"都是指皇天、上帝，并非后人所理解的君主。[③]

《诗经》中也出现"皇天"两次，《周颂·雝》据说是武王祭祀文王时的颂歌，颂诗中说"燕及皇天，克昌厥后"，大意是文王德馨，上天欣悦，兴旺子孙。《大雅·抑》据说是西周末一位老臣（一说卫武公）对周王的讽谏劝告，里面说道："肆皇天弗尚，如彼泉流，无沦胥以亡。"意思是说，皇天不再保佑，就像那泉水流，逐渐要消亡。这些也流露出皇天的意志与君王的德性是密切相关的。

以上作为至上神的"皇天"，是绝对的唯一，是超越时空的，不与土、地相对。这是"皇天"的早期（西周时期）用法。

二、"皇天""后土"并提与天地信仰观念

今文《尚书》中多言"皇天"，但没有"后土"一词。古文《尚书》中的"后土"，而且是"皇天后土"连用，仅见于《周书·武成》："厎商之罪，告于皇天、后土，所过名山、大川。"但这一篇是公认晚出的文献。这里"皇天、后土"与"名山、大川"连用，与《礼记·月令》季夏之月中所说"以共皇天上帝、名山大川、四方之神"有些类似，但以"后土"取代了"上帝"。

西周后期的一些诗歌常用到"下土"一词，如《诗经·小雅·小旻》中说"旻天疾威，敷于下土"，《小雅·小明》中也说"明明上天，照临下土"，这两处都是"天"

① 李民、王健撰：《尚书译注》，第381、382～383页。

② 参见郭沫若：《周彝之中传统思想考》，《金文丛考》，《郭沫若全集·考古编》第五卷，北京：科学出版社，2002年，第25～26页。

③ 郭沫若：《周彝之中传统思想考》，《金文丛考》，《郭沫若全集·考古编》第五卷，第27页。

与“土”相对,“旻天”“上天”与“皇天”意思相近[①],但与“下土”相对,有了一定空间性,在一定意义上“日月星辰”就是天的一部分或象征。《诗经·邶风·日月》中说:“日居月诸,照临下土。”又说:“日居月诸,下土是冒。”这里与“下土”对应的“日月”,意思与“明明上天”当为一致,这样的话“天”的人格神意义就开始减弱,有了更多的空间义、日月光明义。

应该认为,“下土”一词的出现,早于“后土”。但在先秦两汉,“后土”出现的频率远高于“下土”,一定意义上可以说,“后土”取代了“下土”。而且“后土”一词出现时,常常与“皇天”连用,与“下土”观念相比有更强的信仰和人格神意味。“上天(旻天)”“下土”有可能是“皇天”“后土”观念的重要导源或前身。当然,“后土”的说法与“后帝”之说可能也有一定关系。

关于后土的说法,我们现在能见到的较早的出处是《左传》《国语》。据《左传·僖公十五年》记载,公元前645年,秦国与晋国发生战争。晋惠公被秦俘虏,秦穆公见晋国大夫们披头散发地跟在后面,就说:“二三子何其戚也,寡人之从君而西也,亦晋之妖梦是践,岂敢以至。”意思是“我不会杀掉你们的国君,你们不必太悲伤”。晋国大夫“三拜稽首”,回答秦穆公说:“君履后土而戴皇天,皇天后土,实闻君之言,群臣敢在下风。”意思是,您说不杀我们国君的话,皇天后土都听到了。这里不但“皇天”“后土”连用,而且还用了“履后土”“戴皇天”的说法。后来《淮南子》《文子》《管子》中都有“戴圆履方”或“戴大圆、履大方”之说,这里“方圆”代指天地,而有“圆”意象的天,即是有空间意象性的天或天道。“戴皇天”“履后土”即后来常说的戴天履地,《大戴礼记·虞戴德》中就说:“戴天履地,以顺民事。”《左传》中的“戴皇天”之说,“皇天”实际上也有了空间性。当然,这时“皇天”“后土”的神性也是很强的。

《国语·越语下》记载,范蠡辅佐勾践打败吴国后,就泛舟五湖,飘然而去,越王心里不是滋味,觉得无以为报,就“命工以良金写范蠡之状而朝礼之,浃日而令大夫朝之,环会稽三百里者以为范蠡地”,并且说“后世子孙,有敢侵蠡之地者,使无终没于越国。皇天后土、四乡地主正之”。这里的“皇天后土”就是天地神灵的意思,与《左传·僖公十五年》里的说法类似。韦昭注曰:“乡,方也。天神地祇,四方神主当征讨之,正其封疆也。”[②]他把这里的“四乡地主”理解为“四方神主”,表达的是天地四方即六合整体性空间,当然,其真正意思是说空间中所

① 一般认为作于秦汉时期的《尔雅》,其《释天》篇有:“春曰苍天,夏曰昊天,秋曰旻天,冬曰上天。” 汉末刘熙所撰《释名》,在《释天》篇又进一步解释说:“春曰苍天,阳气始发,色苍苍也。夏曰昊天,其气布散皓皓也。秋曰旻天。旻,闵也,物就枯落,可闵伤也。冬曰上天,其气上腾,与地绝也。”在这些解释中,“天”自然化倾向比较强烈,而《尚书》《诗经》等早期文献中,更多是在人格神意义上来论述天。当然,在“上天”和“下土”观念中也包含着自然空间含义。

② 韦昭注:《国语》卷二一,《四部丛刊》影杭州叶氏藏明嘉靖翻宋本,第303页。

有的神灵都会来监视此誓言。

《吴越春秋》的《勾践入臣外传·越王勾践五年》中记载，勾践被俘，向吴王跪拜称臣，感谢其不杀之恩，说："东海贱臣勾践，上愧皇天，下负后土，不裁功力，污辱王之军士，抵罪边境。大王赦其深辜，裁加役臣，使执箕帚。诚蒙厚恩，得保须臾之命，不胜仰感俯愧。臣勾践叩头顿首。"这里"上愧皇天，下负后土"与后世"愧天怍地"的讲法类似，天地皆为神灵性存在。《吴越春秋》卷八记载，勾践归国后，志在复仇，范蠡为其仿天地之象筑城，感应上天，有怪山生出，其象如昆仑，越王说："寡人闻昆仑之山，乃天地之镇柱也。上承皇天，气吐宇内；下处后土，禀受无外。滋圣生神，呕养帝会。故五帝处其阳陆，三王居其正地。吾之国也，扁天地之壤，乘东南之维，斗去极北，非粪土之城，何能与王者比隆盛哉？"①范蠡回答说："君徒见外，未见于内。臣乃承天门制城，合气于后土，岳象已设，昆仑故出。越之霸也。"这里"皇天、后土"较为近于自然义。这种自然天地意义上的皇天、后土，在《楚辞》中体现得更为明显，如《九辩》中说："皇天淫溢而秋霖兮，后土何时而得漧。"《七谏·怨世》中说："皇天保其高兮，后土持其久。"《九章·橘颂》中说："后皇嘉树，橘徕服兮。""后皇"一般认为是皇天、后土的简称，这里也近于自然天地义。当然，即便在这种近于自然义的语境下，其信仰人格神意味也不能说就完全消退了。

《司马法·仁本》中也说："其次，贤王制礼乐法度，乃作五刑，兴甲兵，以讨不义。巡狩省方，会诸侯，考不同。其有失命乱常，背德逆天之时，而危有功之君，遍告于诸侯，彰明有罪。乃告于皇天上帝，日月星辰，祷于后土四海神祇，山川冢社，乃造于先王。然后冢宰征师于诸侯曰：'某国为不道，征之。以某年月日，师至于某国会天子正刑。'"今文《尚书·召诰》就有"皇天上帝"一词，这里将之与"后土"对举并提，以"日月星辰"为天神之属，"山川冢社"为地祇之属。

在汉代，皇天、后土的用法，有的是哲学意义，实际上讲的是天地之道或天地之德，如《汉书·扬雄传上》载，扬雄在《广骚》中说："汉十世之阳朔兮，招摇纪于周正。正皇天之清则兮，度后土之方贞。"这里实际上是以"清则""方贞"来表述天地之德。《论衡·书解》中说："上天多文而后土多理。"这实际上表述的也是天文、地理。《后汉书·皇后纪下》载，东汉末董卓胁迫汉少帝饮鸩自杀，临死前唐姬悲歌曰："皇天崩兮后土颓，身为帝兮命夭摧。死生路异兮从此乖，奈我茕独兮心中哀。"这里是以天崩地裂、天塌地陷来形容皇权的覆灭。有的用法也延续了先秦天地神灵的意思，如《后汉书·霍谞传》载，东汉霍谞十五岁上书大将军梁商，为舅舅宋光喊冤求情，其中说："将军天覆厚恩，愍舅光冤结，前者温教许为平议，虽未下吏断决其事，已蒙神明顾省之听。皇天后土，实闻德音。"又如《后

① 张觉译注：《〈吴越春秋〉全译》，贵阳：贵州人民出版社，2008年，第237页。

汉书·臧洪传》载，东汉末臧洪在讨伐董卓的联军盟誓中说：“凡我同盟，齐心一力，以致臣节，陨首丧元，必无二志。有渝此盟，俾坠其命，无克遗育。皇天后土，祖宗明灵，实皆鉴之。”这个意义上的皇天后土，与我们今天常说的“向天地发誓”意思相近。“皇天”“后土”“祖宗”并列在一起实际上也是天神、人鬼、地祇三才鬼神观念的反映。

总体上来看，“后土”一出现即与“皇天”密切关联。萧登福认为：

> 古时王者称“后”，如“夏后”，即是夏王或夏帝之意。“后土”一词，未必如俞琰所说是作“厚土”解。后土与皇天相对，大有“天”为“皇”，“地”为“后（王、帝）”之意。天皇而地后，“后”与“皇”同指帝王，而“后”较“皇”略低一级，二者皆是统治者之称号。皇天后土，犹言天皇地帝。“后”既是统治者之称，所以后土不应固定为女性神。后土地神出现女性神，可能和天父地母、天阳地阴之说有关，乾为天，坤为地，天健而地顺，自然而产生大地之神为女性神的联想。再者史上以女娲为地皇，于是更易联想到后土皇地祇应为女性。今日大陆及台湾所见的“后土”，都被称为“后土娘娘”“地母娘娘”或“地母至尊”；既是娘娘或母，则非女性莫属了。①

萧先生的看法是中肯的。“后”与“皇”相对，均有帝王、浩大、神圣之义，其女性形象是因着天父地母观念而衍生的。《汉书·礼乐志》载汉武帝时创作的郊祀歌十九章，其中就说“后土富媪，昭明三光”，从这里来看，后土形象已经开始女性化。

三、五行职官系统观念中的“后土”

在一些先秦文献中，“后土”还是一种与管理土地、水土有关的职官。如《左传·鲁文公十八年》记载，公元前609年，莒国太子仆杀父盗宝来投奔鲁国。鲁国执政卿季文子下令驱逐太子仆，并陈说一番大道理：“舜臣尧，举八恺，使主后土，以揆百事，莫不时序，地平天成。”杜预注曰：“后土，地官。禹作司空，平水土，即主地之官。”②禹为舜所举“八恺”之一。“地平天成”也见于伪古文《尚书·大禹谟》，舜对禹说：“俞！地平天成，六府三事允治，万世永赖，时乃功。”孔安国说：“水土治曰平，五行叙曰成。”③按这种解释的话，这里“后土”是一种官职，为主地之官。

后土作为主地之官，还被纳入五行系统中，与金木水火并为五正，如《左传·鲁昭公二十九年》记载，公元前513年，晋国大夫蔡墨论“龙”时说到五行、五祀之官：“故有五行之官，是谓五官，实列受氏姓，封为上公，祀为贵神，社稷五祀，是尊

① 萧登福：《后土与地母——试论地土诸神及地母信仰》，《运城学院学报》2005年第1期。

② 《春秋左传正义》中册，北京：北京大学出版社，1999年，第579页。

③ 《尚书正义》，北京：北京大学出版社，2000年，第354页。

是奉。木正曰句芒，火正曰祝融，金正曰蓐收，水正曰玄冥，土正曰后土。”又说：“少皞氏有四叔，曰重，曰该，曰修，曰熙，实能金木及水。使重为句芒，该为蓐收，修及熙为玄冥，世不失职，遂济穷桑，此其三祀也。颛顼氏有子曰犁，为祝融，共工氏有子曰句龙，为后土，此其二祀也。后土为社，稷，田正也。有烈山氏之子曰柱，为稷，自夏以上祀之，周弃亦为稷，自商以来祀之。”这里的对应关系如下表1所示：

表1　《左传》五行·五神对应关系

木正	火正	金正	水正	土正
句芒	祝融	蓐收	玄冥	后土
重	犁 （颛顼氏之子）	该	修、熙	句龙 （共工氏之子）

这里也是以后土为土正，是一种官职，与上文鲁文公十八年季文子“使主后土”的说法相近。所谓“共工氏有子曰句龙，为后土”，也当是说后土为句龙的官职职能所在，与大禹一样，在平治水土方面，皆有大功于人民，因此被封为社神。①

《孔子家语·五帝》中孔子与季康子对话所论五行、五正，与《左传》蔡墨所论基本一致。这种带有一定神话性的叙事多半是后人演绎构造的，后来《礼记·月令》也基本延续了这种说法，其关系如下表2所示：

表2　《礼记·月令》四时、五行、五帝、五神、五方对应关系

春	夏	季夏	秋	冬
其帝大皞	其帝炎帝	其帝黄帝	其帝少皞	其帝颛顼
其神句芒	其神祝融	其神后土	其神蓐收	其神玄冥
木	火	土	金	水
东方	南方	中央	西方	北方

对于此对应关系，《吕氏春秋》、《白虎通·五行》、蔡邕《独断》与《礼记·月令》说法一致，唯《独断》中东方帝为“太昊”，南方帝为“神农”，西方帝为“少昊”，当然，“昊”与“皞”可视为异体字关系。这样，关于“后土”的观念就出现了两种：一是与皇天相对的后土，一是作为土正之官以及五行祀之一的后土。前者为天地

① 《礼记·祭法》中说：“共工氏之霸九州也，其子曰后土，能平九州，故祀以为社。”《国语·鲁语上》亦言：“共工氏之伯九有也，其子曰后土，能平九土，故祀以为社。”《论衡·祭意》引“《传》或曰”：“炎帝作火，死而为灶。禹劳力天下水，死而为社。”所谓“共工之子”为后土，准确来说应该是为后土官，主平土政，有功勋，故祀为社神。大禹也因平治水土有功而被封为社神。

阴阳系统，后者为五行系统。在五行职官系统中，后土为土政，在平治水土中有卓越功勋的句龙、大禹，后人为纪念他们，又封之为后土神、社神。同时，在一般意义上后土也是一种社神、土地神，与稷神即谷神相对。这样的话，虽然与土都有关系，后土神就有了三个参照：皇天、五行、社稷。

与《礼记·月令》等文献的记载类似，但又有所不同的是《越绝书·计倪内经》所载计倪的说法，他在向越王勾践谈治国之道时说：

> 臣闻炎帝有天下，以传黄帝。黄帝于是上事天，下治地。故少昊治西方，蚩尤佐之，使主金。玄冥治北方，白辨佐之，使主水。太皞治东方，袁何佐之，使主木。祝融治南方，仆程佐之，使主火。后土治中央，后稷佐之，使主土。并有五方，以为纲纪。

总结如下表3：

表3　　《越绝书》五行、五正、五方对应关系

西方	北方	东方	南方	中央
少昊 （蚩尤佐之）	玄冥 （白辨佐之）	太皞 （袁何佐之）	祝融 （仆程佐之）	后土 （后稷佐之）
金	水	木	火	土

这里也是后土在中央，后稷为辅佐，二者同为土神，但以后土为主、后稷为辅。

《淮南子》中的《天文训》《时则训》也有相关叙述，据其内容，总结如下表4：

表4　　《淮南子》五行系统对应关系

东方	南方	中央	西方	北方
木也	火也	土也	金也	水也
其帝太皞	其帝炎帝	其帝黄帝	其帝少昊	其帝颛顼
其佐句芒	其佐朱明 （祝融）	其佐后土	其佐蓐收	其佐玄冥
执规而治春	执衡而治夏	执绳而制四方	执矩而治秋	执权而治冬
其神为岁星	其神为荧惑	其神为镇星	其神为太白	其神为辰星
其兽苍龙	其兽朱鸟	其兽黄龙	其兽白虎	其兽玄武
其音角	其音徵	其音宫	其音商	其音羽
其日甲乙	其日丙丁	其日戊己	其日庚辛	其日壬癸

这个对应系统更为广泛，但这里后土是辅佐黄帝来共同治土，与计倪的讲

法又有不同。当然,总体上来说,这些基本上都以后土配中央,主土正。然而,《管子·五行篇》"黄帝六相"系统下对"后土"的安排,与上面几种文献截然不同,它把后土配在北方:

> 故通乎阳气,所以事天也,经纬日月,用之于民。通乎阴气,所以事地也,经纬星历,以视其离。通若道然后有行,然则神筮不灵,神龟不卜,黄帝泽参,治之至也。昔者黄帝得蚩尤而明于天道,得大常而察于地利,得奢龙而辩于东方,得祝融而辩于南方,得大封而辩于西方,得后土而辩于北方,黄帝得六相而天地治,神明至。蚩尤明乎天道,故使为当时。大常察乎地利,故使为廪者。奢龙辩乎东方,故使为工师。祝融辩乎南方,故使为司徒。大封辩于西方,故使为司马。后土辩乎北方,故使为李。是故春者工师也,夏者司徒也,秋者司马也,冬者李也。昔黄帝以其缓急,作五声,以政五钟。令其五钟,一曰青钟,大音,二曰赤钟,重心,三曰黄钟,洒光,四曰景钟,昧其明,五曰黑钟,隐其常。五声既调,然后作立五行,以正天时。五官以正人位,人与天调,然后天地之美生。[①]

《管子》这里所说"黄帝六相"即天地、四方,后土位于北方,对应冬天,职责是"李",刘绩认为"李"是"狱官也。取使,象水之平也"[②]。后面也说到五行五钟,但是在黄帝六相系统下由于加入了天地,四时中没有分出季夏,所以五行五钟就很难严格对应。仅就后土而言,如果对应五行五钟的话,也很明显是对应"水""黑钟"。上面叙述可以简化为天地、四方、四时表(见表5):

表5　《管子·五行》天帝、四方、四时对应关系

天(阳气)	地(阴气)	东方	南方	西方	北方
蚩尤	大常	奢龙	祝融	大封	后土
当时	廪者	工师	司徒	司马	李
		春	夏	秋	冬

这个对应关系中,由于是天地、四方六合系统,后土作为四方之一,对应了冬天,在一般五行观念系统中,水主北方,又由此取象,把后土定为狱官。如此取象,大概是因为五行中水土关系密切,五行转成四象,把水土合并了。但这种观念与主流以后土居中央、为地官的观念出入很大,在后世的影响也比较小。

① 刘绩:《管子补注》卷一四,《景印文渊阁四库全书》第729册,台北:台湾商务印书馆,1983年,第435页。

② 刘绩:《管子补注》卷一四,《景印文渊阁四库全书》第729册,第435页。

总体上看，作为五行土正的后土，在空间上多配在中央，时间上配在季夏，这些对东汉时的五行祭祀实践产生了直接影响。

四、汉代国家祭祀中的“后土”与“皇天”

“后土”在一些用法中相当于祭祀中的社神，如《周礼·春官宗伯》：“国有大故，则旅上帝及四望。王大封，则先告后土。”又说：“建邦国，先告后土，用牲币。”“大封”，就是封建诸侯国、邦国，要用牲和玉帛来祭祀“后土”神。《礼记·檀弓上》：“国亡大县邑，公、卿、大夫、士皆厌冠，哭于大庙，三日，君不举。或曰：君举而哭于后土。”就是说，国家丧失了大的县邑，这些公职人员都要戴丧冠，在太庙中哭，君主三天内不能有宴乐，即使有必要的宴乐，也要去社坛去哭。“社”是封土，是领土，是国土。土地是一个政权存在最为重要的物质要素，有着很高的神圣性和标志性。重要的政治行为和变故，都要通过祭祀的形式向后土社神汇报。

到了汉代，后土祭祀正式成为大一统国家政权的官方行为。《史记·孝武本纪》载，公元前113年，十月，汉武帝在雍五畤祭祀青、赤、黄、白、黑五帝后说：“今上帝朕亲郊，而后土毋祀，则礼不答也。”相关部门官员奏议：“天地牲角茧栗。今陛下亲祀后土，后土宜于泽中圜丘为五坛，坛一黄犊太牢具。已祠尽瘗，而从祠衣上黄。”祭祀天地要用其角如蚕茧或板栗那样小的童牛，后土祭祀实际上就是祭地，这里“圜丘”应为“方丘”[①]。汉武帝于此年十一月甲子，在汾阴脽[②]（今运城万荣县境内）立后土祠[③]，并亲自前往祭祀。公元前112年，武帝又于云阳甘泉宫（今淳化县北部）建立泰畤，祭祀泰一神。田天认为，“西汉初年高、文、景三朝基本沿袭秦制，以雍五畤和陈宝祠为国家最高祭祀。武帝对国家祭祀进行了极大改造，立甘泉泰畤、汾阴后土祠为最高祭祀”[④]，“与至上天神同祭的最高地祇为后土，这两种祭祀相互配合，成为汉家独有的天地之祭。甘泉泰畤—汾阴后土祠之祭，在后代往往并称，这是汉武帝对秦帝国祭祀体系最为重要的

---

① 《周礼·春官宗伯》说：“冬日至，于地上之圜丘奏之，若乐六变，则天神皆降，可得而礼矣”，“夏日至，于泽中之方丘奏之，若乐八变，则地祇皆出，可得而礼矣”。祭祀天神是在冬至一阳生之时，地上圜丘也是取天道圆之象，祭祀地祇是在夏至一阴生之时，泽中方丘取地道方之象。

② “脽”指动物的臀部，汾阴脽为泽中方丘之象。

③ 在汾阴脽立后土祠有多方面原因，一说是此年“六月，得宝鼎后土祠旁”（《汉书·武帝纪》），另有一说：“汾阴男子公孙滂洋等见汾旁有光如绛，上遂立后土祠于汾阴脽上”（《汉书·郊祀志上》）。当然，选择在汾阴祭祀后土，应该是多方面因素综合考虑的结果。据祠中保存完好的《历朝立庙致祠实迹》碑文记载，轩辕氏祀地祇，曾“扫地为坛于脽上”，即轩辕黄帝就曾于此祭祀地祇神灵。

④ 田天：《西汉末年的国家祭祀改革》，《历史研究》2014年第2期。

改革"[①]。程曦认为,"祭地与祭天对应的观念要到汉武帝时才确立"[②]。《汉书·礼乐志》说:"至武帝定郊祀之礼,祠太一于甘泉,就乾位也;祭后土于汾阴,泽中方丘也。"相对乾位,"泽中方丘"其实就是坤位,太一、后土祭祀是西汉天地祭祀的标志。

萧登福指出:

> 后土与皇天相对为称,天和地,应是属于并列的大神,但以文献看,周秦之世都是重郊天而忽略了祭地。周世后土是社神,"社"是司掌某一方或某一块土地的土地神。……作为社神的后土,其地位远不能与皇天相比。后土的被视为大地之神,且由帝王亲祀,则始自西汉武帝的汾阴祀后土。自此后,"后土"一词,也代表了大地之神的皇地祇。[③]

其实,天地祭祀的渊源还是很早的,《尚书·周书》中就有以郊社并举的例子。如《泰誓下》说纣王"郊社不修,宗庙不享,作奇技淫巧以悦妇人";今文《尚书·周书·召诰》中也说:"若翼日乙卯,周公朝至于洛,则达观于新邑营。越三日丁巳,用牲于郊,牛二。越翼日戊午,乃社于新邑,牛一,羊一,豕一。"郊是郊祀上帝、上天,社是祭地。[④]后来《礼记·礼运》中就说:"故祭帝于郊,所以定天位也;祀社于国,所以列地利也。"《孔子家语·礼运》中说:"是故夫政者,君之所以藏身,必本之天,效以降命,命降于社之谓教地。"后儒以天地观念来诠释郊社之义,实际上两者还是有区别的。《礼记》中《王制》《礼运》两篇都强调"天子祭天地,诸侯祭社稷",《史记》等西汉文献对此也多有引述,这也说明祭地与祭社有区别。

奇怪的是,西汉早期在论及"后土"时很少与"皇天"并提。汉武帝称雍五畤(五帝)为上帝,不称天或皇天,甚至《史记》全书也无"皇天"一词。武帝新立泰一(太一)[⑤]时,统摄五帝,同时,太一在一些叙述中也高于天地,类似于太极统乾坤阴阳,太一从哲学上讲是道和终极本体,在神学上又是至上神,类似殷周时期作为绝对神的上帝、上天。田天认为,"自甘泉泰畤成立之后,太一祭祀成为最高国家祭祀之一。太一作为至上神存在,也因其身份为最高天神,有时也被看作是'天'的代表",这样"在某些语境下,泰畤——后土祠祭祀也被理解为天地之祭"。[⑥]实际上,"皇天"也有两种解释:一是作为至上神的天,是上帝,是绝对唯

① 田天:《西汉太一祭祀研究》,《史学月刊》2014年第4期。

② 程曦:《汉代天地之祭与阴阳五行学说——读〈汉书·郊祀志〉偶得》,《史学史研究》2007年第2期。

③ 萧登福:《后土与地母——试论地土诸神及地母信仰》,《运城学院学报》2005年第1期。

④ 《史记·封禅书》说:"周公既相成王,郊祀后稷以配天,宗祀文王于明堂以配上帝。自禹兴而修社祀,后稷稼穑,故有稷祠,郊社所从来尚矣。"

⑤ 在同样语境下,《史记·武帝本纪》多称之为"泰一",而《史记·封禅书》称"太一"。

⑥ 田天:《西汉太一祭祀研究》,《史学月刊》2014年第4期。

一，超越天地；二是与“后土”相对的皇天，有了相对性。“太一”大致也可以作如是理解。

泰畤、后土祭祀时间，据相关史籍与研究来看，泰畤祭祀时间在汉武帝时最初是在十一月冬至，后来也有夏四月和春正月①，并且以春正月为主，而后土祭祀时间则基本稳定在三月。这样大体上看，泰畤、后土祭祀大致集中在春季，这与农耕农业活动密切相关。②

汉成帝时，匡衡据儒家经典奏请天地祭祀移至京城南北郊，罢甘泉、汾阴祀，同时废除雍五畤、陈宝祠。据《前汉纪·孝成皇帝纪》，匡衡认为“帝王之事，莫大于承天。承天之序，莫大于郊祀。祭天之南郊，就天之义也。祭地之北郊，即阴之象也。往者孝武皇帝居甘泉宫，即于云阳，立泰畤。今行幸长安，郊见皇天，反北之太阴，祠后土，反东之少阳。事与古制殊”。他把泰畤、后土明确归为天地祭祀，并且与南北、阴阳关联起来，这显然依据了《礼记·郊特牲》中所说“郊之祭也，迎长日之至也，大报天而主日也。兆于南郊，就阳位也”③，“社祭土而主阴气也”。匡衡在奏议中还说：“歌大吕，舞云门，以候天神。歌大簇，舞咸池，以祀地祇。”这明显又是出自《周礼·春官宗伯》：“奏黄钟，歌大吕，舞云门，以祀天神。乃奏大簇，歌应钟，舞咸池，以祭地示。”地示即是地祇。匡衡这里还以“皇天”“后土”并举来称述天地祭祀。应该说，这些都是试图以儒家经典来规范汉代国家祭祀。

匡衡的观点，得到了王商、师丹、翟方进等人的呼应。据《汉书·郊祀志下》，他们依循《礼记·祭法》所说“燔柴于太坛，祭天也；瘗薶于大折，祭地也”，强调“兆于南郊，所以定天位也。祭地于大折，在北郊，就阴位也。郊处各在圣王所都之南北”，“明王圣主，事天明，事地察。天地明察，神明章矣。天地以王者为主，故圣王制祭天地之礼必于国郊。长安，圣主之居，皇天所观视也。甘泉、河东之祠非神灵所飨，宜徙就正阳大阴之处。违俗复古，循圣制，定天位，如礼便”。“俗”即没有经典性，所谓“古”“圣制”其实也未必“古”，《周礼》《礼记》文献也多形成于战国后期，准确来说这些论述实际上更有哲学思想性。在这些大臣的极力主张下，建成元年（前32），汉成帝就废了甘泉泰畤、汾阴后土祭祀，统一迁到南北郊祭祀。但是因为所谓的自然灾异，不久又恢复了泰畤、后土祭祀，到

---

① 《史记·乐书》说：“汉家常以正月上辛祠太一甘泉，以昏时夜祠，到明而终。”有学者认为后世元宵节可能是渊源自西汉太一祀。

② 《左传·襄公七年》说：“夏，四月，三卜郊，不从，乃免牲。孟献子曰：‘吾乃今而后知有卜筮，夫郊祀后稷，以祈农事也，是故启蛰而郊，郊而后耕。今既耕而卜郊，宜其不从也。’”周代“郊祀后稷以配天”，郊祀与农业活动、祈告丰年等生产实践密切相关，有着很强的实用性，其理想时间应该在惊蛰，在农耕活动前。

③ 类似言论亦见于《孔子家语·郊问》。

汉平帝三十年间，因天象灾异、帝王子嗣、身体健康等，天地祭祀反复迁徙多次，《汉书·郊祀志下》就感叹说："三十余年间，天地之祠五徙焉。"

《汉书·郊祀志下》载，汉平帝元始五年(5)，王莽引经据典重新论证天地祭祀应然的合理秩序，并回顾了汉以来的国家祭祀变迁情况："高皇帝受命，因雍四畤起北畤，而备五帝，未共天地之祀。孝文十六年用新垣平，初起渭阳五帝庙，祭泰一、地祇，以太祖高皇帝配。日冬至祠泰一，夏至祠地祇，皆并祠五帝，而共一牲，上亲郊拜。后平伏诛，乃不复自亲，而使有司行事。"据此陈述，汉文帝时曾"冬至祠泰一，夏至祠地祇"，这实际上也是出自《周礼·春官宗伯》所说"冬日至，于地上之圜丘奏之，若乐六变，则天神皆降，可得而礼矣"，"夏日至，于泽中之方丘奏之，若乐八变，则地示皆出，可得而礼矣"，"地示"即"地祇"。《礼记》《周礼》所诠释的天地祭祀，时间定格在冬至、夏至，嵌入天道阴阳寒暑流变的转折点上，与《左传·襄公七年》"启蛰而郊，郊而后耕"的生产实用性祭祀有很大差别。

王莽基本上坚持匡衡的看法，主张恢复南北郊祭祀，但实际上又与匡衡的看法有所不同。据《汉书·郊祀志下》，王莽总体上主张天地合祭："天地合祭，先祖配天，先妣配墬，其谊一也。天墬合精，夫妇判合。祭天南郊，则以墬配，一体之谊也。""墬"即古"地"字。同时，他也肯定天地分祭的意义，"阴阳之别，于日冬夏至，其会也以孟春正月上辛若丁"，同时主张天地合祭(正月)，皇帝要亲临，而分祭(冬至祭天、夏至祭地)则由有关部门负责即可。程曦认为，"王莽的建议是折中的，但他提出合祭时由天子亲往，似乎更重视合祭，所以后人将合祭的造端归于王莽，是有来由的"[①]。合祭时间定在孟春正月，大概也是因为此月在卦气上为泰卦，为天地交合之象。[②]

王莽在天地祭祀之外，承接并发展了秦汉以来的五帝祀，他主张：

> 中央帝黄灵后土畤及日庙、北辰、北斗、填星、中宿中宫于长安城之未墬兆；东方帝太昊青灵勾芒畤及雷公、风伯庙、岁星、东宿东宫于东郊兆；南方炎帝赤灵祝融畤及荧惑星、南宿南宫于南郊兆；西方帝少皞白灵蓐收畤及太白星、西宿西宫于西郊兆；北方帝颛顼黑灵玄冥畤及月庙、雨师庙、辰星、北宿北宫于北郊兆。(《汉书·郊祀志下》)

这种安排一方面接纳了秦汉以来的五帝祀，另一方面延续了春秋战国以来的五

① 程曦：《汉代天地之祭与阴阳五行学说——读〈汉书·郊祀志〉偶得》，《史学史研究》2007年第2期。

② 据《汉书·律历志上》，王莽这一主张，与刘歆"三统"之说契合，刘歆以十一月为乾之初九(复卦，冬至)，为黄钟、天统；六月为坤之初六(姤卦，夏至)，为林钟、地统；正月为乾之九三(泰卦，立春)，为太蔟、人统。

行职官祀。据《后汉书·郊祀中》，这一主张在东汉明帝时得以展开："自永平中，以礼谶及《月令》有五郊迎气服色，因采元始中故事，兆五郊于洛阳四方。中兆在未，坛皆三尺，阶无等"。其具体做法是"立春之日，迎春于东郊，祭青帝句芒"，"立夏之日，迎夏于南郊，祭赤帝祝融"，"先立秋十八日，迎黄灵于中兆，祭黄帝后土"，"立秋之日，迎秋于西郊，祭白帝蓐收"，"立冬之日，迎冬于北郊，祭黑帝玄冥"。这一祭祀安排综合了《月令》等相关文献的说法，同时也吸收了王莽的主张，所谓元始中故事，主要也就是指王莽的祭祀改革主张。

匡衡、王莽的主张对后世影响甚大，其后国家层面的天地祭祀大体上取法于此。建武元年(25)六月，东汉光武帝刘秀即位，同时举行了祭天大典，《后汉书·光武帝纪上》载其祝文曰："皇天上帝，后土神祇，眷顾降命，属秀黎元，为人父母，秀不敢当。……上当天地之心，下为元元所归。"这个祭祀实际上是天地合祭，在汉代国家最高祭祀中，"皇天后土"这里对举出现。

结语

"皇天后土"作为一种天地信仰观念在中国经典文化与社会民俗中都影响甚大。西周时期"皇天"作为一种至上神，并未与"地"相对。春秋时期，天地观念发展起来，这里的"天"开始有更多的空间义、自然义，神格意味减弱。后世的天地观念，哲学、理性、生化意味比较强，"皇天后土"与之同时流行，更多凸显了一种宗教意义下的天地信仰。这样来说，"皇天后土"实际上就是讲天地神灵，人们在盟誓、发誓或一种祈祷、祈望中，就常常以皇天后土来指示一种整全或无所不在的神灵。这是作为一种信仰层面的皇天后土。在汉代兴起一种独特的后土祭祀，并与汾阴紧密关联起来，历史上至少有八位皇帝(汉武帝、汉宣帝、汉元帝、汉成帝、汉光武帝、前秦苻坚、唐玄宗、宋真宗)共十九次亲临汾阴后土祭祀①，这在中国历史上也是一种非常独特的祭祀与信仰文化。在民俗中，这种意义上的后土又与女娲信仰、地母神融合在一起。汉代的汾阴后土祭祀与甘泉泰畤相对，在后来逐步转变为一种规范化的天地祭祀，这种天地祭祀受到了儒家经典《周礼》《礼记》《周易》的很大影响，天地祭祀与阴阳二气紧密结合。冬至祭天(对应《周易》复卦)、夏至祭地(对应《周易》姤卦)，祭的实际上是阳气、阴气，而这都与太阳有关系；于春正月进行天地合祭，也是取此时为天地阴阳二气交合平衡之象，于《周易》为泰卦。当然，节气上，这也与春耕播种对应，也是祈求风调雨顺、五谷丰登，与社会生产实践结合起来，这种天地祭祀也体现了一种实用理性精神。

---

① 参见陆峰波：《历代皇帝祀汾阴后土考》，《史志学刊》2015年第1期。

从五通仙人到五路财神：五通神的神格转变研究

黄景春*

摘　要：五通仙人是佛经反复提到的外道人物，他的故事是寓言性的。佛教传入中国后，翻译佛经时采用格义法把Ṛsi译作仙人，于是五通仙人被当作道教神仙。在佛道论争中，佛僧以反向格义法，用五通仙人解说道教神仙，意在贬低道教。在中国南方，五通仙与山魈融合，出现了在树上构巢的五通神。此五通神拥有山魈的状貌和行为特点。佛僧在反对山魈信仰的过程中，也把山魈称作"五通"。这些都影响到人们对五通神的想象，把他叙说成盗窃财物、淫占妇女、好恶作剧的妖物。五通神能盗来财物，被视作财神，伴随而来的是民间借元宝、还阴债、茶筵等仪式。但在儒者看来，五通神诲淫诲盗，是典型的邪神，其祭拜仪式都是扰乱民心的淫祠赛会。官方多次发起禁毁淫祠运动，五通神声名狼藉，转而以五显、五圣、五路等多种名号出现。五路神保留了五通神的财神职能，剔除了盗窃、奸淫等秽行，增加了忠孝、公平、正义的伦理内涵，被称作"五路财神"，并得到了民众、儒者、官方的接受。从五通神演变成五路财神，是民众信仰功利性、巫祝神格建构、儒者伦理教化、国家治理策略共同发生作用的结果。

关键词：五通仙人；五通神；五路财神；伦理化

宋代以降，文人笔记中屡见五通神。此神名目甚多，奸淫偷盗，却被供奉于祠庙，还曾得到朝廷加封。儒士对此愤然难平，多次发起禁毁五通的行动。五通神又转变为五显、五圣、五路等名目，并以五路财神之名得到广泛信仰。近三

* 黄景春，上海大学文学院教授，兼任中国民俗学会副会长、上海民间文艺家协会副主席等。

十年对五通神研究已经不少,有学者讨论了五通神的佛教渊源[1],也有人更愿意在中国本土寻找其源头[2]。其实,"五通""五通仙人"最早出现在汉译佛经中,五通神来自印度,这是毫无疑问的。本文主要考察五通仙人转变成五通神,进而转变成五路财神的过程,对前人讨论不够透彻的地方作更深入的探索。

一、五通仙人:佛门异类

佛经中屡见"五通仙人",有时译作五通仙、五通神仙、五通婆罗门,也简称"仙人"。"五通"至少出现在185部佛经中,是佛祖和门徒传达佛教主张时经常使用的一个概念。[3]但是,仙人是中国独有的信仰对象,与神合称"神仙"。古印度并没有中国意义上的仙人。佛经中的仙人,是对梵文Ṛṣi的意译,是格义的结果。在婆罗门教中,Ṛṣi一般分为三类:出身于神的称"天仙"(Devarṣi),出身于婆罗门的称"梵仙"(Brahmarṣi),出身于刹帝利的称"王仙"(Rājarṣi)。另外还有大仙、至上仙、多闻仙和吠陀某一卷的作者等四类。[4]五通仙人同样具有多种出身来源,他们修习经典,拥有五种神通,但尚未摆脱生死轮回。五通仙人也会受到人的伤害,如《百喻经》有"破五通仙眼喻",说五通仙被人挖掉了双眼。他们也怕死,如《佛说婆罗门避死经》云:"昔有四婆罗门仙人,精进修善法五通,常恐畏死。"[5]《大智度论》卷一二还说他们隐藏宝物:"如五通仙人,以好宝物藏著石中,欲护此宝,磨金刚涂之,令不可破。"[6]五通仙也做不速之客,到王宫就食。《经律异相》卷三九云:"如郁陀罗伽仙人,得五神通,飞到国王宫中食。王大夫人如其国法,接足而礼。夫人手触,即失神通。"[7]似乎对女性的触摸特别敏感,王后一触摸他就失去了神通。所以,五通仙人有时还很脆弱。从佛祖说法来看,包括婆罗门教在内的外道,最多只能修得五通法,但继续向佛法努力,最终可获得各种禅法。

① 贾二强《唐宋民间信仰》下篇之"五通神",讨论了五通仙人与五通神的关联,但他对转变过程的考察仅限推测,证据不够充分。参见贾二强:《唐宋民间信仰》,福州:福建人民出版社,2002年,第346~359页。

② 万志英(Richard von Glahn)在《左道:中国宗教文化中的神与魔》一书中,坚持从南朝、唐宋的山魈信仰中寻找五通神的源头,虽然他在华光、马耳山等问题上提到了佛教的火神、第七座山,但在五通问题上并不愿触及佛教文献。参见[美]万志英:《左道:中国宗教文化中的神与魔》,廖涵缤译,北京:社会科学文献出版社,2018年,第213~214页。

③ 参见钮卫星:《"五通仙人"考》,《上海交通大学学报》(哲学社会科学版)2007年第5期。

④ 任继愈主编:《宗教词典》,上海:上海辞书出版社,1981年,第314页。

⑤ 安世高译:《佛说婆罗门避死经》卷一,《大正藏》第2册,东京:大藏出版株式会社,1988年,第854页。

⑥ 鸠摩罗什译:《大智度论》卷一二,《大正藏》第25册,第145页。

⑦ 宝唱编:《经律异相》卷三九,《大正藏》第53册,第208页。

佛经中的神通(Abhijnā),指通过修持禅定所得到的灵力,译法也有多种,如神通力、神力、通力等。五神通也有多种名称,《佛说法集名数经》云:“云何五通?所谓天眼、天耳、他心、宿命、神境。”[①]《阿毗达磨大毗婆沙论》云:“五通者,一神境智通,二天眼智通,三天耳智通,四他心智通,五宿住随念智通。”[②]综合各经对五神通的描述,五神通分别是:一神足通,也作神境通、神境智通、身通、身如意通,能飞天入地,出入三界,变化自在;二天眼通,也作天眼智通,能看见六道众生轮回、苦乐之相;三天耳通,也作天耳智通,能听到六道众生苦乐忧喜言语及世间一切声音;四他心通,又叫知他心通、他心智通,能知六道众生心中所念之事;五宿命通又叫宿住智通、识宿命通、宿住随念智通,知道自身和众生过去、未来一切所作所为。在佛祖看来,具备五神通还是不够的,还未达到大觉大慧的境界。修行达到“六通”,才能了断一切烦恼,超脱六道轮回,臻于至善之境。这第六通就是“漏尽通”,也叫漏尽智证通,只有佛、菩萨和阿罗汉才能达到此境。因此,五通仙人还有缺陷。《大智度论》卷一七叙说一角仙人修得五神通,因雨天上山崴脚而发嗔咒,令此地十二年不得下雨。此咒让国王忧心忡忡,招募天下能破掉他五神通者,分给一半国土。淫女扇陀应募,携五百美女来到一角仙人住处,结草庵毗邻而居,以欢喜丸相诱惑,与其共浴成淫,破其五神通。《大智度论》记载:

> 七日已后,酒果皆尽,继以山水木果,其味不美,更索前者。答言:“已尽,今当共行,去此不远有可得处。”仙人言:“随意。”即便共出。婬女知去城不远,女便在道中卧言:“我极,不能复行。”仙人言:“汝不能行者,骑我项上,当项汝去。”女先遣信白王:“王可观我智能。”王敕严驾出而观之。[③]

这位一角仙人,《经律异相》译作“独角仙人”。他呈现出与佛教修行要求相反的行为,因而佛祖借他阐发教义。佛祖自言前世曾为此一角仙人,被淫女诱惑破戒,失掉五通,现在彻悟成佛,如果淫女再来诱惑,就不可能成功了。“在佛祖说法时,五通仙人有时也被举作反面教材。”[④]这里佛祖以自身为喻,向诸比丘说明人间细软和美色能打动仙人和凡夫,但无法打动已经超脱的人。佛祖借此阐明义理,但人们更喜爱这个故事本身。此故事出自《罗摩衍那》,历史久远,但在佛经中被赋予新意,成为劝诫色欲的寓言。

佛经中的一角仙人,在中国故事中转变为一脚仙人,进而跟南方的独脚山魈相混淆,出现了独脚五通。五通仙人被淫女诱惑的情节,也转变了主被动关

① 施护译:《佛说法集名数经》卷一,《大正藏》第17册,第182～183页。

② 玄奘译:《阿毗达磨大毗婆沙论》卷一四一,《大正藏》第27册,第727页。

③ 鸠摩罗什译:《大智度论》卷一七,《大正藏》第25册,第660页。

④ 钮卫星:《“五通仙人”考》,《上海交通大学学报》(哲学社会科学版)2007年第5期。

系，演变成五通神好淫的故事。

二、对五通仙人的反向格义

佛经中五通仙人的故事对于中国民众来说十分新异，引人入胜。故事在中上流传的过程中，原来的佛教寓意大部分遗失，却融入了道教的观念，五通仙人的名称、形象也发生了改变，出现了五通神、五通鬼等名称。因“角”与“脚”音近，一角仙人被说成一脚仙人，独角仙人被说成独脚仙人、独脚五通。

南朝刘义庆《幽明录》收入一些佛僧、地狱故事，带有一定佛教特色。该书描写一位五通仙人：

> 海中有金台，出水百丈，结构巧丽，穷尽神工，横光岩诸，竦曜星汉。台内有金几，雕文备置，上有百味之食，四大力神常立守护。有一五通仙人，来欲甘膳，四神排击，迁延而退。[①]

佛经中有五通仙人曾到王宫就食的情节，此故事中他仍是不速之客，遭到四大力神的驱逐。故事延续了佛经中五通仙人的不良形象。

南朝佛教不仅把五通、五通仙译作仙人，还存在着把佛经中属于外道、地位不高的五通仙等同于道教神仙的表达方式。刘勰《灭惑论》是一篇褒佛贬道的文章，他在抨击神仙荒诞不经时，把道教神仙与五通仙人混为一谈。其文曰：“若乃神仙小道，名为五通，福极生天，体尽飞腾，神通而未免有漏，寿远而不能无终。”[②]五通仙人属印度婆罗门教，神仙属于中土道教，二者相差甚远，虽然对于佛教来说都是外道，都是贬低对象，但是把道教神仙称作五通仙，这是在使用佛教的一套话语对道教作强行阐释。佛有六通，而神仙仅得五通，在佛道论争的形势下，僧徒以此凸显自己优越而道教低劣。但关键在于，道教内部也接受了神仙五通说。譬如道教理论家陶弘景曾说：“吴初，左元放自洛而来，授公白虎七变、炉火九丹，于是五通具足，化遁无方。”[③]左慈授予葛玄炉火丹法，却让他“五通具足”，可见在道士看来，丹法与神通是一回事。实际上这是“反向格义”，即佛教传入中国后，相关佛经故事为僧侣、道徒和大众所熟知，他们一反过去拿中土名物制度比附印度名物制度的做法，而拿佛教中的名物制度来说明中土的名物制度，以图更好理解中土文化。格义大量出现在早期佛经翻译过程中，反向格义出现在佛教在中土广泛传播之后。格义与反向格义促进了印度文化在中土的传播，使大量佛教人物、故事、观念、制度融入中国文化。具体来说，五通仙人与道教仙人的界限被消弭，二者混溶在一起了。影响所至，唐宋时代把五

---

① 刘义庆：《幽明录》，鲁迅辑：《古小说钩沉》，济南：齐鲁书社，1997年，第143页。

② 僧祐编：《弘明集》卷八，北京：中华书局，2011年，第291页。

③ 严可均校辑：《全上古三代秦汉三国六朝文》第4册，北京：中华书局，1965年，第3221页。

通仙当作道教仙人。苏轼在《水陆法像赞》中描述"一切五通神仙众"云:"孰云飞仙,高举违世。湛然神凝,物不疵疠。"①完全是按照道教神仙的特点来描写佛教神众。他曾任玉局观提举,并以五通仙自况:"却着衲衣归玉局,自疑身是五通仙。"②又云:"聊为不死五通仙,终了无生一大缘。"③苏轼把自己说成仙人,用语却是五通仙。

宗教人士有目的地用格义、反向格义方法翻译、运用五通仙人,其他人不明就里,阅读佛经时难免产生误解,并由谐音、联想而衍生出更多的新意。在一系列误读、联想的作用下,唐宋时期五通仙人不断衍生新说。唐代道士施肩吾说五通出自佛家,把他说成一脚仙人:"五通本是佛家奴,身着青衣一足无。"④青衣是地位低下的表征,与"奴"的身份相符。另外,唐人还把五通和五道混淆起来。郑愚《大沩灵祐师铭》云:"牛阿房,鬼五通,专觑捕,见西东。"⑤此处"五通"等同于"五道",与勾魂索命的"牛阿房"对应。托名柳宗元的《龙城录》云:"柳州旧有鬼,名五通,余始到不之信。一日,偶发箧易衣,尽为灰烬。余乃为文醮诉于帝。帝恳我心,遂尔龙城绝妖邪之怪,而庶士亦得以宁也。"⑥五通鬼暗中作祟,箱中的衣服化为灰烬,通过醮事向天帝行文控诉,五通鬼的此类祟虐不再发生。

可以看到,五通仙人来到中土后,经过几百年的正反格义、误读、联想已转变成中国化的神仙妖鬼。佛经中富有寓意的故事被改造成中土神仙妖异故事。尤其是一角五通,演变成一脚五通之后,跟南方的山魈融合后出现了独脚五通。

三、唐宋对五通神的庙祀

既然把五通仙人当作神仙,按照中国人的信仰习惯就得把他放进庙里供奉起来,暂无自己的庙宇,就先寄居在其他祠庙内。对于灵异、活跃的神仙,独立建庙是迟早的事情。事实上,隋朝即已出现五通观,是隋文帝为焦子顺所建。取名五通观,是借五通的神异,彰显焦天师多有神机妙策。唐代此庙尚存,仍是道观,但也住佛僧。唐代是否有其他五通庙,已难以考证,不过,此时五通神已经跟山魈结合起来了。

山魈名目甚多,《山海经》称山狎,《国语》韦昭注称山缫(也作獠),《抱朴子内篇》称蚑,《神异经》称山臊,《荆楚岁时记》称山臊、山獠,《述异记》称山都,《舆

① 孔凡礼点校:《苏轼文集》(二),北京:中华书局,1986年,第633页。

② 王文诰辑注:《苏轼诗集》卷四七,北京:中华书局,1982年,第2564页。

③ 王文诰辑注:《苏轼诗集》卷四一,第2213~2214页。

④ 施肩吾:《寺宿为五通所挠作》,《全唐诗》第15册,北京:中华书局,1960年,第561页。

⑤ 计有功:《唐诗纪事》卷六六,北京:中华书局,1965年,第999页。

⑥ 无名氏:《龙城录》,上海:上海古籍出版社,2000年,第45页。陶敏《柳宗元〈龙城录〉真伪新考》(《文学遗产》2005年第4期)认为,此书的编撰大约在北宋前期。

地志》称木客,《酉阳杂俎》称山萧、山臊。葛洪《抱朴子内篇·登涉》云:"山中山精之形,如小儿而独足,走向后,喜来犯人。人入山,若夜闻人音声大语,其名曰蚑。"[①]托名东方朔《神异经》云:

> 西方深山中有人焉,身长尺余,袒身,捕虾蟹。性不畏人,见人止宿,暮依其火以炙虾蟹。伺人不在,而盗人盐以食虾蟹。名曰山臊,其音自叫。……犯之令人寒热。此虽人形而变化,然亦鬼魅之类。[②]

此书说"西方深山中"的山臊,与其他书中描写的南方山魈相仿。《荆楚岁时记》引这段话还有"其长一尺,一足"的描述。这种被万志英称作"山中哥布林"(mountain goblins)的精怪[③],一般都被描述为独脚,居住在深山或树上,喜欢接近人并盗人财物,能役虎,会放火。段成式《酉阳杂俎》云:"山萧,一名山臊……巢大如五斗器,饰以土垩,赤白相间,状如射侯,犯者能役虎害人,烧人庐舍。俗言山魈。"[④]唐代对山魈的庙祀,从《会昌解颐录》《集异记》可见其大概。前书叙说开元年间元自虚为汀洲刺史,官舍后枯树中有老山魈自称"萧老",家眷数人,"前人皆以香火事之"。元刺史不以为然,纵火焚烧枯树,萧老家眷皆死,发誓报复。他放出猛虎,咬死了元刺史一家百余口人。[⑤]后书叙说韦知微出任萧山县令,"县多山魈,变幻百端,无敢犯者。而前后官吏,事之如神"。韦县令也采用火攻之法,焚烧山魈窟宅。后有来访者自称"兰陵萧慥",送他一小猴,小猴变成大虎,将县令满门咬杀无孑遗。[⑥]

唐代已经出现对山魈"以香火事之""事之如神"的情形。这两处的山魈都姓萧。萧,魈也。到宋代,笔记小说描写的五通神已与山魈混淆起来。如《夷坚志》云:"大江之南地多山,而俗禨鬼,其神怪甚傀异,多依岩石树木为丛祠,村村有之。二浙江东曰五通,江西闽中曰木下三郎,又曰木客,一足者曰独脚五通,名虽不同,其实则一。"[⑦]但是,唐代以前的山魈并无奸淫之事,跟五通融合之后,五通神获得了山魈形貌、行为、居处方面的特性,而山魈也有了诈称贤圣、迷惑

① 王明:《抱朴子内篇校释》卷一七,北京:中华书局,1985年,第303页。

② 本社编:《汉魏笔记小说大观》,上海:上海古籍出版社,1999年,第55页。

③ [美]万志英:《左道:中国宗教文化中的神与魔》,第103页。

④ 段成式:《酉阳杂俎·诺皋记下》,济南:齐鲁书社,2007年,第101页。

⑤ 《会昌解颐录》,李昉:《太平广记》卷三六一,北京:中华书局,1962年,第2870~2871页。

⑥ 薛用弱:《集异记》卷二,北京:中华书局,1980年,第14页。

⑦ 洪迈:《夷坚志·丁志》卷一九,北京:中华书局,1981年,第695~696页。明代陆粲《庚巳编》卷五引此句为注曰:"《夷坚志》云一名独脚五通,予谓即传所谓夔一足者也。他郡所事者曰萧公,正取山萧义。"

妇女、运送财宝的习性。[①]两者之间的融合是双向的。五通在佛经中是反面角色，恪守正信的僧侣用五通指代山魈。"最早用'五通'这个名字指代山魈等邪物的最有可能是试图阻止人们崇拜邪神的佛教僧人。"[②]当然，在信仰实践中五通与山魈的结合出现在僧人指责之前。这种批评在当时的效果如何，我们不得而知，但有一点是肯定的，那就是唐代以后山魈与五通的结合更紧密，山魈越来越多地被五通神取代。佛教僧人一如既往地在贬低五通神，但五通神偶却越来越多地出现在祠庙乃至佛寺之中。北宋中期的释智圆是一位主张儒释兼修的和尚，在西湖边买得玛瑙寺，其中原本塑有五通神，但他认为佛寺中设五通神既不合佛法也不合儒礼，于是撤掉寺内的五通神偶。[③]事实上，北宋时期五通神多寄居在佛寺、土地庙等处，但也已有多座独立的五通庙。东京城内就有一座五通庙，政和元年(1111)正月朝廷依据崇饰制度，诏令开封府禁毁淫祠，此五通庙跟石将军庙、妲己庙一起被废。[④]在北宋末年婺源五通神得到敕封之前，南方州县已有多座五通庙。[⑤]这些五通庙都因灵异而见于地方志或文人庙记。如李觏《邵氏神祠记》介绍建昌军五通祠能禳除疫病，民众对五通神以王相称，香火很盛。作为一代大儒，李觏对五通神描述道："当其气盛而病革，禳祈不可解，则皆谓神曰五通者能有力于其间，故牲毛酒滓狼戾于五通之室矣！"话语之间了无敬意，因为"五通之神，不名于旧文，不次于典祀，正人君子未之尝言"。[⑥]他之所以写这篇庙记，是因为乡里都说五通神灵验，治愈了很多人，报神功德而已。北宋另一大儒司马光提及缙云县五通神，直称其为淫祀，盛赞县尉张倩民的焚祠之举。[⑦]儒者将五通神视作淫祀，故焚其祠、毁其像，与佛僧所为异曲同工。

但是，五通信仰仍迅速蔓延开来，从禳病、祷雨到祈财、科考，祷求日益广泛。到南宋，江南各地五通庙众多，"多依岩石树木为丛祠，村村有之"[⑧]。有村

① 元妙宗编纂《太上助国救民总真秘要》卷一："山魈精是五行不正之精，诈称贤圣，私通妇女，起水放火，抛掷砖石，引弄六畜，变现光怪，依附生形，昼夜游走，惊惧人口。"(《道藏》第32册，上海：上海书店出版社，1988年，第54页)元代汇编《道法会元》卷二六七："诸魈鬼，各有等降，能为祸于民，迷惑妇女，运财宝于空室，能使贫而富，富而贫，皆魈鬼也。"(《道藏》第30册，第642页)

② [美]万志英：《左道：中国宗教文化中的神与魔》，第202页。

③ 释智圆：《闲居编》卷一七，《卍续藏经》(影印版)第101册，台北：新文丰出版公司，1983年，第53页。

④ 徐松：《宋会要辑稿》(二)，上海：上海古籍出版社，2014年，第955页。所谓"崇饰制度"，就是朝廷管理民间神灵信仰的一套礼制，管理方法包括赐额、封爵号、敕诰、禁毁等。

⑤ 王见川、皮庆生：《中国近世民间信仰：宋元明清》，上海：上海人民出版社，2010年，第194页。

⑥ 李觏：《邵氏神祠记》，《李觏集》卷二四，北京：中华书局，1981年，第267页。

⑦ 司马光：《温国文正司马公文集》卷七五，《四部丛刊初编·集部》第458册，上海：上海书店，1989年，第2页。

⑧ 洪迈撰：《夷坚志·丁志》卷一九，北京：中华书局，1981年，第695～696页。

头小庙，也有鸿轩大庙。五通神带有浓重的妖鬼气息，佛僧、儒者大多不愿接受，但普通民众却盛传其灵异，于是信仰氛围愈益炽烈。

四、宋廷对婺源五通神的敕封

在中国民间神灵演变过程中，除了民众的宗教信仰实践、儒释道三家的介入，还有一个强大的外在因素，那就是朝廷的崇饰。北宋定型的崇饰制度对民间神灵的秩序建设起到主导作用。神灵获得朝廷敕封就意味他具有了信仰的合法性，反之，如果被认定为淫祀，则该神就失去了合法性，随后将面临被官方取缔的厄运。像宋徽宗这样具有宗教信仰倾向的皇帝，就会对民间神灵敞开敕封的大门，使一些不见于祀典的新神获得封号。就五通神来说，原本佛僧和儒者都是抵制的，然而朝廷却开始给婺源的五通庙敕额，接下来是反复加封，这无疑改变了五通信仰的社会环境。

宋廷对婺源五通庙的敕封，从大观三年（1109）敕额，到嘉定六年（1213）诰封八字王，持续时间超过一个世纪。对这些敕封记载较早也较齐全的是《祖殿灵应集》。此文以元代秦子晋《连相搜神广记》引用最早。其文曰：

> 按《祖殿灵应集》云：五显公之神，在天地间相与为本始。至唐光启中，乃降于兹邑，图籍莫有登载，故后来者无所考据，惟邑悼耄口以相传，言邑民王瑜[喻]有园在城北偏。一夕，园中红光烛天，邑人麇至观之，见神五人自天而下，导[道]从威仪如王侯状，黄衣皂绦据胡床，呼瑜[喻]而言曰："吾授天命，当食此方，福祐斯人。择胜寻幽而来至此[止]，我庙食此，则祐汝亦无穷。"瑜[喻]拜首曰："惟命！"言讫，祥云四合，神升天矣。明日，邑人来相宅……良然佳处也。乃相与子[乎]来，斩竹薙草，作为华屋，立像肖貌，揭处妥[安]灵。四远闻之，鳞集湢[辐]凑。自是神降格，有功于国，福祐斯民，无时不显。先是，庙号上名"五通"，大观中始赐庙额曰"灵顺"，宣和年间封两字侯，绍兴中加四字侯，乾道年加八字侯；淳熙初封两字公，甲辰间封四字公，十一年加六字公，庆元六年加八字王（公）；嘉泰二年封两字王，嘉定元年封四字王，累有阴助于江左封六字王，六年十一月诰下封八字王。[①]

此文对淳熙元年（1174）以前五通神获敕封的描述，与罗愿（1136～1184）所撰

---

① 秦子晋：《新编连相搜神广记》前集《五圣始末》，《绘图三教源流搜神大全（外二种）》，上海：上海古籍出版社，2012年，第494～495页。此文与明《搜神记》卷二《五圣始末》、清末翻刻《三教源流搜神大全》卷二《五圣始末》略有不同，不同处以方括号标注。唯"庆元六年加八字王"，应为八字公，在括号内订正。

《新安志》的记载完全吻合。[①]文中称唐光启年间(885～888)五通神降临,可理解为婺源五通庙的释源传说。此文应撰写于南宋中后期,明代《搜神记》《三教源流搜神大全》各有一篇《五圣始末》,皆引自此,文字基本相同,只是前者撮引胡升《星源志》,后者全文照录了张大猷的文字。祝允明《怀星堂集》卷三〇《苏州五显神庙记》追述五显源头时也撮引此文。《弘治徽州府志》卷五《祀典》也引此段,文字有所删改。[②]

大观三年(1109)朝廷曾给婺源五通庙赐额"灵顺",两年后朝廷又诏令开封府禁毁五通庙,这似乎不合情理。但是,宣和年间(1119～1125)又加封婺源五通神为二字侯。三次行动都是在宋徽宗朝完成的。这说明婺源五通神的灵异故事源源不断送达朝廷,朝廷按照崇饰制度对福佑一方的灵神进行加封。同时,五通神在京师并没有信仰氛围,因而遭到士大夫指责,朝廷遂诏令开封府查禁。看来朝廷对待同一个神(或许名号不同)的态度也会有所不同。南宋定都临安后,政治文化中心南移,朝廷官员更多接触到南方的民间信仰,于是像五通神这样具有很多灵异传说的神灵就有更多机会得到敕封。《祖殿灵应集》描述的五通神在一百多年内连得加封、从二字侯到八字王,其过程与朝廷的崇饰制度是符合的。而且,除了五通及其夫人得到加封,其祖父母、父母、长妹、次妹也得恩赐。朝廷把驭人术转化为驭神术,而予以五通恩泽之丰沛,非其他民间神灵所能比拟。当时五通神已是贵神,有两位辅神为吏,代为司理大小事务。

婺源五通神的香火极盛,但地处偏僻山区,香客跋涉千里前往进香,往返月余乃至数月,有人甚至死在朝拜途中。[③]为方便信众祭拜,各地纷纷建立行祠。据吴自牧《梦粱录》载,南宋末年仅临安一地就有七座行祠。[④]松江五通行祠仿造临安兴建。[⑤]温州的五通行祠是当地知府所建。[⑥]四明(宁波)也有五通行祠,是

① 罗愿《新安志》卷五《祠庙》载:"(婺源)灵顺庙,在县西,其神五人,旧号五通庙。大观三年三月赐庙额,宣和五年正月封通贶、通佑、通泽、通惠、通济侯,绍兴二年五月并加封四字,十五年九月封六字,乾道三年九月封八字。淳熙元年进封显应、显济、显祐、显灵、显宁公。"(《宋元地方志丛书》第8册,北京:中华书局,1990年,第7664页)

② 彭泽、汪舜民纂修:《弘治徽州府志》卷五,《四库全书存目丛书·史部》第180册,济南:齐鲁书社,1996年,第747页。

③ 如江浙地区宋明以降信奉较多的周雄,原是杭州人,病死在前往婺源进香途中。后屡有灵异传闻,被视为五显王丞弼。端平二年(1235)德兴为其请封,次年加封翊应将军。参见《桐江续集》卷三六《辅德庙碑》与《弘治徽州府志》卷五《祀典·灵顺庙》。

④ 吴自牧《梦粱录》卷一四"外郡行祠"载:"灵顺庙,即徽州婺源灵祠,余杭立行祠者七。"

⑤ 顾清、陈威纂修:《正德松江府志》卷一五,《天一阁藏明代方志选刊续编》第5册,上海:上海书店,1990年,第814页。

⑥ 邓淮、王瓒纂修:《弘治温州府志》卷一六,《天一阁藏明代方志选刊续编》第32册,上海:上海书店,1990年,第736页。

当地人徐侍郎在徽州做官，回乡后创建。[①]南宋时期，苏州、嘉兴、福州、建康（南京）等地都相继建起五通行祠。

南宋时期五通仙人不仅已经转变为五通神，还出现了五显、五圣甚至五帝之类的名号。当时还出现了“华光”这个名号，咸淳《临安志》卷七三载：“灵顺庙，即婺源五显神祠，于近郊者凡七，一在南高峰顶荣国寺……咸淳六年，安抚潜说友即庙后拓地创华光楼，旁为射亭，为角抵台，又辟山径而夷之，以便登陟。是岁都人瓣香致敬者咸趋焉。”[②]刘辰翁有《建华光楼》叙述江西樟树镇华光楼兵火之后重建，赞扬华光五通香火之旺盛、楼阁之华美。[③]

至于说五通神姓萧，塑立五尊神像之后，又称萧姓五兄弟，南宋更加流行。祝穆《方舆胜鉴》卷一六载：“五通庙，在婺源县，乃祖庙。兄弟凡五人，本姓萧。”[④]后来称五显、五圣为萧氏五兄弟，华光为婺源萧家庄萧太公之子，其姓皆源于魈。前文已述，此处不赘。

值得注意的是，婺源官绅为本地五显神请封时，只凸显其神灵异、佑民的一面，对其玄怪、淫邪的另一面，包括源自五通、山魈的身世背景都只字不提。经过朝廷多次加封之后，其神地位显赫，但在民间信仰实践中其邪性却丝毫未减。于是，五通神信仰就呈现出十分复杂的面相。

五、婺源儒士对五通神的态度

被认为是五通神肇始之地的婺源，原属新安郡，中唐划归徽州。这一地区流行神鬼崇拜，朱熹指出：“风俗尚鬼，如新安等处，朝夕如在鬼窟。”[⑤]宋代五通庙在婺源甫一出现，就因传说中的灵异而引得四方香客前来朝拜。

宋代婺源还是人文荟萃之地，教育比较发达，出现了多位知名学者。他们留下较多诗词文赋，其中也描写到家乡的五通神信仰。他们中间有人抵制五通信仰，视其为淫祀。但是，在朝廷加封五通神的背景下，婺源多数文人的态度变得微妙起来。

理学家朱熹（1130～1200）的祖籍是婺源县。他依据返回祖居的一次亲身经历，描述婺源五通神崇拜的浓重氛围，也表明了自己对五通神的态度。

> 某一日归乡里，有所谓五通庙，最灵怪。众人捧拥，谓祸福立见。居民才出门，便带纸片入庙，祈祝而后行。士人之过者，必以名纸称“门生某人

① 马泽修、袁桷纂：《延祐四明志》卷一五，《宋元方志丛刊》第6册，北京：中华书局，1990年，第6353页。

② 潜说友纂：《咸淳临安志》卷七三，《宋元方志丛刊》第4册，北京：中华书局，1990年，第4014页。

③ 刘辰翁撰，段大林校点：《刘辰翁集》卷一五，南昌：江西人民出版社，1987年，第447～448页。

④ 祝穆：《方舆胜览》卷一六，《文渊阁四库全书》第471册，北京：中华书局，2012年，第699页。

⑤ 朱熹：《朱子语类》卷三《鬼神》，北京：中华书局，1985年，第53页。

> 谒庙”。某初还，被宗人煎迫令去，不往。是夜会族人，往官司打酒，有灰，乍饮，遂动脏腑终夜。次日，又偶有一蛇在堦旁，众人哄然，以为不谒庙之故。某告以脏腑食物不着，关他甚事，莫枉了五通。[①]

朱熹才返回乡里，便被族人“煎迫”到五通庙叩拜。他没去，随后发生的两个意外事件全被归结在五通显灵上，但他没有直接驳斥，只说“莫枉了五通”。他婉言拒绝族人的好意，并没有严词拒绝。对于婺源“向学之人”虔信五通，经过庙前必呈上名纸谒拜，对五通神自称门生，还劝他“从众”，朱熹直接予以拒绝，还告诫说“人做州郡，须去淫祠”。不过，他话头一转又说“若系敕额者，未可轻去”。[②]婺源五通神多次得到宋廷的敕额、诰封，所以他只是拒绝进庙叩拜，批评儒士无原则的从众行为。他说已敕额的祠庙“未可轻去”——不是不去，而是要慎重。朱熹使用的是五通这个名称，而不是五显、五圣。实际上，信奉者称五显、五圣，含有褒赞之意；不信者称五通，包含贬斥的态度。在对神的称谓中已经蕴含了此人的态度。

王炎(1138～1218)是婺源县的一位理学家，与朱熹交谊甚笃，但对待五通的态度与朱熹不同。他不称五通而称五显，为当地人撰写的《五显灵应集》作序，描述婺源县“阖境之人，旦夕必祝之”的信仰盛况：“地方百余里，民近数万户，水旱有祷焉，而无凶饥，疾疠有祷焉，而无夭折，其庇多矣。余威遗德溢于四境之外，达于淮甸闽浙，无不信向，灵应孰大于是？若夫时出变异，以耸动愚民之耳目，此特其小小者耳。迩者太常加封，以聪明正直之德，著于显号，非论其大而略其细欤？”[③]王炎认为五显神庇佑一方，司祸福之柄，是其“大”；不时出现怪异，属于“其小小者”。太常寺加封他，正是论其“大”而忽其“小”。

胡升(1198～1281)也是婺源人，对“五圣”持信奉、赞赏态度。他把五圣说成五方帝，是“五行主宰”，极力撇清与佛经中五通的关系。他说：“亦缘乡曲前辈偶传，会佛有六通、弟子五通之说，以启后人之疑。每岁四月八日，本县启建上善无碍大斋，四方并海外来者辐凑，斋宿极严，非有形驱势迫而使之然。”[④]胡升还引述《周礼》之论、朝廷敕诰，称五圣为“天地间至大之极”，降于婺源，默助五行之气而福佑生民。他认为把五圣说成五通，是乡党前辈的误传，极力为五通神辩护。

五通神信仰流行之后，婺源、德兴争夺祖庙地位，都出现了建庙传说。这类传说都乐于把自己定位于更早的时间起点，为此不惜杜撰新说。德兴描述本县

① 朱熹：《朱子语类》卷三《鬼神》，第53页。

② 朱熹：《朱子语类》卷三《鬼神》，第53页。

③ 王炎：《双溪类稿》卷二五《五显灵应集序》，《文渊阁四库全书》第1155册，第720页。

④ 秦子晋：《新编连相搜神广记》前集《五圣始末》，见《绘图三教源流搜神大全(外二种)》，上海：上海古籍出版社，2012年，第497～498页。文中缺“极”字，据《三教源流搜神大全》卷二《五圣始末》补。

的五通庙起源，比婺源所谓“五通神降临王瑜家”要早二百多年。有人认为德兴才是五通神的发祥地。洪迈(1123～1202)《夷坚志》云：“德兴五显庙，本其神发迹处。故赫灵示化，异于他方。”[①]胡升不认可这种说法，他在《星源志》中说：“升为童时尚见之，一小碑载其事。因婺源与德兴争祖庙，辇之去。以此观之，则《祖殿灵应集》所载王瑜立庙之由不可据矣。”[②]胡升所说的“一小碑”应是记载五通早期神迹的碑刻，在两地争夺祖庙的过程中，被人用车拉走。胡升否定《祖殿灵应集》中的光启年间起源说，认为五通神有更早的源头。他提出五行说，认为五圣乃五行主宰，从中国神秘文化的最深层寻找五通神的源头，卖力为五通神辩护。

无论如何，在五通祖庙争夺中，因有婺源官员率先请封，此地得到朝廷一连串的敕封，随后各地香客也接受了婺源的说法。其他一些地方的五通庙也愿意分享婺源五通神的封号[③]，因而接受了婺源灵顺祠的祖庙地位。各地香客都到婺源朝拜五通神，从灵顺祠分香建庙，而很少提及德兴的五通神信仰。

六、对五通神的信仰方式

五通神名目之多，职司之广，信仰方式之多样，堪称中国神灵之最。其祠庙大者宇轩宏阔，中者三五间庙堂，小者二三尺小庙。其职司涵括旱涝风雨、疫疠疾病、科举爵禄、钱财子嗣等多个方面。地方公共性宗教仪式，如祈雨、禳疫，会在较大的祠庙举行；而私人化的求财、求子、治病活动，既可到大中型祠庙，也可在村口乃至院落的小庙祈告。有些家里还设有神龛。贫寒之家可能只有一个圣板，上面刻画五通神肖像。[④]设施简陋并不影响信奉的热情。当然，最能体现信众热情的是五通庙会。

宋代婺源已有四月八日灵顺庙会。庙会日期定于佛诞节，跟传说中的雍熙年间(984～987)五通神显灵禳疫有关。“宋雍熙间邑大疫，知县事令抓佐梦神教以禳送之说，因四月佛生之日即庙设斋。”[⑤]在民众信仰实践中，五通神不仅能禳除瘟疫，还有其他众多职能，他几乎无所不能。对五通庙会盛况，胡升提到了四

---

① 洪迈撰：《夷坚三志》巳卷十，北京：中华书局，1981年，第1378页。

② 《绘图三教源流搜神大全(外二种)》，第497页。

③ 南宋儒者真德秀在闽任职期间，发现自己家乡建宁的梅山庙所祀五通神没有封号，于是告诉庙祝，要求本庙五通神“与婺源、德兴二庙封爵一体”，即分享朝廷加封给婺源、德兴的爵号。(《西山先生真文忠公文集》卷四八《梅山庙祝文》所附申状)实际上，朝廷此前只加封德兴五通神一次，仅为侯爵，而多次加封婺源五通神，已有王号，所以建宁梅山庙主要分享的是婺源五通神的爵号。

④ 明代黄暐《蓬窗类纪》卷五“贫者亦绘于版，奉之曰圣版”，陆粲《庚巳编》卷五“贫者绘像于板事之，曰圣板”，即属此类。

⑤ 彭泽、汪舜民纂修：《弘治徽州府志》，《四库全书存目丛书·史部》第180册，1997年，第747页。

月八日启建“上善无碍大斋”[①]。佛教的无碍大斋一般每五年举行一次，但在婺源是每年举行，而且不再是为佛诞而是为五通神诞。宋元明三代文人多次描述过婺源四月八日庙会盛况。祝穆《方舆胜览》载：“五通庙，在婺源县……每岁四月八日来朝者，四方云集。”[②]后来又出现九月二十八日降神的说法。如元代方回《桐江续集》云：“五显王者，其五方五行之英气欤！始以九月二十八日降神，四月八日庆佛诞者，走庙下无虑百万众。”[③]明初王逵《蠡海集》亦云：“九月二十八日为五显之生辰。”[④]明代道教也以九月二十八日为五显诞辰，《搜神记》卷二《五圣始末》就标注“九月二十八生”[⑤]。各地建起五通行祠后，人们就近奉祀，庙会日期有的仍在四月八日、九月二十八日，但有的改在其他日期，如苏州上方山的五通庙会改在八月十八日。

道教善于把民间崇奉、朝廷敕封的神灵纳入自身的神仙谱系，实际上，南宋时期道教就已经以五显、五圣的名目接纳了五通神。《太上洞玄灵宝五显灵观华光本行妙经》由元始天尊演说善恶因缘，敕召五显灵观华光分身五大天帅降世救生度死。[⑥]如果此经文在南宋出现，说明五通神当时已经以五显、华光、五大天帅之名成为道教正神。相关斋醮科仪也已经出现，《五显灵观大帝灯仪》逐一赞美了五显神威德广行三界，慈悲普度众生。他们的名号除了五显灵观大帝之外，还各有封号，如第一位是“都天威猛大元帅、显聪昭圣孚仁广济王”，第二位是“横天都部大元帅、显明昭烈孚义广佑王”等[⑦]，仍为八字王，却都增加了大元帅的名号，王号中的显聪、显明、显正、显直、显德等保留了国封的痕迹。宋元间出现的《大惠静慈妙乐天尊说福德五圣经》是一部赞颂五圣神威、介绍五圣功德的经文，其中对五圣的称号较多，如“五显灵观大帝”“灵观大元帅”“福德华光五显王”“灵观大圣五帝大元帅”等。[⑧]经文既重点介绍了五显大帝的图符和咒语，也逐个罗列了五显的新名号，如其第一位为“都天威猛大元帅、显聪昭圣孚仁广济福善王”，八字王变成了十字王。道封比官封更慷慨，“大帝”“大元帅”等名号都纷纷出现。跟《五显灵观大帝灯仪》相比可以看出，道封保持了教内的一致性；此经的封号多出最后的“福善”等二字，鉴于道封也是逐渐加字，表明此经比

① 《绘图三教源流搜神大全(外二种)》，第497～498页。文中缺“极”字，据《三教源流搜神大全》卷二补。

② 祝穆：《方舆胜览》卷一六，《文渊阁四库全书》第471册，第699页。

③ 方回：《桐江续集》卷三六，《文渊阁四库全书》第1193册，上海：上海古籍出版社，1987年，第726页。

④ 王逵：《蠡海集》“鬼神类”，北京：中华书局，1985年，第36页。

⑤ 《绘图三教源流搜神大全(外二种)》，第497页。

⑥ 《道藏》第34册，第749～752页。

⑦ 《道藏》第3册，第567～568页。

⑧ 《道藏》第28册，第364～367页。

灯仪晚出。

道教在法会、灯仪上盛赞五显的同时，还对他们做伦理化包装。如《五显灵观大帝灯仪》云："启五通之神殿，决六弊之昏衢，天地风火水之间，通达无碍，仁义信智爱之圣，惠泽旁施。"[①]这里的"五通之神殿"，所祀五显神为"仁义信智爱之圣"，有仁义的同时，还有"爱"。对于民间信奉中五通神的种种劣迹，道经也做了处理，但各部经文处理方法有所不同。《泰玄酆都黑律仪格》把五通神区分为上、中、下三部，各部表现不一。经文称"诸五通，魔鬼至灵"，其上部五通被说成五行之气结成，吸纳了儒者包装五通神的理论成果；中部被说成山川五岳之气结成，称其为"中部灵官"，能自称仙圣，最为灵异，综合了民间对五显、五圣的印象；下部称五通是草木之气结成，"有木下之称"，保留了山魈的痕迹，而认为其为害于人的正是此部。[②]这种大杂烩式的介绍，仍将五通神定位为"魔鬼"，所以用"泰玄酆都黑律"加以约束。

《太清金阙玉华仙书八极神章三皇内秘文》称五通为"五统"，放在精怪章。其卷一云："一名五统，私神之鬼精。其状如一美男子之貌，独一足，好游世间，淫乱生人之室者，有连年累月不去者。本出于一人家家奴，后死有五统之力。今世之妇女，言有夫，兼寝生人，怪笑怪哭，忽死忽生，空中自笑，忽与人言，遣发不去，著魅阴人，或偷盗外物以助家者是也。"[③]接下来还介绍了法官驱逐"五统"的法印和咒语。道教在把五显纳入正神的同时，努力切割与五通神的关系。凡称五通、五统者，皆不回避其精怪家底、淫邪本性；凡称五显、五圣者，皆言其出身正道、朝廷加封、名号尊崇。

中国民众信仰神灵追求实际效用，职司符合需要、祈祷灵验的神灵会得到香客的追捧。五通神素有灵异之称，在宗教实用主义观念驱动下，人们认为信奉五通神能实现个人利益，包括带来钱财，治疗疾病，求得甘霖，消除祸患，甚至还有助于士子登科，于是南方各地的五通小庙在村头、委巷、院落纷纷出现，对五通神的崇拜呈现家庭化、私人化的特征。

五通神从来不缺乏玄幻妖异传闻。朱熹返回乡里未拜五通庙，接下来饮酒闹肠胃、庙堦爬出蛇都被说成是五通神显灵警示。王炎也提到五通神"时出变异，以耸动愚民之耳目"。在民众信仰实践中，五通神最受人追捧的一点是给人带来钱财让人乍富。但这些钱财来路不明，被认为是"偷盗外物"。除了盗财，五通神还有两个坏毛病：奸淫、恶作剧。宋明时期出现大量五通神盗来钱财的故事，但他不是被拒绝，而是受欢迎；作为获得钱财的交换条件，家中妇女遭他奸淫。虽然宋明理学宣扬女子贞节至关重要，然而家人既利其财，对妻女被强

① 《道藏》第3册，第567页。

② 佚名：《道法会元》卷二六七，《道藏》第30册，第642页。

③ 《道藏》第18册，第566页。

占竟忍气吞声，还不乏乐见其来者。略有触犯，五通神就撒泼报复，恶作剧连连。洪迈《夷坚志》载：

> 二浙江东曰五通，江西闽中曰木下三郎，又曰木客，一足者曰独脚五通，名虽不同，其实则一。……变幻妖惑，大抵与北方狐魅相似。或能使人乍富，故小人好迎奉事，以祈无妄之福。若微忤其意，则又移夺而之他。遇盛夏，多贩易材木于江湖间，隐见不常，人绝畏惧，至不敢斥言，祀赛惟谨。尤喜淫，或为士大夫美男子，或随人心所喜慕而化形，或止见本形。至者如猴猱、如龙、如虾蟆，体相不一，皆趫捷劲健，冷若冰铁。阳道壮伟，妇女遭之者，率厌苦不堪，羸悴无色，精神奄然。[①]

这段文字描述的二浙江东、江西闽中地区，大抵相当于现在的浙江、江苏、江西、福建四省，再加上皖南，它们是山魈信仰后来也是五通神信仰的主要区域。此其一。其二，洪迈描述的五通神仍与山魈相混合，在独脚五通身上独角仙人的痕迹仍很明显。其三，五通神与北方狐魅相似，"尤喜淫"，但性别与狐魅不同，他变作美男子或其他怪物淫惑妇女。因其"阳道壮伟"，妇女遭其淫则厌苦不堪。其四，五通神"能使人乍富"，民众奉祀祈财，但稍不如其意又被夺走或转给别人。人们在庭院、树下建小庙，勤谨祭祀，不敢怠慢。在这段文字后面，洪迈罗列了十多例五通神奸淫、恶作剧的故事。

明代五通神奸淫、恶作剧的故事仍然不少。郎瑛（1487～1566）《七修续稿》卷五描述杭州的五通神，行为也很顽劣，多次无缘无故放火。"嘉靖壬寅七月，医侄庆家，偶尔西檐火起，随扑灭之。明日移东或南，续发者五日。人以为五通神之为也。予祭即息。"[②]郎瑛撰写了一篇《祭五通文》，承认五通神是"五行正气"，但对他悖常害民的行为也责之甚切。祭祀之后火不再发，郎瑛认为祭祀奏效了。[③]这是文人承认五通神有灵性的一种方式。

苏州有多个较大的五通庙，其中上方山五通祠香火最旺，一年到头香客络绎不绝，八月十八日神诞香客更多。但是，陆粲（1494～1551）不认为五通神有什么灵效，斥其为"妖神"。他在《庚巳编》卷五《说妖》中描述了苏州人奉祀五通神的情况：

> 吴俗所奉妖神，号曰五圣，又曰五显灵公，乡村中呼为五郎神，盖深山老魅、山萧、木客之类也。五魅皆称侯王，其牝称夫人，母称太夫人，又曰太妈。民畏之甚，家家置庙庄严，设五人冠服如王者，夫人为后妃饰。贫者绘像于板事之，曰"圣板"。祭则杂以观音、城隍、土地之神，别祭马下，谓是其

① 洪迈撰：《夷坚志·丁志》卷一九，第695～696页。

② 郎瑛：《七修类稿·续稿》卷五，上海：上海书店出版社，2009年，第587页。

③ 郎瑛：《七修类稿·续稿》卷五，第587页。

从官。每一举则击牲设乐，巫者叹歌，辞皆道神之出处，云神听之则乐，谓之“茶筵”。尤盛者曰“烧纸”。虽士大夫家皆然，小民竭产以从事，至称贷为之。一切事必祷，祷则许茶筵，以祈阴祐。偶获祐则归功于神，祸则自咎不诚，竟死不敢出一言怨讪。[①]

这里所谓“茶筵”，指的是“太湖流域民间专门款待太姥及五通家族神灵的特殊仪式活动”[②]。苏州的五通神信仰氛围浓重，除了每家人都在庭院“置庙庄严”，还到上方山叩拜。由于巫祝不断煽惑，茶筵仪式一年到头不断，人们灾病未除而花费已巨，以至于“小民竭产以从事”，有效归于功五通保佑，无效自责奉神不诚，任何时候不敢怪罪五通。

田汝成（1503～1557）在《西湖游览志余》卷二六描述了杭州的五通神崇拜，他跟陆粲的反对态度相同。他写道：“杭人最信五通神，亦曰五圣，姓氏源委，俱无可考，但传其神好矮屋，高广不逾三四尺，而五神共处之，或配以五妇。凡委巷若空园及大树下，多建祀之，而西泠桥尤盛。或云其神能奸淫妇女，输运财帛，力能祸福见形，人间争相崇奉，至不敢启齿谈及神号，凛凛乎有摇手触禁之忧。此杭俗之大可笑者也。”[③]当时杭州城笼罩在五通神淫威之下，田氏感到这很可笑，他想改变这种局面：“予平生不信邪神，而御五通尤嫚虐，见其庙辄毁之，凡数十所，斧其像而火之、溺之，或投之厕中，盖将以此破乡人之被惑者。”[④]田氏毁五通庙，焚溺其神像，或扔到厕所里去。但这属于儒者的个人行为，并非职务行为。

当然，明朝确实有官员利用职务毁五通淫祠。苏州知府李从智、曹凤皆有此举。正统十年（1445）李从智上任伊始就下令捣毁五通庙，但当年他就病重身亡。[⑤]他的死被解读为触犯五通神所遭到的报复，于是后来的苏州知府就不再敢招惹五通了。直到五十年以后，知府曹凤又毁五通祠。[⑥]此举得到当地一些儒士的赞誉，如吴宽曾为他写诗《美曹太守毁淫祠》。[⑦]陆粲也说曹凤“尝严为禁约焚毁，其祠像无遗”，但曹凤去职后“一切如故矣”。[⑧]

---

① 陆粲：《庚巳编》卷五，北京：中华书局，1987年，第51页。

② 陈泳超：《“茶筵”的历史及其在常熟地区的现状考察》，《民俗研究》2019年第3期。

③ 田汝成：《西湖游览志余》，上海：中华书局，1958年，第476页。

④ 田汝成：《西湖游览志余》，第476～477页。

⑤ 王鏊、吴宽纂修：《正德姑苏志》卷四，《天一阁藏明代方志选刊续编》第11册，上海：上海书店，1990年，第204页；王鏊、吴宽纂修：《正德姑苏志》卷四〇，《天一阁藏明代方志选刊续编》第13册，第522页。

⑥ 韩邦奇：《苑洛集》卷四，上海：上海古籍出版社，1993年，第384页。

⑦ 吴宽：《匏翁家藏集》卷二五，张元济等辑：《四部丛刊初编·集部》第255册，上海：商务印书馆，1936年，第154页。

⑧ 陆粲：《庚巳编》卷五，第98页。

五通神作福作威于乡村城市，淫人妻女而人不敢言，作害之烈，伤教化之深，更过于狐魅。究其原因，在于社会的“笑贫不笑娼”风气，五通神有赐财功能，人们为获取钱财，置社会伦理于不顾。有研究者指出：“五通神惟借赐财神力即能逞喜淫之性，征服信仰者的贞操观，究其因缘于人的贪心。”[①]人性贪图钱财，为此丧失了人伦道德，这是儒家所不能容忍的。儒家人士多次发起禁毁五通的行动，以图正人伦、敦教化。这些行动在明清两代都得到了朝廷的支持，每次都开展得轰轰烈烈，但都难以取得长久功效。

七、崇饰制度下官方对五通神的禁毁

南宋朝廷以聪、明、正、直、德褒赞五通神，但这些褒赞在信仰实践中并没有得到体现。五通神并不是道德楷模，也不是忠烈英雄。致力于教化的儒家人士通过科举考试被选拔为朝廷官员，他们的教化理念与治国策略是紧密结合在一起的。面对妖神崇拜他们会推动朝廷下令禁毁。北宋政和元年（1111）诏毁五通，是最早的禁毁五通行动，但范围仅限于开封府。此前两年朝廷曾为婺源五通庙赐额“灵顺”，此后十二年朝廷又敕封五显侯爵。北宋朝廷自相矛盾的做法，固然是对五通、五显的区别对待，也是依据地方官员申报的情况而采取的行动，但归根结底体现了地方信奉者与儒家正统派截然不同的态度。这种不同态度在各地儒士中间也是存在的：在婺源，朱熹跟王炎、胡升等人的态度不同；在杭州，郎瑛跟田汝成不同；在苏州，陆粲、吴宽等人是五通神的反对者，而更多儒士是信奉者。在地方任职的儒士，像李从智、曹凤那样敢于采取禁毁行动的人终究是少数，且他们都有理学背景。有的官员抱着多一事不如少一事的态度，无所作为；还有的自己就是五通神的虔信者。如果没有众多儒士、官员的信奉和支持，没有他们向朝廷述功德、讨封号，五通神很难形成如此大的声势。鉴于神灵信仰在历史上曾爆发出的巨大威力，如何疏导这种信仰是儒家面临的一大难题，也是国家治理中必须解决的问题。

实际上，在国家层面上，如何驾驭民间神灵有一个探索的过程。国家从被动反应的管理模式转变为主动作为是从唐代开始的。唐朝根据现实需要给神灵加封爵号。五代时期各国加封神灵的情况比较混乱，北宋初年进行过整顿。崇宁年间（1068～1077）宋廷讨论民间神灵的管理问题，崇饰神灵的礼制基本形成。《宋史·礼志八》载：

> 自开宝、皇祐以来，凡天下名在地志，功及生民，宫观陵庙，名山大川能兴云雨者，并加崇饰，增入祀典。熙宁复诏应祠庙祈祷灵验，而未有爵号，

① 张富春：《五通：神祇中的西门庆——以近古小说五通神故事之演变为中心》，《河南师范大学学报》（哲学社会科学版）2011年第4期。

> 并以名闻。于是太常博士王古请:“自今诸神祠无爵号者赐庙额,已赐额者加封爵,初封侯,再封公,次封王,生有爵位者从其本封。妇人之神封夫人,再封妃。其封号者初二字,再加四字。如此,则锡命驭神,恩礼有序。欲更增神仙封号,初真人,次真君。[①]

宋廷不仅讨论了赐额、封号的规则,还对已有的庙额、神号做了规范,对未纳入祀典的神灵加以认定,对淫祠予以禁毁。此举把“驭神”之权从道教、佛教和民间巫祝那里收归朝廷。朝廷对神灵的敕额、封爵的礼制,就是“国封”制度。该制度还有反淫祠、禁妖神条款。由此,官方掌握了认定神灵合法性的权柄,并对已有祠庙加以审定,将淫祠排除出祀典,并采取措施加以禁毁。

“国封”的动力来自地方民间社会。民众对特定神灵的大规模祭拜会引起地方官员的重视,他们把相关神迹奏报朝廷,为该神讨取封号。获得敕封的神灵就是正祀之神,名列祀典而有了祭祀的合法性。在“国封”出现之前,民间活跃的神仙,主要由道士制作经书授予神号,此为前文提到的“道封”。文人也会关注活跃的地方神仙并在小说或戏曲中塑造其形象,赋予其名号,此为“文封”。三种方式都能为神仙加封爵位名号,而且都有相当的效度。[②]当然,民众信仰实践和口头讲述也会赋予神灵一定的名号,此可谓之“民封”。崇饰制度出现之后,“国封”成为最具权威性的神灵名号产生方式。

但是,有意思的是,民间奉祀的五通神,在地方官员向朝廷呈报、请封的过程中变成了五显、五圣。五通神灵异而淫秽,跟佛经中五通仙人的关系也比较明显,而五显、五圣则被解说成五行主宰、五行正气、五帝、五方贤圣等。显然,在请封过程中地方官员对五通神做了伦理化包装,使其贴近儒家理念及国家意识形态。对地方官员包装神灵的现象,朝廷很快有所察觉,并对崇饰制度做了进一步完善:

> 徽宗建中靖国元年三月二十四日,礼部言:“诸州神祠加封,多有不应条令。今欲参酌旧制,诸神祠所祷累有灵应,功德及人,事迹显著,宜加官爵、封号、庙额者,州据事状申转运司,本司验实,即具保奏。道释有灵应加号者准此。”从之。[③]

宋徽宗批准了礼部的提议,意味着朝廷此后再加封神灵,所在州府先向转运司申报,由转运司查验属实,本司再行上奏朝廷,由太常寺拟封号,以朝廷名义昭告天下。实际上这是要求地方官府为神灵讨封实行逐级负责制,以确保所加封神灵不被过度夸饰。事实上,南宋朝廷对五显神进行了不断升级的敕封,说明

① 脱脱等:《宋史·礼志八》,北京:中华书局,1977年,第2561~2562页。

② 参见黄景春:《对泰山神的国封、道封与文封》,《泰山学院学报》2017年第4期。

③ 徐松:《宋会要辑稿》(二),第990页。

五通神灵应的传说仍不断涌现。朝廷敕封与民间的炽烈信仰相互激发，加封的是五圣之功德，成就的是五通之灵异。国家以其圣德而加封，民间以其灵异而崇拜，国家和民间各取所需。

前朝加封的神灵一般都会被尊重的，但也有所检讨和整顿。明太祖朱元璋就曾下令取消前朝敕封给神灵的爵号。崇饰制度并不是一直做加法，有时还做减法。朝廷发现某位神灵名不符实，就会取消封号，对邪神还会启动反淫祠条款加以禁毁。明朝初年朝廷循例将五显神列入正祀，南京"十庙"，五显灵顺庙是其中之一。"五显灵顺，以四月八日、九月二十八日，皆南京太常寺官祭。"[①]明朝出现了新的五通神传说，对江南地区遍布五通小庙做了新的解释。清初钮琇《觚剩》载："旧传明祖既定天下，大封功臣。梦兵座千万，罗拜殿前，曰：'我辈从陛下四方征讨，虽没于行阵，夫岂无功？请加恩恤。'高皇曰：'汝固人多，无从稽考姓氏，但五人为伍，处处血食足矣。'因命江南立五尺小庙祀之，俗称五圣祠。"[②]这是关于江南五通小庙的释源传说。对于历史久远的文化现象，释源传说给出一种故事化的解释，同时也赋予该文化新的意义，这是文化史上常见的现象。但如果以释源传说为真历史，那就荒谬了。

新传说为五圣添加了一圈新光环，但并不能消除五通的淫邪本性，妖异百出的神迹很难为主流价值观所包容。"五通神的邪性是以五通为中心的信仰的显著特征。五通神不是文化英雄，也不是人类美德的化身；相反，他体现的是人类最丑陋的恶习、贪婪和欲望。"[③]五通神奸淫、恶作剧的传闻仍大量涌现，各种私密性、交易性、反伦理的信仰行为泛滥。这显然不是儒士愿意看到的，他们依据神灵的具体表现，对哪怕前代加封过、本朝列入祀典的神灵进行审视，像五通这样的邪神仍会被视作淫祠。田汝成在杭州毁五通庙数十所，陆粲在苏州拆除家门前的五通小庙，都是个人行为。知府李从智、曹凤在苏州，县令杨子器在昆山，都以官府的名义禁毁淫祠。据嘉靖《昆山县志》载："（杨子器）表章（彰）先贤祠墓，撤毁淫祠百区，悉取土木像投诸水火，禁绝僧道、巫祝、游民及四月十五日山神会，尚鬼之俗为之一变。"[④]有人做过统计，明代苏松地区禁毁淫祠共21次，从弘治到万历前期是毁淫祠运动的高峰。[⑤]有时地方官员是在接到朝廷指令后展开行动的。如嘉靖《昆山县志》载："迩者有司屡奉部檄，废毁无额庵院，固崇

---

① 张廷玉等：《明史·吉礼四》，北京：中华书局，1974年，第1304页。

② 钮琇：《觚剩》卷一，台北：文海出版社，1982年，第20页。

③ [美]万志英：《左道：中国宗教文化中的神与魔》，第245页。

④ 徐逢春修，方鹏纂：《嘉靖昆山县志》卷九，《天一阁藏明代方志选刊》第11册，上海：上海书店，1964年，第14页。

⑤ 参见王健：《明清江南毁淫祠研究——以苏松地区为中心》，《社会科学》2007年第1期。

正黜邪之善政也。”[1]就凭五通神的污秽神迹，每次禁毁恐怕他都在劫难逃，有时还是主要打击对象。这时的禁毁行动源自儒者的文化自觉，也来自朝廷“崇正黜邪”的治理策略。但明朝万历后期以降，对民间淫祠的打击次数减少，五通神在江南地区再度活跃。

清朝入主中原后大力提倡孔孟之道和程朱理学，在维护中华道统方面比明朝后期做了更多事情。清代禁毁淫祠的次数更多，朝廷多次诏令地方官禁毁淫祠，其中影响最大的一次是汤斌在苏州禁毁五通祠。此祠由婺源灵顺庙分香而来，因苏州信众朝圣路途遥远，南宋在上方山(又名楞伽山)建立行祠。[2]此后五通信仰在上方山日益隆盛，到明代已有“城西楞伽山是魅巢”之说。[3]明朝苏州知府曹凤、蔡国熙，吴县知县刘时俊都曾强力禁毁五通淫祠，但都难以取得长久功效。康熙二十三年(1684)理学家汤斌被委任为江宁巡抚，赴任前康熙面谕：“居官以正风俗为先。江苏习尚华侈，其加意化导，非旦夕事。”[4]汤斌上任后接到范姓诸生控告五圣神强夺其妻的诉状，遂以此为契机，发起了毁禁五通运动。[5]他在《奏毁淫祠疏》中描述五通崇拜的乱象：

> 苏松淫祠，有五通、五显、五方贤圣诸名号，皆荒诞不经，而民间家祀户祝，饮食必祭。妖邪巫觋创作怪诞之说，愚夫愚妇为其所惑，牢不可破。苏州府城西四十里，有楞伽山，俗名上方山，为五通所踞几数百年。远近之人，奔走如鹜，牲醴酒牢之飨，歌舞笙簧之声，昼夜喧阗，男女杂遝，经年无间歇……荡民志，耗民财，此为最甚。[6]

汤斌采取了严厉措施，驱逐庙内僧巫，拆除五通祠，捣毁五通神像，“木者焚之，土者沉之”，庙内改祀关帝。他不仅禁止苏州信奉五显、五圣、五方贤圣，还下令江宁各州县也禁毁五通，焚毁淫词小说，禁止火葬和妇女逛庙；同时，提倡儒学，令各州县建立社学，讲授《孝经》、小学，修葺泰伯、范仲淹、周顺昌等圣贤

---

① 徐逢春修，方鹏纂：《嘉靖昆山县志》卷四，《天一阁藏明代方志选刊》第11册，第24页。

② 《乾隆吴县志》卷八二载：“五通庙在楞伽山上，祀五显灵官，宋咸淳间建。”苏州南宋时期建五通灵顺行祠多座，早期多集中在城内，上方山行祠较晚。对于上方山五通神信仰，明初人朱逢吉《游石湖记》云“(楞伽)前辟小殿，列为神像者五”(陈暐：《吴中金石新编》卷八，《文渊阁四库全书》第683册，台北：台湾商务印书馆，1983年，第119页)，这五座神像显然就是五通神。

③ 陆粲：《庚巳编》卷五，第92页。

④ 赵尔巽等纂：《清史稿》卷二六五，北京：中华书局，第9930页。

⑤ 清代顾公燮《消夏闲记摘抄》卷中《汤文正治吴》云：“康熙二十四年，诸生范姓，被五圣占夺其妻，再三求祷，不应而死。范怒，赴抚院控告。汤公诣山坐露台上，锁拿妖神，剥去冠带，各杖四十，投其像于湖。”

⑥ 汤斌：《奏毁淫祠疏》，《汤子遗书》卷九，《文渊阁四库全书》第1312册，1998年，上海：上海古籍出版社，1987年，第469页。

祠庙。[1]汤斌离任时担心五通神卷土重来,请求康熙下旨在上方山勒碑永禁。[2]与此同时,其他各省也纷纷效法汤斌采取行动。五通神的发源地婺源也毁掉五显神像,灵顺祠也改为关帝庙。福州五通神又称"五帝",信仰炽盛,福州知府迟惟城"毁五帝庙,撤其材以葺学宫"[3],做法与汤斌如出一辙。

经汤斌大张旗鼓的禁毁运动,五通神信仰受到遏制,更重要的是他的妖邪面目昭彰于世。然而,让民众放弃他们信奉的灵神并非易事。汤斌离任后,上方山香火又起,在接下来的两百多年官府多次禁毁五通神。影响较大的几次如下:

雍正十年(1732),两江总督尹继善禁毁苏州五通神。

乾隆十三年(1748),江苏巡抚觉罗雅尔哈善禁毁苏州上方五通神。

道光四年(1824),御史李逢臣奏请禁毁上方山五通神,朝廷敕令两江总督孙玉庭、江苏巡抚韩文绮查禁五通神。

道光十五年(1835),江苏按察使裕谦再度禁毁上方山五通祠。

同治七年(1868),江苏巡抚丁日昌查禁淫词小说,也禁淫祠与迎神赛会。

1928年,旨在破除鬼神迷信的《神祠整顿标准》通过,吴县县长王纳善到上方山拆毁五通神像。

朝廷和当地官员发起一波又一波禁毁五通运动,打击了五通神的声望,五通已经成为妖神、淫祠的代名词。但五通神信仰的关键在于民众要解决生存和信仰两大问题,在这两个方面,朝廷和地方官员都没有找到真正的解决办法。

八、五通神转变为五路财神

面对官方的严厉打击,一些地方的五通祠庙被拆除,庙里神像被置换成关帝、文昌或当地前贤。政策高压下的五通神难以获得安稳的庙场,以五显、五圣、五郎的名目出现也无济于事,他们之间的表里关系昭然若揭。汤斌以后的上方山经常回避五显、五圣等名号,转而称老爷,如大老爷、二老爷。太姆信仰更加流行。太姆,也称太姥、太妈或太夫人,五通神之母也,明代已在上方山居于重要地位。黄暐《蓬窗类纪》载:"五神者,人敬之尤甚,居民亿万计,无五神庙者不数家。庙必极庄严,富者斗胜相夸。神象赭衣,冲天巾,类王者,列于左;五

① 赵尔巽等纂:《清史稿》卷二六五,第9931页。

② 赵尔巽等纂:《清史稿》卷二六五,第220页;汤斌:《汤子遗书》卷九,《文渊阁四库全书》第1312册,第469页。

③ 徐景熹修,鲁曾煜等纂:《乾隆福州府志》卷二四,上海图书馆藏乾隆二十一年(1755)刻本,第5页。

夫人盛饰如后妃,列于右;中设太夫人,五神母也,皆面南。"[①]太夫人处在五神及其夫人的中间,地位最高。汤斌到上方山毁五通神,寺僧得知消息,将太姆神像藏匿于楞伽塔下,其他神像皆毁,唯太姆得以幸免。此后太姆俨然上方山主神,《太姆宝卷》大为流行,信仰更盛。但这并不能充分满足信众的宗教需求,因为对五通神本身的信仰才是核心,祈求财富才是目的。

信奉者要找到变通的方式,既满足他们的求财诉求,又让官方接受他们的灵神,这就需要在神格上加以改造,更换名称是次要方面。杭嘉湖地区一直称五圣神,还衍生出蚕花五圣、窠笼五圣、车头五圣、机神五圣等与养蚕业相关的多种五圣,并没有影响信仰流行。[②]江西一直延续的是五显信仰,瑞金客家节日中祭祀的"萧老官人"其实也是五显神,赣南平富乡张坑有五显大帝庙,信众也不少。[③]不同地区、不同宗教态度的人,对五通神的称呼原本不一样,关键是改造其反社会、反伦理的神格,使其具备国家正祀的品质,与社会主流价值观相吻合。拒绝接受规训的民间神灵,在国家机器的重压之下只有式微、消亡这一条道路。当然,五通神接受了国家的规训,以五路神之名出现,保留赐财之能,剔除奸淫之秽,逐渐演变成五路财神。

五路神,又名路头神。《道法会元》载:"五路大神:张文龙、李虎、陈昌、孟进章、粟莹。"[④]他们是赵公明元帅招来的五位神将,与五通神原本没有关系。道教另有五盗将军,也称五盗神。《三教源流搜神大全》卷四引《世略》云:"五盗将军者,本宋废帝永光年间五盗寇也。于一方作乱为盗,后于景和年,帝遣大将张洪破而杀之于新封县之北。其五人又作怪盗于此,祭之者皆呼为五盗将军也。杜平、李思、任安、孙立、耿彦正。"[⑤]这五人原是盗寇,被杀后仍以盗显怪,被称作"五盗神";因盗、道谐音,进而又成了"五道神";道、路同义,再进一步演化为五路神。五盗神是盗窃者,五通神也有盗财行径,又都是五人一伙,在信仰过程中逐渐混淆起来。

五路神跟五盗神的结合有谐音、谐义的关联,也有传统财富观念的支撑。以盗贼为财神的背后,是以社会财富总数为定额,我得彼失,我失彼得。我得到多少钱财,别人就会失去多少钱财,财神在其中起转移、运输作用。中国古代财

---

① 黄暐:《蓬窗类纪》卷五,《续修四库全书·子部》第1271册,上海:上海古籍出版社,2002年,第617页。

② 20世纪40年代有人对嘉兴市嘉善县做过调查,该县580间祠庙(不含佛寺和道观)中,五圣庙占了289间。全县783间庙宇(含佛寺和道观)中共有五圣老爷像1455尊,远超其他任何神祇。参见[美]万志英:《左道:中国宗教文化中的神与魔》,第254~279页。

③ 参见陈金凤:《宋代婺源五显信仰的流变及其相关问题》,《地方文化研究》2014年第6期。

④ 佚名:《道法会元》卷二三二,《道藏》第30册,第446页。

⑤ 《藏外道书》第31册,成都:巴蜀书社,1992年,第777页。

神不是财富的创造者，而是财富的搬运工，他们没有增加社会财富的总量，只是把财富转移到祈求者手中。宋代以后中国南方城市经济发达，以商家、手工业者为主体的市民社会形成，在相对封闭的市场竞争环境中这种狭隘的财富观念大行其道。财神所起到的作用就是向信奉者输送财富，这种输送对于财富减少的一方来说就是被盗，而财富增加的一方则是“偷来的”，其间没有道德正义，违背了儒家的伦理观，也与佛教、道教的伦理思想相冲突。五路神洗掉反伦理色彩，才能跟五通神撇清干系，融入主流价值体系。

事实上，明清时期五路神与五显、五圣、五猖等长期并存，财神神格日渐突出起来。冯梦龙《警世通言》第十五卷就描述了在正月初五苏州人祭五路大神、烧利市的习俗。明代嘉定县《外冈志》记载了正月祀五路神的习俗：“初五日祀五路，谓之‘烧利市’，以祈一岁之生财。”[①]康熙年间编纂的《常州府志》亦载：“(初五)祀五路神，祈利达也。”[②]祀五路就是祭财神，后来演变为接财神。清代五显、五圣仍在流行，也称财神，以八月十八或九月二十八为诞日；但五路神的财神神格更加突出，以正月初五为诞日。五路神被增饰以新人物和新故事，或以为即抗倭而死的义士何五路[③]；或以为五路即东西南北中，取五路皆得发财之意[④]；或以为原是南朝陈黄门侍郎顾野王之五子[⑤]。清代江浙地区流行的五路财神宝卷，主要叙述杜平、李泗、任安、孙立、耿彦五人的诞生、发财、散财故事。人物是原来的五盗神，故事却包括结义、做生意、发财、散财的情节，把五盗神、五路财神完全融合在了一起。这类传说和宝卷倡导的是忠孝节义，表现的是财神聚财的能力，彰显的是他们散财于天下的义举，合乎儒家教化之旨，对五路神起到比较好的修饰作用。[⑥]

明清时期江南城市商业繁荣，城市市民阶层以商业利润为经济来源，但在

---

① 殷聘尹纂：《外冈志》，《中国地方集成·乡镇志专辑》，上海：上海书店出版社，1992年，第891页。

② 丁世良、赵放主编：《中国地方志民俗资料汇编·华东卷》(上)，北京：书目文献出版社，1995年，第463页。

③ 丁世良、赵放主编：《中国地方志民俗资料汇编·华东卷》(上)，第41页。无锡县实有何五路其人，明嘉靖三十三年(1554)死于抗倭，邑人立庙祀之。高攀龙《高子遗书》卷一〇《王侯祠两庑记》载：“嘉靖甲寅乙卯间，吾邑有倭寇，邑之义士何五路等三十六人，奋然持白梃出击之，败死城西之壕。巫觋往往有言其为厉者。邑人即其死所祠之，箫鼓缤纷，遂为淫祠。”[崇祯五年(1632)刻本，第54～55页]

④ 姚福均辑：《铸鼎余闻》，《藏外道书》第18册，第660页。袁景澜《吴郡岁华纪丽》亦云：“五路者，为五祀中之行神，东西南北中耳。求财者祀之，取无往不利也。”

⑤ 顾张思：《土风录》卷一八，上海图书馆藏稻芗斋藏版，第25～27页；顾禄：《清嘉录》卷一，南京：江苏古籍出版社，第21页。

⑥ 万志英也指出：“《财神宝卷》中充斥着传统的社会价值观……暗示了获得财富同个人道德与善行间持久不变的联系……与其前身五通神信仰不同，五路财神信仰强调的是典型的商业美德：勤奋、谦逊、节俭、正直。”([美]万志英：《左道：中国宗教文化中的神与魔》，第273～275页)

伦理观、价值观上并没有脱离传统。明代《士商类要》曰:“设或不能读书即习商贾者,其仁义礼智信皆当教之焉,则长成自然生财有道矣。”[①]该书卷二《为客十要》《戒嫖西江月》等篇,卷四《人伦三教》《说贤名士》《孝顺父母》《敬兄爱弟》《和睦亲族》等篇,都大谈勤劳节俭、孝悌修身、知恩图报等做人道理,阐述这些社会规则对商业的影响。[②]从某种层面来说商家伦理就是财神伦理。商家把儒家的仁义礼智信纳入商业伦理之中,财神信仰也必定包含这些伦理观念。城市社会的财神崇拜是一种强大的宗教需求,创造一位既能让人发财又具备主流价值观的财神,是城市社会需要解决的问题。五路财神经过包装、修饰之后满足了这两个方面的要求,受到地方官府和缙绅之士的重视也在情理之中。正因如此,清代中后期江浙的地方官府与名士一起修建了多座五路财神庙,民间较小的财神庙也纷纷建造起来。

关于五通神遭禁毁而借五路神、五路财神之名出现,清代学者认识比较一致。顾张思《土风录》说:“康熙间汤文正(斌)巡抚江苏,毁上方祠,祀者有禁,因易其称曰五路神,亦曰财神。”[③]顾禄《清嘉录》说:“康熙间汤文正斌巡抚江苏,毁上方祠,不复正五显为五通之所讹,而祀者皆有禁矣。因更其名曰路头,亦曰财神。”[④]其实,从北宋到清代,五通神更改了很多名称,五路神的名号出现在汤斌禁五通之前,将这归结为汤斌禁五通的影响是失之偏颇的。五通神信仰演化出很多分支,五路神是其中之一。关键在于,五路神的神格发生了很大转变。五路神有致财之职,无奸邪之秽,在伦理思想上向儒家靠拢,最终作为五路财神得到了社会各界的接受。

五路财神得到社会认可之后,在信仰实践中继续获得新的阐释。明清时期就出现了另外一组五路财神,即赵公明和他的四位部下构成的五路财神。《封神演义》中赵公明战死被封为“金龙如意正一龙虎玄坛真君”,四位部下分别是招宝天尊萧升、纳珍天尊曹宝、招财使者陈九公、利市仙官姚少司。[⑤]封号中的“招宝”“纳珍”“招财”“利市”,加上赵公明的“金龙如意”,都跟钱财有关,于是他们被当作五路财神。当今仍有不少道观和民间祠庙把赵公明等五人塑在财神殿。

九、五通神格转变的动力分析

从佛经中的五通仙人到道教仙人,从五通神再到五路财神,在走完这一转

① 吴中孚:《商贾便览·工商切要》,贾嘉麟等主编:《商家智谋全书》,郑州:中州古籍出版社,2002年,第339页。

② 杨正泰:《明代驿站考》(增订本),上海:上海古籍出版社,1994年,第292～304、347～378页。

③ 顾张思撰:《土风录》卷一八,上海:上海古籍出版社,2015年,第26页。

④ 顾禄:《清嘉录》卷一,第21～22页。

⑤ 许仲琳编著:《封神演义》,上海:上海古籍出版社,2000年,第895页。

变历程的十几个世纪里,多种内外因素都发挥了动力作用。如果说从五通仙人到五通神起主要作用的是僧侣对佛教的格义与反向格义、民众对佛经中神奇故事的兴趣、民间信仰的世俗性等因素的话,那么,从五通神到五路财神又有哪些因素在起主要作用?具体来说,是谁、以怎样的方式推动了这种转变?

首先,中国民间神灵信仰的世俗性仍在发挥重要作用。中国民众以工具化的态度对待诸神,把神灵当作实现生活目的的手段,把传说中的灵验视作神仙可资利用的标志。传说中五通神的各种怪异,或许只是鼠偷狗盗、狐鸣狼嗥,或许是某种气象、光线条件下的自然现象,或许是病人在某种话语诱导下的幻觉,所谓"灵验"不过是对这些怪异及被认为是其结果的各种现象的宗教化联想和解说。处于信仰状态的人是缺乏反思能力的,"偶获祐则归功于神,祸则自咎不诚",对于通过拜神谋求利益的民众来说,神灵有灵应,哪怕是推测、传闻中的灵应,就会得到追捧。中国民众对于像五通这样喜欢女色、有点不良习性的神仙并不排斥,反倒感到好打交道,容易亲近,因而愿意以私人化祭祀的方式加以贿赂、收买,以图换来更大的利益。这也就是五通祠借阴债之俗流行的原因。五通神淫占妻女固然可恶,但他以输送财物为条件,对于那些处在经济困境中的人们来说,这未尝不是一桩划算的交易。当然,五通神奸淫的故事主要是以第三人称的口吻讲述的,很少有第一人称讲述的情况,像范姓诸生那样自述五圣神强夺其妻是少数。也就是说,人们听到的都是五通神在别人家行淫的故事,对于自己来说,钱财可以送来,家门不要擅入。苏州有些人家出资把五通神寄放在庙里,不愿存放在家里,其中就有对五通神的防范意识。人们对五通神秉持一种既喜欢又恐惧的矛盾心态,但终究还是钱财更重要,为了钱财有时人们放弃了道德信条,容忍了某些难以言说的屈辱。

其次,巫祝是民间神灵的神格建构者,也是神灵玄怪、灵应的守护者。巫祝按照自己的宗教经验和现实需要创造神灵形象,赋予神灵克里斯玛(Charisma)神格,这是神灵获得信奉的基础。很多地方志、文人笔记、官员奏疏都描述巫祝在五通神信仰中所起的煽惑作用。汤斌说:"妖邪巫觋创作怪诞之说,愚夫愚妇为其所惑,牢不可破。"[①]迟惟城在福州禁五帝信仰,他去世后不久五帝庙就重新建起,还增加了十余处。乾隆《福州府志》载:"盖巫祝借以掠金钱,愚氓冀以免殃咎,故旋毁旋复,法令所不能禁也。"[②]巫祝的衣食来源于宗教仪式,其他人拜五通神能否发财只是一句说辞,而巫祝是实实在在地获得了收益。苏州上方山五通神的香火最旺,信奉者遇事必拜。巫者说五通神喜欢茶筵,喜欢人们唱赞他的出处,让人们遇事就来祷告,许愿举办茶筵,有大事相求则要烧纸,其中有

① 汤斌:《奏毁淫祠疏》,《汤子遗书》卷九,《文渊阁四库全书》第1312册,第469页。

② 徐景熹修、鲁曾煜等纂:《乾隆福州府志》卷二四,上海图书馆藏乾隆二十一年(1756)刻本,第5页。

很大的利益追逐空间。近现代到上方山借阴债的仪式仍在举行。借阴债前巫婆是开条件的，就是发财后每年八月十八上山“解钱粮”，向神偿本付息。生意人到上方山借阴债、祈财运的仍很多。没有借过阴债的人，因为承欠父辈的阴债，也要给上方山“解钱粮”。上方山香火给当地人带来很大的经济利益，附近几个村轮流主持山上的活动，分享利益。他们请来一两名“游僧”主持寺院活动，这些和尚很有油水，因此也十分引人注目。“过去，八月十八庙会一过，兵痞、流氓以至官衙吏役都会到上方山来敲竹杠，所以往往一到十八下午，山上的和尚就逃掉了。”[①]其实，这些和尚只是临时主持者，真正长久发挥作用的是附近村里的巫祝，他们才是上方山香火的长期受益人。

巫祝宣扬五通神的玄怪灵异神格和灵验能力，但无法向社会主流价值观靠拢。他们把五通神建构成了活跃的异类。所以，巫祝的建构努力越大，五通神越灵异，越有可能遭到官方的打击。

再次，儒家人士是五通神转变为五路财神的主要推动者。儒家以礼仪教化世人的手段之一是“以神道设教”，就是通过树立具有道德标杆意义的神灵，向世人灌输自己的价值观和伦理观。宋代程朱理学更是把儒家的仁学提高到万物本原、宇宙天理的高度，并倡导“存天理，灭人欲”。能够体现儒家（特别是理学）伦理思想的神灵，如关帝、文昌，还有诸如狄仁杰、范仲淹、包公等圣贤，就能得到儒士的提倡；反之，那些不能体现儒家（理学）思想的神灵，就会受到儒士的抨击。至于像五通神这样与儒家思想背道而驰的神灵，儒士必欲禁绝之而后快。我们因此也就看到各地在拆除五通神像的时候，总是在其庙内塑上关帝、文昌像，在禁毁五通祠的同时，总是提倡建范仲淹祠、乡贤祠。在一反一正的态度中，浸润的都是儒家崇正黜邪的教化思想。

当然，儒士群体是很庞大的，他们的宗教态度也并不一致。就五通神来说，有人信仰，有人反对，还有人介于信与不信之间。不能将儒士看作一个均质群体，他们的宗教观有很大差异。只有所谓“醇儒”坚持儒家正统派“敬鬼神而远之”的立场，他们是五通神的反对者，对五通神的转变起到的推动作用也是最大的，他们的反对有力促进了五通神从名号到神格的转变。禁毁是一种极端行动，凸显了在儒家伦理观、价值观背景下五通神的荒谬性，进而促使信众、巫祝对五通神有所取舍，对五通神形象有所修饰。就信仰五通神的儒士而言，他们有包装、润色神灵的能力，能够剥离五通神的淫秽神迹，称赏其灵异和功德。在五神通遭到禁毁的情况下，他们包装、润色从而推动五通神向五显、五圣、五路转变的成效更显著。五显、五圣名称出现较早，后来也被污名化，于是这类儒士

① 蔡利民：《上方山借阴债——苏州民间信仰活动调查》，《中国民间文化》第6辑，上海：学林出版社，1992年，第255页。

转而借五路神之名，以五行、五方为说，以赐财为功效，以忠孝节义故事为修饰，对神灵做出全新的阐释，最后使五路财神与儒家价值观较好地融合在一起。

最后，朝廷的国家治理策略在形塑五通神方面也起到很大作用。朝廷有五礼——吉、嘉、宾、军、凶。吉礼为五礼之首，主要是对天神、地祇、人鬼的祭祀之礼。汉代以后，朝廷礼制主要由儒生制定，其依据就是《周礼》《仪礼》《礼记》。其中《礼记》的“祭法”“祭义”等篇，对哪些鬼神可以列入祭典有明确的规定，不在祀典皆曰淫祀。到唐代，国家开始根据现实需要加封神灵，大量增补祀典。发展到北宋后期，形成了一套完整的崇饰制度。皇权以功利主义的态度对待神灵，当某神祇对国家有功的时候，朝廷就敕封他，赋予他崇高地位。但有功德之外，此神还要有助于教化。某位神灵有损于教化，朝廷就会把他列入淫祠加以禁绝。上个朝代敕封的神灵，到下个朝代是祭是禁，既有礼志可查，也要看该神的表现。朝廷在祭典制定方面具有最高权威，朝廷禁绝的神灵在官员、儒士那里会受到歧视，这对民众的信仰行为和巫觋的神格阐释也会产生引导作用。五通神被一再禁毁，改变名号、神格是其生存下去的必由之路。至于改变成什么名称和怎样的形象，需要儒士、巫祝、信众达成共识。五路财神的出现是他们共同努力的结果。

在儒家的教化思想和国家治理策略共同作用下，五通神从反伦理、反社会的窘境中突围出来，以五路财神的形象完成了名号更改和神格完善。不管是杜平五兄弟，还是抗倭而死的何五路，或是赵公明主仆，都被注入儒家伦理思想，具有忠孝、公平、正义、和合等内涵，同时又不失赐财职能。这种神格特点得到了信众和儒士的接受，国家也不再将其视作一种颠覆性力量而加以防范，其反而在国家治理中扮演积极角色。这意味着五通神在中国社会的信仰方式和价值观中找到了自身的位置，成为民间众多神仙中具有独特魅力的一员。

移动的追忆：明代对宋代西湖记载的沿革和化用*

段晓琳** 著　　王明琪** 译

摘　要：16、17世纪见证了越来越多的地理书籍、旅游手册和地图的出版。此期，一个新的趋势是出现了有关某一个具体山川湖泊的地方志，而不局限于传统的郡县方志。杭州西湖是第一个拥有地方志的旅游景点。通过宋明两代文献记载的比较可以看出，二者在风景名胜的叙事结构和制图的空间逻辑上有很强的连续性。本文旨在探讨明代是如何对宋代文献中有关杭州的地理知识进行复述、化用和传播的。笔者认为，人们对某个地方的追忆是由一种真实或者想象中的移动视角引发的。明代人的活动一方面参考了历史上的知识体系，一方面也因为晚明旅游的商业化发展而获得了新的特点。

关键词：追忆；地理；历史；知识；西湖

引言

16、17世纪见证了越来越多的地理书籍、旅游手册和地图的出版和标准化。[①]许多郡县出版了当地的第一份地方志。卜正民（Timothy Brook）等指出，一个新的趋势是，随着读者群的扩大和文人对地方社会参与度的提高，专注于

---

* 英文原文首发于*Ming Qing Studies*。本文是对原文中有关地理志部分的节译，并在翻译过程中进行了一些改动。

** 段晓琳，北卡罗来纳州立大学历史系副教授。

** 王明琪，毕业于山东大学儒学高等研究院中国史专业，2022年获历史学硕士学位。

① Tang Xiaofeng, *From Dynastic Geography to Historical Geography: A Change in Perspective Towards the Geographical Past of China*, Beijing: Commercial Press International, 2000.

某一座山或某一寺庙的地方志会逐渐面世。[①]

自田汝成(1503～1557)的《西湖游览志》出版以来,杭州西湖成为第一个拥有专门地理志的观光景点。在传统的儒家认知里面,观光游赏经常不被当作一个值得被严肃记录的行为,因此在这本书的前言中,田汝成解释了为什么他认为有必要为一个主要用于观光的湖泊编一部地方志。继《西湖游览志》成功之后,以西湖为中心的地理志和地理书籍大量面世,其中就包括俞思冲的《西湖志类钞》、季婴的《西湖手镜》等杂记,以及杨尔曾《新镌海内奇观》等旅游书籍。

以西湖为中心的书籍引起了学者们的关注。安如峦(Roland Altenburger)比较了明清方志中的西湖图景,认为不同的景观制图模式成功地传达了“地方知识”。[②]马孟晶从图书市场的角度考察了《西湖观光志》的流通和出版情况。[③]李娜在晚明文化审美和旅游市场的背景下对《湖山胜概》进行了分析。[④]林丽江与石守谦从视觉文化的角度研究了《新镌海内奇观》。[⑤]虽然这些学术研究大都同意宋代文献对明代档案具有深远的影响[⑥],但是这些明代的史料以何种方式运用和重组了宋代的地理信息,在很大程度上仍需要作进一步的探索。通过对宋明文献的比较,我们可以看出,二者在风景名胜的叙事结构和制图的空间逻辑上有很强的连续性。《四库全书提要》对明代史料的点评尤其注重指出该书对宋代史料的保存。明代对宋代史料的运用一方面是因为宋代关于西湖的资料非

① Timothy Brook, *Geographical Sources of Ming－Qing History*, Ann Arbor: University of Michigan Press, 2002, p.33;张英聘:《明代南直隶方志研究》,北京:社会科学文献出版社,2005年,第32～40页。

② Roland Altenburger, “Layered Landscape: Textual and Cartographical Representations of Hangzhou's West Lake, 16th-18th Centuries”, in *Entangled Landscapes: Early Modern China and Europe*, eds. by Yue Zhuang and Andrea Riemenschnitter, Singapore: NUS Press, 2017, p.119.

③ 马孟晶:《名胜志或旅游书——明〈西湖游览志〉》的出版历程与杭州旅游文化》,《新史学》(台湾)2013年第4期。

④ 李娜:《〈湖山胜概〉与晚明文人艺术趣味研究》,杭州:中国美术学院出版社,2013年。

⑤ Li－chiang Lin, “A Study of the *Xinjuan hainei qiguan*, A Ming Dynasty Book of Famous Sites”, in *Bridges to Heaven: Essays on East Asian Art in Honor of Professor Wen C. Fong*, ed. by Jerome Silbergeld, Dora C.Y. Ching, Judith G. Smith, and Alfreda Murck, Princeton: P.Y.and Kinmay W. Tang Center for East Asian Art, Princeton University Press, 2011, pp.779-812;石守谦:《山鸣谷应:中国山水画和观众的历史》,台北:石头出版股份有限公司,2017年。

⑥ 例如 Roland Altenburger, “Raum und Zeit in kartographischen Darstellungen von Hangzhous Westsee－Landschaft, 1498－1734”, in *Zeit, Raum und die Wirklichkeiten Chinas. Berliner China－Hefte / Chinese History and Society*, eds. by Clemens von Hasecherg und stefan kramer (Hg.), No. 48 (2016) p.132.

常丰富[①],另一方面也是因为宋代的史料初步奠定了西湖的重要特征以及西湖这一景观是如何被体验和重构的。

本文旨在探讨宋代方志和地理笔记中有关杭州的地理知识和空间表现在明代是如何被复述、使用和再传播的。笔者认为,对某一地点的追忆通常是通过某种叙事结构来完成的,这种叙事结构通过不同体裁的文本和图像记载而得以呈现,包括了地名、游览线路和题名景观这三个要素。移动的视角在这种叙事结构中至关重要,这种移动是通过物理空间和想象中的时间来塑造的。明代人们的活动一方面参考了历史上的知识体系,一方面也因为晚明旅游的商业化发展而获得了新的特点。

本文将宋代史料与明代各类地理著作和文集相比较。宋代地理知识的积累是人们对自然景观不断探索的结果,咸淳《临安志》(1268~1275)和周密《武林旧事》(1232~1298)中关于名胜地点和游览线路的记载,为明代作家提供了基本的地理知识和空间结构,吴自牧的《梦粱录》也包含了关于西湖季节性游赏活动的详细记录。晚明时期,由于普通百姓对名胜古迹的接触日益增多,再加上出版业的蓬勃发展,社会上对地理知识的鉴赏和利用呈现出一个高潮。下面的讨论从历史背景和追忆入手,之后分别探讨了明代文献中对历史遗址名称的引用,对宋代游览路线的化用,以及对宋代十景的创造性呈现。

一、历史背景和追忆

关于杭州的地理信息和西湖的文献最早可以追溯至宋代。[②]宋代恰好是一个地理文化大发展的时代,出现了各类文本与视觉记录对地理知识的全新阐释,包括类书、地图、地方志和游记等等。南宋时期迁都临安,这进一步促进了西湖周边地区的开发和居住以及当地知识的文献记载。

南宋关于杭州的地方志一共有三种,其中以咸淳《临安志》最为丰富,包括历史上的第一份西湖地图(图1)。与在同一地方志中的其他三幅地图不同,这张西湖图标注了400多个地点,就像一幅风景画,一致采用鸟瞰俯视的角度展现景物。地图上标注的地点也与城市笔记中的记载相符合。在《武林旧事·湖山胜概》这一卷中,周密采取了一种地方志的体例来介绍各处风景名胜。《武林旧事》和《梦粱录》都按照日历节庆来组织编写,详细记载了不同季节的西湖游览

① Roland Altenburger, “Layered Landscape: Textual and Cartographical Representations of Hangzhou's West Lake 16th-18th Centuries”, pp.124-125.

② Hilde De Weerdt, *Information, Territory, and Networks: The Crisis and Maintenance of Empire in Song China* , Cambridge, MA: Harvard University Asia Center, 2015; Fan Lin, “The Local in the Imperial Vision: Landscape, Topography, and Geography in Southern Song Map Guides and Gazetteers”, *Cross-Currents: East Asian History and Culture Review*, No. 23 (2017), pp.10-39.

活动，充满了浪漫化的描述。[①]这种记录季节性活动的方式也适用于当时的诗歌和游记写作。这些宋代的文字和视觉记录从理性的知识体系和感性的空间营造两个方面对西湖进行了构建，通过对真实经历和空间探索的书写及不断的重写将地理知识融入了知识体系中。

图1　南宋西湖图 约1268～1275年
（采自咸淳《临安志》卷一）

在宋末的战火中，西湖逐渐废弃冷落，在元代更成了文人眼中南宋灭亡的替罪羊。西湖的修浚和游赏都经受了不同程度的停滞。从明代中叶开始，政府才开始着手疏浚西湖，试图恢复被废弃的湖景。文人和城市居民开始频繁出游，西湖重新受到人们的重视。重建[②]西湖的过程中，人们不可避免地受到了书本和地图上记载的知识以及集体记忆的影响。宋代的皇权早已不复存在，但它们为西湖增添了浪漫的色彩。虽然宋代地图和地方志是由政府编制的，主要供地方官员使用，但明代中后期的地方志，尤其是地图，开始面向更广泛的读者。随着商业地图制作和业余阅读书籍的出现，这些宋代的教育工具开始向休闲使用和商品出版转变。正如金漪妮（Elizabeth Kindall）指出的那样，在16世纪到17世纪期间，地理叙事（Geo-Narrative）成为许多绘画作品中常见的视觉语言[③]，这一论点也适用于文本记录。作为地方志和木版印刷中常见的一种描述策略，地理叙事能够恰如其分地将许多地点置于特定的历史和地理背景中。更重要

① Xiaolin Duan, *The Rise of West Lake: A Cultural Landmark in the Song Dynasty*, Seattle: University of Washington Press, 2020.

② 关于西湖在元代和明代早期的情况，见 Xiaolin Duan, *The Rise of West Lake: A Cultural Landmark in the Song Dynasty*, "Epilogue."

③ Elizabeth Kindall, "Geo-Narrative in Seventeenth-Century China", in *The Itineraries of Art: Topographies of Artistic Mobility in Europe and Asia*, eds. by Juliane Noth and Joachim Rees, Leiden: Wilhelm Fink, 2015, pp.107-132.

的是，通过地理叙事，作者可以结合空间背景和历史叙述来定义自己在景观中的位置。

明代的一些社会和文化的因素促成了地理叙事的产生和流行。一方面原因是读者群的扩大。正如麦拉伦(Anne McLaren)所说："白话文的作者和出版商意识到，他们的阅读群体不再局限于士人阶层，这在中国印刷文化史上还是第一次。"[①]因此，许多原本高深的著作开始出现了面向普通读者的简易版本。目标读者群变成了那些为了证明自己社会地位或者追求知识乐趣的人，人们的阅读活动不再仅仅是为了政事或是学术。

另一方面是因为明朝中后期出版业的繁荣，促进了地图学的发展，并改变了人们阅读地图的方式。明朝晚期的地理志中通常有十几张或更多的地图。与宋代相比，明代的这些地图更多的是用于文化市场，而不是为了国家事务。地图作为一种集体记忆的工具，有助于记忆建构。具体来说，杭州是一个以高质量著称的出版中心，也是四大图书市场之一。本文所分析的书籍大多数是在杭州印刷的，或者是杭州人赞助的。[②]

相当多的地理书籍强调它们是可携带的，承诺可以提供方便和可靠的信息，而这些信息曾经仅限于政府官员。这一新的发展迎合了明代中后期日益增长的旅游观光需求。晚明见证了旅游业的蓬勃发展，包括士人和普通百姓。游记和旅游指南以前所未有的规模进行流通。学者们认为这种观光热潮是休闲生活的新阶段，是植根于都市文化的时尚。[③]与南宋时期以皇权为中心、以首都为驱动力的观光旅游不同，晚明时期，杭州作为江南地区的文化中心和全国丝绸中心推动了旅游业的进一步扩张。当时，在那里生活或居住的学者大多来自地方士绅家庭，很少在政府中任职。交通的发展和士绅家族日益积累增长的财富，使得这些文人更加频繁地出游。将他们所看到和经历的东西进行写作和出版，是这些文人进行自我表达和社会交流的重要形式。明代笔记小说都描绘了西湖游览的繁华景象。俞思冲记载说，"游屐画船，可晴可雨，可勺可歌"[④]，张岱(1597～1684)的小品文也描述了节日期间西湖的拥挤状况。[⑤]

观光和西湖书籍的出版是相互依存的。田汝成把游赏提升到了一种有品

① Anne E. McLaren, "Constructing New Reading Publics in Late Ming China", in *Printing and Book Culture in Late Imperial China*, eds. by Cynthia J. Brokaw and Kai-wing Chow, Los Angeles: University of California Press, 2005.

② 马孟晶：《名胜志或旅游书——〈西湖游览志〉的出版历程与杭州旅游文化》，《新史学》(台湾)2013年第4期。

③ 巫仁恕：《品味奢华——晚明的消费社会与士大夫》，北京：中华书局，2008年。

④ 俞思冲等撰：《西湖志类钞》，台北：成文出版社，1983年，第1页b。

⑤ 张岱：《陶庵梦忆 西湖梦寻》卷四，上海：上海古籍出版社，2009年，第73页。

位的高度，他认为，正是游赏活动使这个湖泊与众不同。其他地方的风景要么以金汤之固而闻名，要么以隐居而闻名，要么以学者讲授之所而闻名，但“西湖三者无一居焉，而欲讳游冶之事，歌舞之谈，假借雄观，袛益浮伪耳，史家不为也”[①]。许多后续书籍的出版进一步增加了西湖的知名度，推动了西湖旅游业的发展和西湖景观的恢复。1637年，祁彪佳(1602～1645)记载，当他与朋友一起游湖时，他无法写出任何一首好诗，最终以阅读田汝成的《西湖游览志》结束了这一天。范鸣谦是推动田汝成书籍再版的支持者之一，他说：“买棹一至湖上，辄按志而索其处，依依不能去……踟蹰四顾，益叹田君之所志甚核。”[②]田汝成的书出版后，西湖迎来了大规模的修复。除了实际的游赏之外，另一个与视觉文化和书籍的出版紧密相关的概念就是“卧游”。当读者无法身临其境的时候，他们可以通过阅读文章或者欣赏画作来开始一段充满想象力的旅程。《新镌海内奇观》中就常常强调这一概念，并且编者杨尔曾的别称就是“卧游道人”。

当在风景之中穿梭时，人们总会把历史的场景和眼前的场景进行对比。追忆是中国文学，尤其是诗歌和散文作品中一个永恒的主题。正如宇文所安(Stephen Owen)指出的那样，那些逝去的事物能被人们记住，并不是因为它实际的存在，而是因为在那里发生过的一些记忆。“无法征服或抓住过去，我们把过去解释为表达求知欲望的一种追溯方式。”[③]芮沃寿(Arthur F. Wright)和牟复礼(Frederick W. Mote)从不同的角度都认为中国人从未打算将他们的城市历史寄托在建筑物中，而是将其以一种累积的记忆形式记录在文本中。[④]追忆通常采取的形式是对历史遗迹，或仅仅是见证过去发生的景观的慨叹。在此背景下，景观被视为历史变迁中的永恒又沉默的见证。

田汝成在编纂方志时主要依据的是宋代的记载。《四库全书》认为，“实有关于宋史者为多，故于高宗而后偏安逸豫，每一篇之中三致意焉”。《四库全书》的评论还将宋代的记载与田汝成的作品进行了比较：“宋乾道间，周淙撰《临安志》十五卷，咸淳间，潜说友又续成一百卷，湖山特其中之目，例不当详。吴自牧作《梦粱录》，周密作《武林旧事》，于岁时风俗特详，而山川古迹又在所略。惟汝成此书，因名胜而附以事迹，鸿纤巨细，一一兼赅，非惟可广见闻，并可以考文献。”[⑤]作为第一次尝试在城市记录中建立关于自然景观的叙述，宋代的文献记

① 田汝成：《西湖游览志》，杭州：浙江人民出版社，1980年，第6～7页。

② 田汝成：《西湖游览志》，1980年，第4页。

③ Stephen Owen, *Remembrances: The Experience of the Past in Classical Chinese Literature*, Cambridge, MA: Harvard University Press, 1986, p.65.

④ Arthur Wright, "The Cosmology of the Chinese City", in *The City in Late Imperial China*, ed. by G. William Skinner, Stanford: Stanford University Press, 1977, pp.33-74; Frederick W. Mote, "A Millennium of Chinese Urban History: Form, Time, and Space Concepts in Soochow", *Rice University Studies*, Vol.59, No.4 (1973), pp.35-65.

⑤ 田汝成：《西湖游览志》，第3页。

载在组织上通常不是很连贯。[①]例如,《武林旧事》第五卷采用了地方志的格式,此卷和其他章节在体例和内容上的显著差异只是一个例子。田汝成在吸收大量前人记载的基础上,发展出了一种新的著述体例来对西湖相关的知识进行系统的分类。田汝成的《西湖游览志》和《西湖游览志馀》两书,前者是对名胜古迹的介绍,后者则包含了更为繁杂的记录:它始于对皇都、南宋政治以及宋朝灭亡后的衰败景象的记录,之后又转向了文学传统,接着是关于著名人物和游赏观光活动的记载,最后以奇闻轶事作结。两书中所使用的体裁格式都巧妙地收集和重新编排了散落在南宋方志、诗歌、城市笔记和小说中的信息。

田汝成的著作为后来的作品奠定了基调。他这本书的一个重要特点是对风景中所蕴含的历史意义的强调。范鸣谦在序言中解释了为什么景观在历史的记忆中如此重要,"此一湖山也,曩为畏途,今为乐土。李文叔谓:名园之兴废,系洛阳之盛衰,窃疑其言大而无当,今殆然矣"[②]。范鸣谦在这段序言中表示,一个游赏地点的兴衰是与政治社会起落息息相关的。游赏地点被赋予了比单纯的自然环境更多的意义。

应同等看待写作和风景。某个地点之所以成为这样一个地方,正是所有关于它的记载以及在文字中形成的那令人向往的过去所造成的。那些阅读过往作品的读者自身通常也是访客,其中许多还是作家。这些人的方法是在现场回忆,并将记忆的线索串联起来。他们通过当时当地的记忆以想象来确认过去诗意观点的真实性。于是这些后来的作家和游赏者也成为追忆网络的一部分。追忆远非简单地再现或重复历史,而是丰富和再创造的过程。追忆也是一个改进和修补的过程:图像和地图的内涵被不断提炼,能更好地与更多的文本和诗歌相匹配,使它们更加易于理解。

值得注意的是,图像在塑造和保存记忆方面起着特别重要的作用。艺术家大卫·霍克尼(David Hockney)认为,中国绘画有一种"反向透视",这与记忆的积累密切相关。[③]艺术史学家朱丽雅(Julia Orell)也认为,画家和地图制作者为了给未来的读者记录特定的地点,进行了追忆行为。[④]追忆是在将物理现实转化为绘画表现的过程中形成的。无论是文本形式还是视觉形式,追忆都涉及了一个复杂的动态过程,包括各种地理知识的组织和安排。这些知识通常是通过地方体验和遵循某种空间逻辑来实现的。其中有三个因素尤其重要——地点名称、游览路线和题名景观,下文将逐一进行分析。

① Xiaolin Duan, *The Rise of West Lake:A Cultural Landmark in the Song Dynasty*, p.96.

② 田汝成:《西湖游览志》,第4页。

③ Tanaka Maho, "Hockney's Photographic Collages: From 'Reverse Perspective' to the Accumulation of Memory", *The Study of the History of Art*, Vol. 47 (2009), pp.87-108.

④ Julia C. Orell, "Picturing the Yangzi River in Southern Song China (1127—1279)", Dissertation, Stanford University, 2013.

二、地点名称

地点对追忆来说是必不可少的，地点允许人们进行重读、重新访问和重新书写。地点名称不仅仅是一个记忆的场所，而是与相关的记载一起创造历史记忆。正如地理学家唐晓峰所说，特定地点的命名是将文化价值和道德与景观联系起来的一种方式，实现了由自然向文明的象征性转变。[①]宇文所安还指出了地点的历时特征，它将过去和现在压缩成一个单独的认知时刻。[②]历史地点作为记忆的坐标提供了空间和时间的交叉点。

在关于西湖的记录中，地点名称最容易辨认的特征，是城市居民识别和参考自然景观的重要条件。大多数环湖的地名都是在宋朝得以确定和标准化的。咸淳《临安志》的西湖图包括了最多的地名，远远超出同书中的其他地图。这些被标注的地点名称作为一个参考系统和索引发挥着作用。读者可以通过这些地名找到更详细的描写和包含情感共鸣的文学作品。在这些文本记录中，对地点的关注被转化为某种特定的视角，为读者提供规范性的建议，影响着他们未来的体验和观察。通过这种阅读、命名、旅游和记忆的交织，某些地点变成了“主题”，一个有关于地方观念和文学主题的概念。艺术史学家汪悦进(Eugene Wang)在一篇有关雷峰塔的文章中描述了文学主题性与物理场所在建构集体记忆中的一种相互作用的意义。[③]由此产生的记忆话语和相应的地点主题成为明代西湖认知的基础。

田汝成解释说，他的书“叙列山川，附以胜迹，揭纲统目”。这种“分门汇种”[④]的方法是宋代方志中确立的分类名胜古迹的一种方法。俞思冲的著作进一步阐明了这一编纂原则的重要性。黄克谦给《西湖志类钞》所作的序言中甚至批评田汝成的组织不够严密，并强调俞氏方志“山川寺宇，各以类分”[⑤]。俞书的中卷包括以下部分：山之类、峰之类、岭之类、石之类、洞之类、亭之类、堤之类、台之类、江之类、泉之类、涧之类、井之类、桥之类。下卷包括宫之类、院之类、洞之类、庙之类、寺之类、庵之类、观之类、塔之类、墓之类、楼之类。

田汝成效仿宋代《武林旧事》和咸淳《临安志》中的做法，对游人在湖边可能

---

① Tang Xiaofeng, *From Dynastic Geography to Historical Geography: A Chang in Perspeative Towards the Geographical Past of China*, p.50.

② Stephen Owen, *Remembrances: The Experience of the past in Classical Chinese Literature*, pp.2-3.

③ Y. Eugene Wang, “Tope and Topos: The Leifeng Pagoda and the Discourse of the Demonic”, in *Writing and Materiality in China: Essays in Honor of Patrick Hanan*, eds. by Patrick Hanan, Zeitlin T. Jadith, Lydia He Liu, and Ellen Widmer, Cambridge, MA: Harvard University Asia Center, 2003, pp.488-452.

④ 田汝成：《西湖游览志》，第6页。

⑤ 愈思冲：《西湖志类钞》，第2页a～b。

遇到的地名作了细致的记载。第二卷开头写道:“自断桥西径湖中,过望朔亭,为孤山、四贤堂、林逋墓、放鹤亭、玛瑙坡、尚书俞公祠、岁寒岩、唐陆宣公祠、六一泉,又北为西泠桥。”[①]这个简短的开头列出了游人可能遇到的所有景点,并给出这些地点的特定序列。《西湖志类钞》中,其正文第二篇由夏时(1403~1474)写的《湖山胜概记》在具体地点和相对位置方面给出了较为详细的论述,特别是城门成为前往不同线路方向的出发点。[②]《新镌海内奇观》中有17页关于西湖的介绍,虽然与前两部方志相比,它的内容更加简洁,但仍然提供了微观和宏观的空间介绍,结合了对风景的描述和对历史的记载。[③]

这些方志对于具体地点的记录也遵循了宋代的格式,从介绍西湖的面积、位置和与杭州城的距离开始,最后提及关于西湖的文学作品。一个地点的历史沿革是记录的重点。以“凤凰山”为例,田汝成特别强调了皇权是如何在此处聚集的:“自唐以来,肇造州治,盖凤凰之右翅也。钱氏因之,递加拓饰,逮于南宋建都,而兹山东麓环入禁苑。张闳华丽,秀比蓬昆,佳气扶舆,萃于一脉。开署布政,驻跸宅中,民吏之所凭依,帝王之所临莅,隐隐赈赈者六七百年,可谓盛矣。……我朝因之。”[④]同样地,在《海内奇观》中,第三卷首先简要介绍了西湖,特别是它的多个名称。导言部分还经常用一句话来对相关的历史轶事或历史人物进行介绍,例如:“参廖泉者,苏子瞻守杭州与智果僧参廖子善,名其所居泉曰参廖泉。寺徙北山,泉适出寺后,好事者仍名参廖以志旧迹。西为显功庙,祀宋代布衣岳琚。又西为锦坞,在宝云山东,宋时花卉灿然若锦,故名。”这一段涵盖了三个景点,全都给出了宋代的历史背景,或者是因为宋代名人轶事得名,或者是为了纪念某个宋人,或者是得名于宋时的景观。[⑤]作者仿佛言必称宋代,致力于介绍每一个景点与宋代的联系。这些方志中提供的大量历史细节,将枯燥的地理叙述变得生动起来。

所有这些地理志都包括地图和一些图像,上面无一例外都标有地名。这些地图既是文本记录的视觉插图,又便于读者进行真实的和想象的旅行。他们遵循了在宋代确立的特点:宋代的西湖地图用简单的线条标出了重要的山脉和道路,桥被描绘成简单的符号,准确指出堤道的位置,地点之间的相对位置是绘图者关注的焦点,绝对位置则可以被适当忽略。

明代延续的另一个特点是地图与山水画的相互联系。与其他二维的州县地图相比,宋代的西湖地图试图呈现一个三维空间。远处的山脉被放置在地图

① 田汝成:《西湖游览志》,第8页。

② 俞思冲:《西湖志类钞》卷一,第2页b~7页a。

③ 杨尔曾撰,陈一贯绘,汪忠信镌:《新镌海内奇观》,杭州夷白堂刻,万历三十七年(1609年)刊,第1页a、第9页b~26页b。

④ 田汝成:《西湖游览志》,第65页。

⑤ 杨尔曾撰,陈一贯绘,汪忠信镌:《新镌海内奇观》卷三,第11页a。

的上方以显示它们的高度。虽然这幅地图比一幅手卷画要短得多,但它描绘了从西湖附近山脉的最南端到最北端的距离。[①]地图上远处山峰的暗示可能会让人联想到一连串的小山,而树木可能意味着一片森林,这当中的很多图像技巧也被明代地图所继承,而木版画的发展有助于进一步推动地图制作的标准化甚至程式化。

田汝成书中有两幅西湖图,一幅是宋代西湖图(图2),另一幅是明代西湖图。宋代的地图标注了更多的地方,明朝的那个地图则比较简单。安如峦详细探讨了这两幅地图,认为两幅地图的平行结构值得进行比较,“视觉上的对比暗示着西湖景观的伟大时代已经过去了”[②]。他还指出,宋代地图大多是基于咸淳《临安志》所创立的,特别是从皇城西侧俯视的视角。这幅宋代西湖图长达8页,比咸淳《临安志》中的地图更加详细。地名和地名之间的距离明显被拉伸,每个主要寺庙都有一个小的建筑符号让它更利于辨认。城墙和城门,包括水闸,都被详细记录下来。更多的地点标识和地名之间的空白使它更容易为读者阅读。排版紧凑的咸淳西湖图更多的是一个地理知识的展示和索引,需要和方志中的文本记录一同被阅读。而田汝成的宋代西湖图更多的是为想要进行卧游或真实旅游的普通读者服务。图中湖面上的几条小船正暗示着此书的“游览”主题。与之形成对比的是,田汝成书中的明朝地图只有6页,标明的地方要少得多。它没有包含湖的南部,可能是因为南山的宋代皇宫已经变成废墟。明朝地图可能不适合旅行使用,它更多的是用来标记新出现的景点。

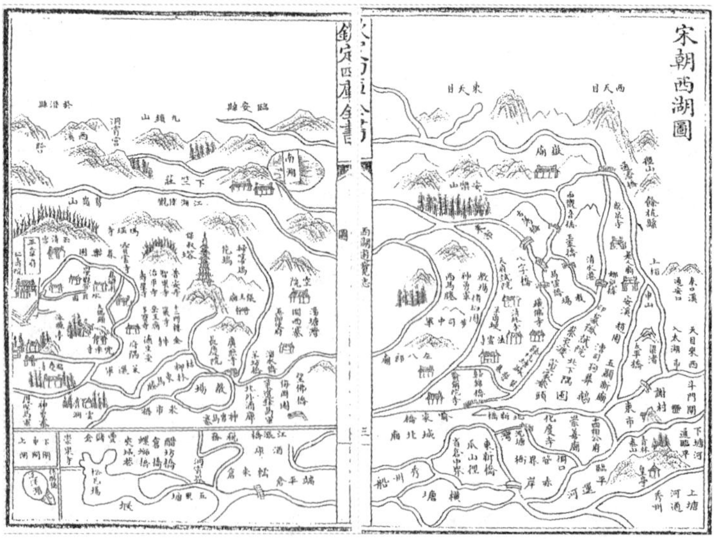

图2 宋代西湖图(部分) 1587年 木版印刷品

① Xiaolin Duan, *The Rise of West Lake: A Cultural Landmark in the Song Dynasty*, p.110.

② Altenburger, “Raum und Zeit in kartographischen Darstellungen von Hangzhou’s Westsee-Landschaft”, p.132.

（采自田汝成《西湖游览志》，第4页）

明代西湖图的另外一种类型是《湖山一览图》（图3），见于《海内奇观》和《西湖手镜》中。在《海内奇观》中，湖泊显示为一个同心圆的结构：一个环绕岸边，另一个环绕着周围的山脉。景点之间的相对位置不太准确，更不用说实际位置了。大量的地名被省略了，以便于更好地配合简短的文本来起到导游的作用。与其他地图相比，此图预先设定了从一个景点到另外一个景点的阅读顺序，文本和图像的对照顺序变得更加清晰。这张地图体现了一种经过深思熟虑的筛选，给读者提供了一个具有指导性的游湖体验。更重要的是，这张地图提供了一个更宏大的视觉展示，自然景观的场景被理想化为一幅“一览湖山”的景象。与宋代地图相比，杨尔曾地图中的山丘、建筑和植物的绘制更具艺术性而非象征性。山脉采用了某种具有质感的笔触来表现高度和深度，城墙和城门被逼真地描绘出来。堤坝两侧的树木也被绘制出来，并与主要疏浚工程的记录相互参照。钱塘江也呈现出非常典型的木版画风格，波浪层层叠叠。在北部和南部山峰附近增加云层以显示距离和高度。这些艺术特色可以增加更多的阅读乐趣。

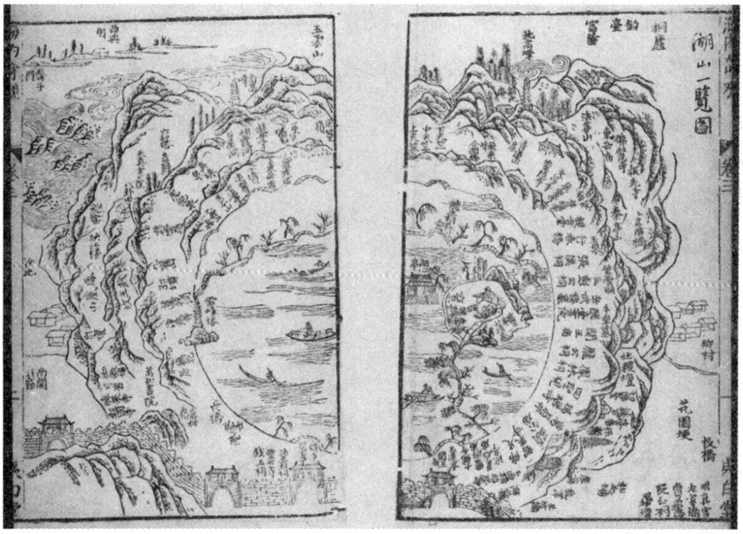

图3 《湖山一览图》1609年 木版印刷品

（采自杨尔曾《新镌海内奇观》，第1页下～2页上）

《西湖手镜》中的地图有着同样的标题《湖山一览图》，但此图在杨尔曾的地图和咸淳《临安志》的地图之间取了个折中。较少的地点被标注，增加了更多的山和树的艺术渲染，包括城门和城墙，也画了游客。但是所有的地名方向都很规律，构图更像宋朝的地图。作为文人笔记中的地图，地点名称的选择和标注更多地局限于与笔记内容相关的地方。它是对历史记忆的选择性重述，只有与个人旅行有关的记忆才被保存下来。作者在序言中也强调了这一点：“西湖旧图与志，多与真境影响。此编按境绘图，履地定志，为西子写照。如握秦铜在掌一览,跃然会真。”[1]这段引文清楚地表达了真实景观、实际旅行和文字记录之间的相互作用。

由于宋明地图都声称是对风景和真实体验的忠实记录,他们努力地提供一个移动的视角。宋代地图使用相对位置,让读者的视角能够游移。和其他文献中地名的交叉引用还允许读者去绘制作者的活动地图,并使用不同的路径来解码地图。就明代地图而言,旅游体验或促进旅游体验的意图,变得更加明显。这些明代地图极大地促进了观光活动,因为当时对导游和地图的需求是相当普遍的。例如,王穉登在去杭州之前做了准备:买了一张西湖图并邀请熟悉当地历史的朋友做向导。[2]明代地图中对地名的选择和文字记载中地名的对应突出了对当代游赏者的意义。

地点名称在文人的记载中也占有重要的地位。例如李流芳(1575~1629)的《西湖卧游图题跋》都是关于具体地点的,大部分的叙述都是关于某个地方的地理环境、对风景的文学描写以及其他诗歌。这本书也提供了李流芳的真实的游赏视角。[3]这些对具体地点的描述被用来回忆已经逝去的宋朝的历史,因此这些作品中弥漫着怀旧之情。汪汝谦(1557~1655)在他的散文集《西湖韵事》中,以遗址和相关历史人物为中心来哀叹历史的急速变迁,他感叹道:“而废兴聚散之间,有足动人低回者。西湖邱壑甲天下,自香山、东坡诸君子相继泳游,其迹较著。迨南宋作都……余髦矣,抚今思昔,未免有情……为西湖曲,感废兴之倚伏,嗟聚散之难期,聊写素心,宁避老夫饶舌。”[4]正如汪汝谦所言,西湖的过去通常是历史人物和地点的结合,譬如林逋与孤山、苏轼与苏堤。过去的和现在的关于西湖的体验因此通过地名联结起来。

三、游览线路

无论是在地方志还是笔记中,地点名称都是以时空网络的形式呈现出来的。景观的呈现强调了移动性的视角。在文字和视觉资料中,地理知识是按照一定的路线,随着游人的移动来排列景观顺序的。这些路线自然而然地有着自己的方向和时间的顺序,并在这个时空网络中结合着各种各样的凝视。

游览线路是明代作家从南宋继承下来的一种中心结构,用以组织大量的地点名称。周密在《武林旧事》中组织了北山路、南山路、方家峪路、小麦山路、大麦山路、三天竺路、葛山路线等7条路线中的400多处遗址。此外,在同一本书中,关于西湖观光的另一卷还记录了人们在游赏西湖时经常走的一条路线:“若

① 季婴:《西湖手镜》,王国平编:《西湖文献集成》第3册,杭州:杭州出版社,2004年,第997页。
② 王穉登:《客越志略》,《武林掌故丛编》第3册,扬州:广陵书社,2007年,第1015页。
③ 李流芳:《西湖卧游图题跋》,王国平编:《西湖文献集成》第3册,第1094~1101页。
④ 汪汝谦:《西湖韵事》,王国平编:《西湖文献集成》第3册,第1055~1057页。

游之次第，则先南而后北，至午则尽入西泠桥里湖，其外几无一舸矣。”[①]上面所记录的七条观光路线覆盖了环湖的群山，而这条路线的重点是游览西湖本身。

当时的游记也遵循一定的路线，比较流行的是从城门出去向北走，先到北山，再去到西边的湖岸，再去雷峰塔所在的南山。这条路线恰好可以和周密记载的“游湖次第”连成一条完整的游赏线路。游人沿湖走到雷峰塔之后正可以从附近的上船亭登船游湖。董嗣杲的《西湖百咏》就是根据这样一条旅行路线来组织他笔下的100个景点的。这个逆时针的顺序也可以在《西湖清趣图》中看到。[②]这幅手卷画充分利用了以路线为基础的空间呈现的连续性，提供了关于西湖风景与景点的流动叙事。这幅卷轴以最直接的方式向观者呈现了一种视觉游记，一种充满了空间连续运动的视觉叙事。此图对名胜古迹的忠实描述也邀请读者在文本框架内将此次运动语境化。清代学者厉鹗(1692～1752)的题记在这幅卷轴的结尾处鉴定了几乎所有的绘画地点，并将它们与宋代的文献记载联系起来。游览路线将景观体验与呈现地理知识的视觉语言紧密结合起来。

这些宋代路线都阐述了特定地点的叙述顺序。这些故事在西湖的周边创造了一个可识别的熟悉空间，使得读者和游客可以联系过往的旅行的体验。这些线路也能够邀请读者加入作家或绘画人物的行列，使他们能深度参与到地理体验中：欣赏远景，游览一些具有特殊意义的路线并思考历史轶事。在明代的记载中，对路线的使用和对相关移动性的书写成为一个突出的特征。路线被用来组织方志中的地理信息，阐明文人笔记中的个人经历，并营造读者的熟悉感。

田汝成的地理志以游览路线为组织原则。卷一为总叙，此后对群山的叙述分为几个部分。卷二是讲的是孤山三堤胜迹，卷三至卷七重点介绍南山，卷八至卷十一是关于北山的，卷十二是介绍南山城内胜迹，卷十三至十八讲的是南山分脉城内胜迹，卷十九是讲南山分脉城外胜迹。剩下的几卷讲的是北山分脉城内城外胜迹。最后一卷是讲浙江胜迹。安如峦指出，田汝成有意选择了很多带有移动性的动词。[③]通过叙述者的移动，田的叙述强调了各个地点的相对位置，并将它们联系在一起。作者通过一系列连续的观光地点在引导读者，让读者通过重复他们的路径从一个地方到另一个地点。例如，卷三写道：“出涌金门，折而南，为……又南，为灵芝崇福律寺……寺畔……旧有……”[④]在阅读这些故事时，人们似乎遵循着从一个景点移动到另一个景点的指南。那些熟悉当地地理的人或者那些实际旅行的人可以很容易地在脑海中绘制出相应的空间地图。

① 周密：《武林旧事》，北京：文化艺术出版社，1988年，第352页。

② 此书藏于美国华盛顿的弗利尔美术馆。

③ Altenburger, “Raum und Zeit in kartographischen Darstellungen von Hangzhou’s Westsee-Landschaft”, p.120.

④ 田汝成：《西湖游览志》，第26～27页。

这一系列的路线记录在后来的作品中也不断出现着。季婴的《西湖手镜》展现了不同的山脉，包括孤山、南山、北山以及吴山。为满足游客对便捷携带书籍的需求，出版商们对田书进行缩减，出版了《西湖志摘萃补遗奚囊便览》。此书对田书结构上做出的一个改变是，为了符合游客的实际需要，游览路线的顺序被修改为从北山到南山。田书中游览路线为从南山到北山，这可能是由于宋朝记载的影响以及遵循周密《武林旧事》中所使用的路线顺序。《西湖志摘萃补遗奚囊便览》中则采用了逆时针顺序，以达到知识记录与实际旅行之间的一致性，这种一致性对游客来说特别有帮助。

对路线的强调在游记中表现为一种走走停停的节奏。夏时在《钱塘湖山胜概记》中，运用"南山路"和"北山路"来组织自己的叙事。两条观光路线都是从涌金门出发并突出了行进的方向。历史信息随着路线的展开而呈现：

> 沿湖之胜，则自丰乐楼始。楼在涌金门西，宋杨靖建，赵安抚增高……楼之北有环碧园……又北有玉莲堂(旧名一清)……楼之南有灵芝寺，钱氏故苑。宋建依光堂于此饭僧……又南有聚景园，值清波门外。宋阜陵致养北宫于此，今已芜圮。

和地理志不同，文人作品中的路线组织通常表现为对路线的个人选择。张岱的《西湖梦寻》共分五卷。卷一是西湖总记和西湖北路，卷二是西湖西路，卷三是西湖中路(三堤)，卷四为南路，卷五为西湖外景。虽然这一概念遵循的是宋代为基础的路线，但总体划分是更加浓缩和概括的，体现了作者自己的喜好。《西湖手镜》也调整了游赏路线来组织它对景点的叙述。季婴提到的路线包括堤道、北山、南山和位于城内的吴山，外围和偏远山脉都被去掉了。文人在沿袭既有传统进行旅行和绘制记忆空间的同时，也通过突出某些路线和改变路线顺序来进行个性化的陈述。

四、题名景观

人类学家厄瑞(John Urry)提出了"游客的凝视"这一概念来描述旅行中停顿思考的时刻。路线叙述中的停顿通常是由于之前的文化中形成的固有景观。其中最著名的是宋代画院提出的西湖十景：苏堤春晓、断桥残雪、曲院风荷、花港观鱼、柳浪闻莺、雷峰夕照、三潭印月、平湖秋月、双峰插云、南屏晚钟。[①]每个景观都有一个四字题名。这十景旨在通过一系列与某个特定时间相关的景观和游赏活动来传达西湖体验的精髓。景观及其题名不仅包括了适当的景观环境，包括季节、时间和天气，还暗示了这个景点应该引起的诗意或历史追溯。

此十景成为南宋时期绘画和诗歌的热门话题。现存叶肖岩的图册(约

① 祝穆：《宋本方舆胜览》第1册，上海：上海古籍出版社，1986年，第6页b～7页a。

13世纪早期)给了我们一个一窥南宋绘画艺术风格的机会，十景的题名与绘画十分契合。这些画作围绕着不同的时间和地点，展现了旅行者的情感凝视。[①]明代作家也借用了四字题名的命名习惯。宋代诗画中预设的景观想象，使其成为古今之间永恒而又不可分割的纽带。对过去的追忆是通过重复历史人物曾经拥有并写下的凝视来记录下来的。这些视图可以转化为空间图像，在视觉上对后人的真实体验进行着影响。

在地理志中，西湖周边地理知识的介绍经常参照西湖十景加以说明。例如，在《西湖志类钞》中，在对九里松的介绍下，俞思冲说："旁有曲院，宋时取金沙涧之水造曲以酿官酒，其地多荷花，世称曲院风荷是也。"[②]俞思冲介绍西湖十景的意识在书中的十景图像中更加明显。这些图画之后被借用到了《海内奇观》一书中，在书中，两页的绘画变成了一页，与诗歌并列。[③]《海内奇观》中的十首诗是由明代诗人莫皤所作，以不同的书法字体印制而成。国家图书馆收藏的《湖山胜概》也收录了西湖十景图，每一幅图画都配有一首诗，十景图之后是吴山图。

诗画合璧是西湖十景图的一个显著特征。陈昌锡在《湖山胜概》一书的序言中说："书不尽意者图写之，图不尽意者书道之。"[④]十个题名极具诗意，并有绘画渲染。这十个题名也可以组成五副对联[⑤]。无论是绘画还是诗歌，都具有季节变化的敏感性和移动的视角。作为精英文化的标志，这一传统通过木版画这一媒介在明代得到了进一步的推广和普及。《海内奇观》和《湖山胜概》中的印刷画集诗、画、书于一体，迎合了文人的品位和商人消费高雅文化的欲望。这些图画不如南宋绘画那样优雅，也不如清代方志地图那样信息丰富，这些诗歌也并不是由非常著名的诗人所写的。但是正是这些绘画和诗歌的结合普及了西湖十景中的文人审美，并以旅游手册的形式重新包装了这些精英审美。

在这些绘画中，可识别性是最突出的特征。这十个题名中的具体地点是绘画的关键词。这种可识别性对于与观者的沟通至关重要，观者可以利用他们的历史和地理知识来区分不同的景观图像。这对明代的图画来说尤为重要，因为其中的一些景观如曲园，早在明朝之前就已消失了。因此，这十景的绘画不再像宋代画家所推崇的那样完全以真实的风景为基础了。取而代之的是明代画家根据这十个题名来绘制画面：地点、季节和嵌入在标题中的游赏活动。这些明代图画有时也是基于宋诗中关于十景的描写。如周密关于苏堤春晓的诗歌

① Xiaolin Duan, *The Rise of West Lake:A Cultural Landmark in the Song Dynasty*, pp.156-180.

② 俞思冲:《西湖志类钞》，第266页。

③ 更详尽的讨论，见 Xiaolin Duan, *The Rise of West Lake:A Cultural Landmark in the Song Dynasty*, pp.173-174。

④ 见《湖山胜概》陈昌锡所作之序，此书藏于巴黎法国国家图书馆。

⑤ Xiaolin Duan, *The Rise of West Lake:A Cultural Landmark in the Song Dynasty*, p.161.

描绘了美人迟起，才子晨访的情景。这一幕成为《西湖志类钞》和《海内奇观》中相关插图的内容（图4）。宋代图文中记载的风景和体验，比实际的场景更具参考价值，追忆在这里甚至压倒了实际的观光体验。

图4 《苏堤春晓图》 1579年 木版印刷品
（采自俞思冲：《西湖志类钞》第9页下～第10页上）

明代绘画继承了宋代的艺术传统，突出了观光游赏的人物形象。故宫博物院保存的两幅宋代西湖画册中，都有文人带着仆人一起游览的画面。[①]这些人物被安排在妥善的位置以吸引观众对某些地点的注意力，并营造一个广阔的湖面意象。与宋元时期的绘画相比，明代人物形象的刻画在简略的山水描写下更容易引起人们的注意。在《海内奇观》中，更多的游客被安置在重要的观景位置以吸引读者。这些图像生动地描绘出了不同的欣赏西湖的方式，或单人独行，或两三结伴，或骑马或乘船，或坐轿或步行。即使是描绘岳王坟的图像（图5），它本应是一处纪念历史英雄之所，文本介绍也强调了游客们对秦桧的批判，但此图所描绘的人物却在进行多样的休闲活动。在图的右半部分，两个人在跳舞，三个人在踢足球，另外两个人坐在一起聊天。在大门旁边有两个购物摊位，上面摆放着泥人和书籍等纪念品。《湖山胜概》中的图也包含了明显的迎合游客的特征，李娜分析了这些图像中所描绘的仆人和行李，包括箱笼、船只、服装、娱乐器具等[②]。这些丰富多彩的细节表明了一个试图呈现真实旅游体验的尝试。

① 两幅扇面画，一幅是陈清波的《湖山春晓图》，一幅题名为《西湖春晓图》。Xiaolin Duan, *The Rise of West Lake: A Cultural Landmark in the Song Dynasty*, pp.119-120.

② 李娜：《〈湖山胜概〉与晚明文人艺术趣味研究》，第74～110页。

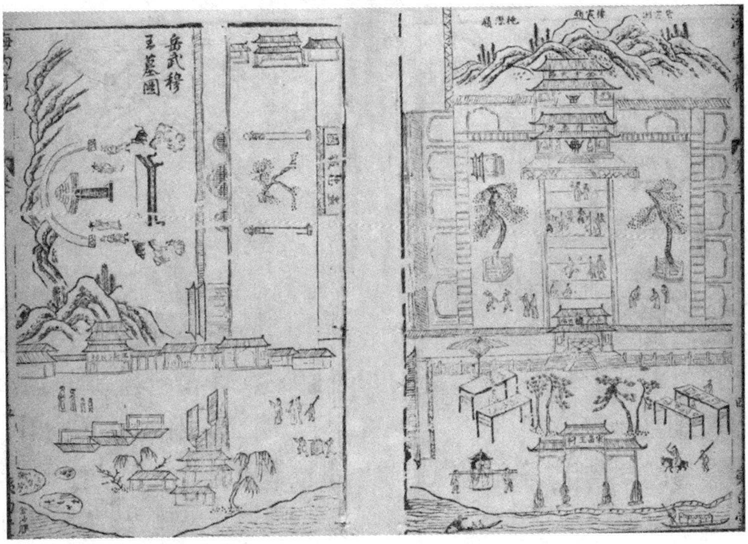

图5 《岳武穆王墓图》 1609年 木版印刷品

（采自杨尔曾：《新镌海内奇观》卷三，第4页下～第5页上）

明代木版画这一媒介将院画风格与书籍插绘风格相结合，为绘画表现增添了新的特色。例如，杨尔曾的作品既反映了山水画手册对自然环境的基本形象表现，又反映了木版画插图中不同人物之间的张力。木版画的传统使许多图像更具有别致的风格，而木版画中的某些图像模式也能够提高普通读者的接受度。吴思远比较了《海内奇观》《西湖志类钞》与《唐诗六言画谱》《西厢记》中的类似的关于断桥残雪的描写。他将这些图像中的共同点描述为："柳树在中间，远山是背景山，石桥为前景。这些树构成了一个框架，两个骑着马的游学之人在其中进行交谈。"[①]类似的图片的流传，哪怕脱离了西湖的背景，也增强了人们对特定景色的记忆。

西湖十景诗也被收录在这些地理志中，其中许多是仿效宋诗所描写的情景。在俞思冲一书中，马洪关于苏堤春晓的诗提到了宋诗中的"玉骢"和"寻芳"[②]。聂大年（1402～1456）的诗歌也呈现出这样一幅画面："绮阁妆残唤卖花。"[③]这些诗歌努力与宋代人物形象联系起来。例如，杨书中断桥残雪一诗便强调了林逋："欲探梅花无处所，山童指点逋仙墓。"[④]这种互动增加了乐趣，创造了一个戏剧性的场景。这种在时间和地点上的停顿给读者提供了一个切实的

① Siyuan Wu, "Travels, Dreams and Collecting of the Past, : A study of 'Qiantang Meng' ('A Dream by Qingtang River') in Late Imperial Chinese Literature" , *ProQuest Dissertations and Theses*, p.366.

② 俞思冲：《西湖志类钞》，第14页b～15页a。

③ 俞思冲：《西湖志类钞》，第17页a～b。

④ 杨尔曾等：《新镌海内奇观》，第34页b。

方式来体验这个景观。

虽然不像地理志和旅游书籍那样面向广大读者，但文人笔记对西湖十景的追溯和记录也表现出同样的兴趣。十景的引用使他们的叙事更具历史深度，激发了人们对景观的情感反应。季婴在《西湖手镜》中记录了南山的景点。在谈到走出清波门时，他写“宋时柳丝如浪，流莺群集”，这暗示着“柳浪闻莺”一景。[①]尽管西湖十景在明代已不相同，但它的叙事结合了现存的景点和对过去的景观元素的追忆。更重要的是，正如李鼎所写：“向时所传十景，半已沧桑不复可识……遗迹虽存，荆榛莫辨，安得好事者为表出，为湖山吐气哉。”[②]通过观看和游览相同的景观以及用文字去追忆和恢复从前的沧桑遗迹，后世的作者能够和过去的人们有相同的经历和感觉，这提供了一种主人翁感。

除了西湖十景图外，这些地理作品还包括很多别的图像，用来介绍其他著名景点。这些作品通常是由十幅、八幅或十二幅图片组成，按照诗歌对仗的逻辑成对排列，旁边还有诗歌相呼应。这些题名遵循了宋代十景的命名方式，添加了特定的时间/季节或观光活动的具体地点。俞思冲的《西湖志类钞》中收录了元代高得畅的《钱塘十景》诗，这些后来被收录进了杨尔曾的书中。[③]明代文人也喜欢书写十景以体现他们的个人兴趣。凌云翰(约1372)借鉴来自西湖十景中的苏堤、断桥等场景，写了《雪湖八咏》。[④]《海内奇观》第四卷则收录了新出的西湖景观：六桥烟柳、冷泉猿啸、北关夜市、苏堤曲院、东海朝暾、九里云松、孤山放鹤、浙江秋涛、虎跑泉涌、放生嘉会。[⑤]其中许多在清代成为经典。这些新景观大多以宋代已有或开创的地点为基础，画旁所附之诗也多参照宋代记载。例如，南宋时期在三贤堂卖酒的轶事，在苏堤曲院这一景观中被巧妙地提及[⑥]。孤山放鹤图主要讲述林逋的故事。画中的人物也与宋代文献记载的一样，“放鹤山童笼未启，观梅野客杖先扶”[⑦]。

明代对写作、旅游、景点营造的喜爱与旅游市场密切相关。[⑧]木版画不同于传统的山水画，它通过描绘景观体验的期待和扩大读者群来提供一种新的观赏体验。杨尔曾是一位著名的编者，他以出版大众读物著称。[⑨]他的动机是促进和

① 季婴：《西湖手镜》，第1017页。

② 李鼎：《西湖小史》，王国平编：《西湖文献集成》第3册，第1194～1195页。

③ Xiaolin Duan, *The Rise of West Lake: A Cultural Landmark in the Song Dynasty*, pp.177-178.

④ 俞思冲：《西湖志类钞》，第23页b～25页b。

⑤ 杨尔曾等：《新镌海内奇观》卷四。

⑥ 李有：《古杭杂记》，丁丙辑：《武林掌故丛编》第1册，台北：台联国风出版社，1967年，第1页b。

⑦ 宋代文献见沈括《梦溪笔谈》卷一〇，第85页。诗歌见《新镌海内奇观》卷四，第12页b。

⑧ 石守谦：《山鸣谷应：中国山水画和观众的历史》，第299～300页。

⑨ Li-Chiang Lin, “A Study of the *Xinjuan hainei qiguan*, A Ming Dynasty Book of Famous Sites”, p.805.

方便人们旅行。杨尔曾的序言从对旅游实践的赞美开始，“持节访异，蹑屐探奇”，他接着强调，这本书的目的是“穷极天地、上下、今古”，表明这本书不仅仅是记录地理，而且渴望将宇宙和时间结合起来。正如序言中所指出的，目标受众包括“黄童白叟，悠然于山水之极”[①]。作者希望为普通读者服务，这是一个与过往任何作品相比更有潜力的一个读者群。因此，这些文本，尤其是这些图像的潜在读者具有五花八门的特性：官员、文人、收藏家、平民，遍布士农工商四个阶层的人。

结语

地点名称、游览线路和题名景观，这三个要素构成了组织和记录地理知识的三个维度，揭示了风景名胜的追忆机制。从地点到路线再到景观的递进叙事代表了对自然景观记录的不断累积以及从物理空间到人类体验的渐进式过渡。此外，此三者代表了一个从过去的知识到现在的体验，一直到为将来可能的游览者进行推荐的一个过程。

明代的追忆行为与知识体系的积累和观光体验这两者相互作用。追忆保存、丰富，也系统化了有关西湖的知识体系。阅读历史记载，重走过去的足迹，复述不同类型的地理知识，并在过去建立的惯例下增添全新的内容，种种这些一同构成了一个重要的文化建设过程。在这个过程中，文本与图像之间的相互作用和张力变得无处不在，文本和图像都不再是人们对湖泊的唯一诠释。相反，文字和图片融合在它们对观众和彼此的影响中，捕捉转瞬即逝的瞬间，并将它们与这个文化地标永久地联系在一起。更重要的是，这种交叉引用表明了集体记忆和共享知识系统的存在。这里有官方记载，有个人记录，有当地传闻。尽管他们有不同的关注点，但他们拥有相同的地理知识库和历史信息。不同体裁、不同形式之间的界限越来越模糊，这标志着知识结构和读者作者之间对话的进一步成熟。宋代地方志和文化地理中所蕴含的知识广度在明代得到了增强和丰富，这主要得益于读者群的扩大、西湖旅游的发展、印刷出版业的发展以及地方自豪感的增强。

对风景的追忆也源于人们的移动性。移动的历史（history of mobility）是近年来在社会科学领域发展起来的一个研究人和文化流动的综合性学科视角。[②]历史上的流动性视角揭示了旅游和各种跨界行为的重要性。地理知识的记录包括想象或真实旅行中的移动视角，这种知识的视觉表征是对不同类型的和不断增长的游客的呼应。从地点名称到游览线路再到题名景观，这三个追忆元素

① 杨尔曾等：《新镌海内奇观》，“序”，第1页a～2页a。

② Kate McDonald, “Imperial Mobility: Circulation as History in East Asia Under Empire”, *Transfers*, Vol.4, No. 3(2014), p.68.

都指向从一个地点到另一个地点的移动，且遵循文化和传统定义的方向。作者和读者也会在某些地方停下来欣赏经典化的景观。更重要的是，追忆允许时间上的移动。通过追忆的形式，人们可以在历史叙述和现实的体验之间，在历史描述和当前的观察方式之间来回穿梭。对文化景点的追忆在空间和时间维度建立了复杂的联系，提供了无数的地点和时间供人们选择，使得读者和作者都能理解自己所处的位置。为永恒不变的景观的写作提供了一种稳定性，过去和现在之间的感知联系产生了归属感。追忆为游览者提供了个人认同感的锚点，也为之后的体验和写作提供了出发点。宋代的历史记载和游览习俗，在明代被确定和规范下来，到了清代变得更有影响力，甚至延续至今。[①]追忆不仅将过去与现在联系起来，也为未来提供了框架。

① Altenburger, "Raum und Zeit in kartographischen Darstellungen von Hangzhous Westsee—Landschaft, 1498—1734"; Altenburger, "Layered Landscape"; Liping Wang, "Emperor Kangxi' s Southern Tours and the Qing Restoration of West Lake", *China Heritage Quarterly*, Vol. 28 (2011); Xiaolin Duan, *The Rise of West Lake:A Cultural Landmark in the Song Dynasty*, pp.182-195。

古代中外交流

概论日本战国时代汉学经典的吸收：以武士为例

胡炜权*

摘　要：日本战国时代为日本汉学史研究上的空白时期，中日两国的学者的研究少以战国时代的汉学为主题，学者普遍认为，当时儒学为主的汉学还没有发展起来，要等到江户时代。然而，通过战国时代武士的遗训等仅有又鲜有被分析的史料，不难发现，在这个长期战乱的时期，即便知识传播受到影响，战国武士通过僧侣的教导，在行为和道德思想上已经受到儒家思想的影响，而且从自身的修为到教化家臣上都借用了汉学的智慧。因此，讨论日本武士在战国时代对汉学经典的吸收十分必要。

关键词：日本战国时代；汉学；战国大名

绪言：日本汉学史的空白时期

关于日本汉学史的研究，中文研究以江户时代的儒学为焦点；关于江户时代以前（古代—中世—战国）的汉学和儒学研究比较少，大多以关于《日本书纪》的所引用的汉籍研究为主。另外，以禅宗僧侣为中心的汉籍研究和应用也是另一个重要的相关研究。

在日本的研究史里，自明治时代以来的学者们如三浦周行[①]和津田左右吉[②]等认为，日本江户时代以前，儒学并没有在当时的社会普及，只在贵族社会内保持影响力和活力，不像江户时代那样对日本社会有着深远影响。因此，二战前的研究主要把焦点放在强调室町战国时期天皇和皇族的教养和好学上。二战

* 胡炜权，山东大学历史文化学院副教授。

① 三浦周行：《日本史の研究》第1辑，东京：岩波书店，1922年。

② 津田左右吉：《文学に现はれたる我が国民思想の研究》，东京：洛阳社，1919年。

后的50～70年代，当时的日本学者如芳贺幸四郎[①]、萩原龙夫[②]以及和岛芳男[③]等分别从社会史和学术史的角度，深化了室町至战国时期儒学和汉学典籍对当时文化发展的作用。芳贺着眼于室町晚期的东山文化，并分析室町时期禅宗引进汉学的过程，萩原通过分析地方史料，指出日本近世以前的儒学只处于附属的地位，实际上潜藏在主流的佛教思想之下，未形成独立的学说。

值得留意的是，萩原认为，到了中世后期，即16世纪末，儒家思想已经在一定程度上产生影响力，为后来江户时代的儒学盛行打下了一定的基础。不过，除此以外，萩原并没有再就这个问题进行深化探讨。而近年的日本学界则锐意研究室町至战国时代的汉学典籍训读和注释学与室町时期的日语形成的关系以及当时知识界活动汉学知识的情况。

以上的先行研究都是十分重要的，而以上的研究存在着共同点。一方面是均不以日本战国时代儒学（汉籍）在当时社会的受容情况作为主要探讨对象。对战国时代的汉学状况，尤其是室町末期至战国时代《日本书纪》等汉籍的引用解注、读解和训读研究，集中在少部分专门贵族之中。由于战乱，当时的研究活动受到很大程度的阻碍。从本质上说，这是属于局限于贵族的独门学问，对其他阶层的影响力有限。从结果上看，仅以“战乱”为由，视战国时代为日本汉学传播和实践的“中断期”。另一方面，先行研究同时重视京都和镰仓五山禅僧的汉籍研究。众所周知，以下野国（现在的栃木县）足利学校为据点的禅僧，尤其对关东地区的汉学传播和应用实践贡献颇丰，从宏观的角度来看，其影响力远比贵族的汉籍和训读研究大得多。

然而，换个角度而言，我们通过贵族与禅僧的视线，仍然难以了解室町末至战国时代其他阶层接触和应用汉籍的实际情况。即便在室町末至战国时代的汉籍儒学研究不像江户时代那样蓬勃，属于主流思想之一，且获得知识阶层的广泛关注，但是，探讨汉籍和汉学作为一门学问在日本社会如何长期渗透及其发展史时，无须拘泥于是否形成独立和领导性的思想，也不应只关注那些长期接触汉学与汉籍的群体。

反而，放开这样前设条件，通过现有的史料去探讨儒学经典等汉籍在日本战国时代的应用情况，无疑是有必要的。尤其是“武士”作为当时最重要的统治集团，当贵族和僧侣从事汉学研究时，他们又怎样接触和接受汉学的熏陶，继而融入他们自身的思想和施政，开创后来江户日本的汉学研究的呢？换句话说，就是我们在探讨“江户时代的汉学研究前史”时，必须从室町末至战国时代说

---

① 芳贺幸四郎：《東山文化の研究》，东京：河出书房，1945年；《三条西実隆》，东京：吉川弘文馆，1960年。

② 萩原龙夫：《民衆における「儒教以前」》，《骏台史学》1971年第29期。

③ 和岛芳男：《日本宋学史の研究》（增补版），东京：吉川弘文馆，1988年。

起，将前面的室町时代和后来的江户时代连接起来，并以武士们为主体加以研究分析，其重要性不下于贵族和禅僧的汉学研究。

因此，就着这个观点，本文分为三个部分。首先，简单梳理战国时代的贵族和僧侣向武士传播和传授汉籍的情况。其次，利用战国时期的武士家训以及战国武士之间的文字交流时提及和引用的汉学知识，特别是儒家经典的例子，以窥探武士吸收汉学的实际情况。重视武士家训的原因有二。一方面，武士家训于战国时代大量涌现，体现了该时期武士作为统治者的自觉及其思想远比其以前的时代突出。另一方面，与贵族和禅僧对汉籍的解读注释相比，武士在家训和书信里透露出他们对汉学经典知识的理解和应用更加直接和具备应用性，反映了他们的人文面貌。最后，作为延伸，笔者将探讨以战国大名为中心的统治阶层应用汉籍的情况。

一、日本战国时期汉学知识的传授

上述的三浦周行和津田左右吉于二战前的早期研究，比较侧重于朝廷、贵族和天皇学习和关心汉学的情况。的确，从8世纪以来，我们从相关的史料里能够看到天皇以及贵族长期研习汉籍，特别是讲授儒学经典的四书五经，还有《文选》《帝范》以及《史记》《汉书》《十八史略》等的情况[①]。因此，到了战国时代，贵族社会沿袭从前的传统是自然而然的，甚至与朝廷贵族关系密切、真正统治国家的室町幕府将军也多次指示相关的贵族如广澄系清原家（后称“舟桥家”）、三条西家等为自己讲解儒家经典和其他汉籍。

以《论语》为例，依照现存记录，自战国时代初期的15世纪末到终期的1590年[②]为止（具体而言是1512～1590），在位的后奈良天皇和皇子方仁（后来的正亲町天皇）召清原宣贤，业贤父子讲授的次数为9次[③]，主要集中在战国前中期的16世纪30年代初，这估计跟京都地区的战事变得频繁和混乱有关。

遗憾的是，这些史料只记载了“进行讲授”这一行为，但没有具体记载讲授内容和方式，但我们起码可以确认，在当时的日本统治阶层眼里，学习儒家经典和汉籍是恒常性的学术活动，而且与同样备受他们重视的日本本土经典，如《日

① 关于战国时期天皇和贵族学习汉籍的史料散见在当时的贵族日记里，如《实隆公记》《惟房公记》等。

② 战国时代的开始时期有两个说法，即爆发“应仁文明之乱”之1467年，另一个说法则是发生“明应政变”的1493年，为近年日本史学界所提出的，本论文以后者的立场为准；至于终期则普遍理解为1590年丰臣政权灭亡后北条氏。

③ 《二水记》永正十六年（1519）4月15日条，《惟房公记》天文十年（1541）10月24日条等。天文十年后，《论语》的讲授便暂时停止，至天正八年（1580）才再出现记录（见《御汤殿上日记》同年9月12日条）；大友信一：《清原宣賢の年譜・系図草稿》，《岡大国文論叢》（12），1984年。

本书纪》《源氏物语》《古今和歌集》,还有佛教经典如《阿弥陀经》《曼荼罗》等相比,日本统治阶层对儒家经典和汉籍的关心程度以及儒家经典和汉籍的开讲频率也可说是不相伯仲。

即便是在战乱时期,天皇和皇族依然坚持学习。而清原家(舟桥家)对这些汉籍进行点注和训读审校工作,也早已被日本史学界和中国台湾学者研究和分析。[①]由于与本文没有直接关系,在此不宜冗言。

但是,由于包括儒家经典在内的汉籍大多保存在贵族社会以及后述的佛教寺院手里,特别是室町时代以来,以上述的清原家(舟桥家)为首的数个贵族家族垄断了讲解主要汉籍的任务,除了个别例子之外,其讲授对象均集中在贵族社会内部,未对外广传。此外,以京都五山、镰仓五山和下野国(今日本栃木县)足利学校[②]为首的禅宗寺院也承担了讲授汉籍、钻研解读、训读的学术活动,但其主要对象为武士领主和个别人物,同样没有渗透到一般阶层。

考虑到当时出版流通不畅和印刷技术落后,不难想象日本其他社会阶层均难以接触儒学典籍和相关知识。或者说,包括儒学在内的汉学经典在当时人眼里,不存在普及的必要,其作为一种专门技能,服务于特定对象。

二、战国大名与汉学学习:以朝仓孝景和玉木吉保为例

前节提到日本战国时期的儒学知识主要集中在个别专门贵族以及京都、镰仓五山和足利学校为代表的禅宗寺院手里。

随着战乱长期化,长居京都的贵族大半离开了破败不堪的王都,逃到京都以外的地方寻求地方豪强的庇护,这些豪族就是俗称的“战国大名”。前面多次提到的清原家的当家清原(舟桥)宣贤也在16世纪80年代左右逃到京都东北的越前国(今日本福井县)[③],获到当地的战国大名朝仓家保护,并且于朝仓家的居城一乘谷离世(《舟桥家谱》)。

落难出逃,幸而获得庇护的清原宣贤跟其他逃到他处的贵族一样,以自身的技能作为“酬资”。

宣贤之孙舟桥枝贤的日记《天文十二年记》五月十三日的记事里记载道,当

① 近年,以分析清原宣贤的汉籍注疏和训读的研究,例如有中国台湾学者张宝三《清原宣贤〈毛诗抄〉研究》,《台湾东亚文明研究学刊》2004年第2期。日本学者的研究方面,二战前的研究如足利衍述:《镰仓室町时代之儒教》,东京:日本古典全集刊行会,1932年。近年则有冈田芳幸:《清原宣賢の研究序説》,《皇学館史学》(日本)(2),1985年;田中尚子:《清原宣賢と〈三国史〉——〈蒙求聴塵〉を中心として》,《中世文学》(日本)(46),2001年;等。

② 关于足利学校的研究,特别是收录和教授汉籍知识方面,参见川濑一马:《增补修订足利学校の研究》,东京:吉川弘文馆,2015年。

③ 大戸安弘:《清原宣賢の教育活動と朝倉政権》,《东京学艺大学纪要第一部门》(36),1985年。

时的朝仓家当家——朝仓孝景要求清原宣贤为8名近臣解读《论语》《六韬》和《毛诗》，其文曰：

> 十三日丁巳，阴（略），丛朝仓弹正左卫门入道，（孝景）召遣小姓众八人，申付《论语》《六韬》文字读之事。申入家君（宣贤）毕……此外，小川左卫门二郎《毛诗》文字读[①]（以下略）。

“文字读”就是指教导近臣一字一句阅读和释义，属于极为初阶的教学内容。而有趣的是，宣贤对此感到非常困惑（“家君以外御迷惑”），恐怕是因为宣贤作为当时最高等级的汉学大家，竟被要求教导入门程度的解字释义，所以感到麻烦吧。

最后，宣贤在孙儿枝贤的协助下，还是教授这8名朝仓家臣读完当日指定的半数内容。先不论宣贤是否情愿接受孝景的请求，但从这个例子可以看出，身处地方的战国大名对接纳一直封闭在京都内的高级知识持有巨大兴趣。不过要留意的是，我们单从这个例子，仍然难以断定朝仓家以及其他战国大名对汉学的态度，而且根据《天文十二年记》的说法来推断，起码朝仓家内的汉学修养仍然属于初步阶段[②]。然而，考虑到这八名近臣均为朝仓家的重臣，不难推断主君朝仓孝景这个请求背后，是希望提升家臣们的学术水平，甚至认为学习汉学对协助自己和子孙管理领地有所帮助。

那么，接下来将从其他史料里窥探战国时期其他武士和战国大名应用和接触儒学知识的情况。

就目前史料所知，即便不能断定日本各地的武士都享有相等的教育条件，但根据西日本的毛利家家臣玉木吉保晚年的回忆录《身自镜》可以推断，一些武士在少年时期曾到寺院学习，学习内容中便有儒学典籍。[③]

《身自镜》里提到，吉保于13岁启蒙，到一处叫胜乐寺的寺院跟随权大僧都阿阇梨俊弘法师学习三年。先从日语文字、佛学开始，然后是日本的神话和实用读物，14岁时的读物有《论语》、《四书五教（经）》《六韬》《三略》，此外文书也大多读晓，15岁时再学习行书、草书和日本的经典文学如《伊势物语》和《源氏物语》，还有和歌等。从吉保的例子可以看到，武士多由僧侣培育，而学习内容便包括四书五经，还有兵书。若是将吉保的三年修行分为前、中、后期的话，那么

---

① 近藤喜博：《越前一乘谷の清原宣贤——「天文十二年记」より》，《MUSEUM》180号，1966年。

② 小和田哲男：《軍師・参謀：戦国時代の演出者たち》，东京：中公公论新社，1990年。另外，战国初期地方的武士对汉学的兴趣也不止于京都周边地区，远在九州南部的萨摩国（今天的鹿儿岛县西部）守护岛津忠昌的家臣伊知地重贞于1481年资助桂庵玄树（1427～1508）出版《大学章句》《四书集注》等，《鹿儿岛县史》卷一，第808页。

③ 米原正义编：《戦国史料叢書・中国史料集》，东京：人物往来社，1966年。

汉籍则处于中期学习内容，是寺院的必学课目。

同样是出身西日本的武士多胡辰敬在写给子孙的家训里提到了“学文”的重要性。辰敬所谓的“学文”包括“书写识字”和“明是非道理”两大范畴。虽然在家训中，他并没有明示后者的具体所指，但参考前面玉木吉保的例子，应可推断其中包括汉籍和儒学的知识。[①]

三、战国大名与汉学学习：武田信繁遗训与志道广良的教诲

至于东日本方面，有名的战国大名武田信玄的亲弟武田信繁在其《古典厩殿九十九条家法》即《武田信繁遗训》里便大量引用儒家经典等汉籍来教导儿子和家臣。其中《论语》引用次数最多，其次是兵家经典《三略》，《孟子》《左传》《孝经》等也起码引用过一次。虽然不能确认和追查武田信繁是怎样学的这些儒家经典，特别是《论语》，但考虑到其兄武田信玄似乎深谙《孙子》，而东日本又深受禅宗影响，该地区的战国大名通过禅僧接触汉学汉籍和儒家经典也不足为奇。

具体而言，在第一条强调要对胞兄武田信玄至忠至诚时，便引用《论语·里仁》“造次必于是，颠沛必于是”；第八条强调谨言慎行，待人有礼，引《礼记·曲礼上》的“人有礼则安，无礼则危”；第九条教育子孙和家臣要专习武艺时，引用《论语·为政》“攻乎异端，斯害也已”；第十条教导不可轻视学问时，则引《论语·为政》“学而不思则罔，思而不学则殆”；第四十四条告诫稳定军心时，引用《三略》“无使辩士谈说敌美”。又引《尚书》的“木从绳则正，后从谏则圣”，以说明虚心纳谏的重要性。还引《孝经》的“天地不为一物枉其时”来告诫人不可偏颇勾结。

不过，值得留意的是，目前日本史学界对于这部遗训的史料考证研究并不多，而且大多数借用和介绍此部遗训的研究均只停留在三个方面。一是在解读原文的基础上分析其思想，二是所引汉籍的原典出处考证，三是讨论武田信繁作为武士的汉学涵养。对于其真伪的问题，还有这部遗训是怎样流传出来等基础疑问，或者说，如果不是信繁写的，为何要托他之名来编撰这部遗训等问题，都未得到解答，于历史学和文献学而言仍然有不少疑问[②]，有待学界从正面对此史料进行分析。由于《武田信繁遗训》的特殊汉学价值，考察这个问题足以左右我们对于日本战国武士以及其时代学习和活用汉学的实际情况和水准，值得今后细致考究。

无论如何，如果这份遗训真的出自武田信繁的手笔（不管是他的亲笔，还是有旁人借助或者合编），那么可以说他在编撰这部遗训时，利用汉籍典故作为根

① 《続群書類従32下·雜部》，东京：续群书类丛完成会，1927年。

② 在日本，关于此遗训的研究，详见佐藤八郎：《武田信繁とその家訓》，《徽典会》第6号，1969年，又收录于《甲斐路》53，1985年；桃裕行：《武田信繁家訓について》，《宗教社会史学研究》，东京：雄山閣，1977年。

据，可谓到了广征博引的程度，他个人对于汉籍的掌握程度堪称当时战国武士中的翘楚。

除此以外，我们还可以找到一些像武田信繁那样在教导家臣子孙时套用儒家经典的其他个别例子。在战国时代最初期叱咤风云的伊势宗瑞（即俗称的“北条早云”）曾在自己的遗训（后世称为《早云寺殿廿一条遗诫》）的第十七条提及要交善友，远去恶友时，便以“三人行，必有我师”（《论语·述而》）为喻，教导子孙要择善友而从之。而他的嫡孙北条氏康在位时，更到当时传授汉学等高等知识的殿堂——足利学校听讲《三略》，又寄赠《文选》抄本给足利学校的庠主瑞兴九华[①]。此外，前述的毛利家也有类似的例子，如毛利隆元为统御家臣苦恼，其家臣志道广良提到君臣之道，说“君为船，家臣为水”（日本古文书《毛利家文书》），这显然是借用了《荀子·王制》的“君者，舟也，庶人者，水也；水则载舟，水则覆舟”。

从以上的例子，我们可以发现，战国时期的日本武士不论出身高低，通过不同的渠道，已经在一定程度上接触并学习儒家经典等汉籍。而且，我们可以大胆推断，他们并非单纯朗诵苦记，而是能够领会当中一些道理，并且应用在现实生活中。

四、日本战国时代的汉学知识传播方式与武士

武士只言片语的引用显示了他们学习汉籍的态度和目的。武士学习汉籍，并不是想进行系统的学习，或者是将汉学知识作为一套政治思想来进行吸收和接受熏陶，而是想从中选取可以借用的座右铭，以便教诲他人。

即便如此，通过玉木吉保和武田信繁，还有前面的志道广良的例子，我们足以推测，在战国中期（1530～1560），上至武士名门的子弟，下至一般的地方武士，都已经不再依赖京都贵族或五山禅僧来吸收包括儒学在内的汉学知识，他们学习汉学知识的重要渠道是地方寺院和游走各地的僧人。

当时的地方寺院很大程度上已经肩负起向武士豪族子弟教授、讲解汉学经典的任务。儒学经典和汉学在战国武士特别是中上层武士（所谓的“战国大名”及其上层家臣）的生活和修身里已然占据了一定的位置。

当然，这些原本实握在京都和镰仓五山，还有个别贵族手中的知识是怎样流传出去，又或者是否在战国时期存在其他渠道能够从中国和朝鲜获得汉籍等问题，也悬而未决。

不过，考虑到著名的战国大名，如今川义元、上杉谦信、伊达政宗乃至促进统一的织田信长均深受禅宗高僧的熏陶，武田信玄等大名积极招请曾于京都镰

---

① 《戦国遺文·北条氏編》第一卷634号，东京：东京堂出版，1991年。

仓五山学习的高僧到自己的领地开基，除了宗教因素外，积极吸收高僧的知识也是动机之一。因此可以推断，自室町时代以来，禅僧为主的地方僧侣早已像教育玉木吉保的师傅俊弘法师那样，盘踞在日本各地方，承担起教育地方领主及其子弟的工作。

相比于儒学经典，中国兵书更加受战国武士的关注。上面提到的《武田信繁遗训》里引用《论语》的次数压倒性的多，达到37次，其次便是《三略》，有12次，其他兵书还有《吴子》和《孙子》等。表面看起来，《论语》被提起的次数是《三略》的三倍，但值得留意的是，武田信繁引用的二十多种汉籍里，兵书类有六种，占了整体的四分之一，和提到的儒学经典数量不相伯仲。

不过更值得留意的是，日本战国时代的武士们关心兵书看似是最自然不过的事，然而笔者广寻史料后，发现除了上述的武田信繁和玉木吉保的记述外，几乎没有看到提及日本战国时代武士们讨论和研习《三略》等中国兵书的痕迹，更遑论窥探他们利用中国兵书的情况。在目前的史料里，我们只能通过日本近世初期的著名军记物语《甲阳军鉴》品十二里提到"七十年以前伊豆早云(伊势宗瑞)欲听《三略》，召来博学之僧"①一节，看到武士对兵书的需求和吸收方式。

从该记载可以推断，通常当时的武士自幼去寺院跟随僧侣学习，而像伊势宗瑞这样已经掌控一方的武士领主则找来熟知汉籍的游学僧人为自己讲学。《甲阳军鉴》的这则轶闻为我们带来一个重要的提示，即当时的僧人不仅在寺院里从事静态和直接的知识传授，还以这些包括汉学在内的知识作为技能技艺，接受武士领主的召集，去到他们跟前进行讲授。

这两种方式的存在揭示了在战国时代初期，甚至更早时期开始，以寺院的僧人和游走各地"卖艺"的僧人为媒介，汉学在内的知识传播速度快，弹性大。正是这个原因，当时靠僧人教授汉籍知识的武士还没有建立"知识库"的自主意识，这个情况一直持续到17世纪初。统一日本的德川家康在1599～1604年三次下令足利学校庠主三要元佶于山城国伏见主持印刷《三略》《六韬》和《孔子家语》的工作。后来又在1600～1610年陆续让京都相国寺的西笑承兑和三要元佶印刷《周易》《贞观政要》，还有兵书如《孙子》《吴子》等汉籍，即后世所称的"伏见版"汉籍。至此，日本才开始了统治者主导和推动汉籍印刷的活动。

五、结语：江户时代以前汉学知识的实践(战国末期至织丰时代)

前面集中讨论了战国前期、中期的史料，由此可以推断，当时的上层武士已经在学习和应用汉学经典。虽然只有片字只语，未能全面、系统地考证和还原战国时代武士们学习汉学的全貌，但在史料里仍然可以看到，战国时期的武士

① 高坂昌信、小幡景憲:《甲阳军鉴》，日本国立国会图书馆藏十册本，第2册。

虽然关心汉学知识，但仍然需要借助专门的贵族和禅僧来传授。同时，如萩原龙夫所说，在当时的武士眼中，汉学知识是一门专门的学问，与佛学和本土的传统知识技艺（如和歌、连歌等）看齐。

不过，在长期战乱的日子里，武士也的确在行为和道德思想上受到儒家思想的影响，并加以实践。其中，孝道和忠义是重点强调的德行。如晚期著名武将黑田（福冈）藩祖黑田长政[①]、津藩藩祖藤堂高虎[②]和熊本藩藩祖加藤清正[③]等，都分别在家训中强调孝道和忠义的重要性。

此外，在战国晚期写成的家训和遗书中也出现告诫后继者要怜悯领民、施行仁政之类的内容。战国晚期以后写成的家训里明确出现强调“忠义”“奉公”的内容，这与当时战争接近尾声，各地的大名开始将目光转移到治理领民和家臣的趋向有关。

因此，在幕府还没有系统的推动儒学作为政治工具之前，其实战国晚期的大名们已经意识到汉籍，尤其是儒学对于长治久安的重要性，并且开始加以运用实践。这恐怕与幕府没有直接联系，在今后的课题里，有必要探讨个别藩在江户时代初期推广汉学儒学的过程。

① 《黑田长政遗训》，山本真功编：《家训集》，东京：平凡社，2001年。

② 小泽富夫编：《武家家训·遗训集成》，东京：ぺりかん社，1997年。

③ 《続群书类従32下·雑部》，东京：续群书类丛完成会，1927年。

题李攀龙《唐诗选》在晚明与江户时期的文本流衍*

许建业**

摘　要：署名李攀龙编《唐诗选》先大盛于晚明清初，其间东传日本，又成为江户时代非常流行的唐诗读物，影响至今。过去相关研究大多聚焦一国情况，即便同时兼顾，也只属版本的个案讨论，并没有在更为宏观的视野下，梳辨和比照这部诗选在晚明和江户这两个出版高峰期间的流衍情况。本文尝试在"汉文化圈"等思考基础之上，进一步考察《唐诗选》在这两段时期的印刻情况与文本生成、流衍等的关系。其中重点考察在晚明期间已出现的早期与现存版本系统以及江户时代的舶载与再刻情况，大概总括本书的传续情况。此外，晚明与江户的文人对其版本校订与追寻原本的考虑，也是文本流传过程非常重要的一环。最后，不同出版环境之下《唐诗选》文本的挪借现象，比如汇编与配图等，尤为看到文本生成状态与其所反映的文学文化意义。通过这些方面，既能整体掌握《唐诗选》的流转脉动，同时为晚明诗学与江户汉诗坛提供新的视角。

关键词：李攀龙；唐诗选；晚明；江户时代

引言

走在日本东京神保町或京都的古本市集，总会看到题名李攀龙编的《唐诗选》及各种和刻古本。时至今日，《唐诗选》仍然是日本学习唐诗的入门读物，可

* 本文系香港研资局教员发展计划项目"江户时代《唐诗选》和刻本的文本生成与诗学意义"(UGC/FDS15/H9/21)研究成果。

** 许建业，香港树仁大学中国语言文学系助理教授、复旦大学古籍整理研究所博士后研究员。

谓经久不衰，正如中国的《唐诗三百首》。其实，《唐诗选》在日本江户(1603～1867)初期开始流衍之前，在中国的晚明时期(1572～1644)已非常流行。它先后成为中国明代复古派与日本江户时代古文辞派捧读和热议的唐诗选本，又皆刚好赶上两国古典时期出版业之高峰(明代晚期与江户中后期)，由是此间出刊的《唐诗选》版本种类和数量，几乎是同期集部之冠。[①]

由于长久以来对明代复古派的抨击，加之《唐诗选》被四库馆臣判定为伪撰，迟至21世纪初，中国学界才陆续关注《唐诗选》的流传情况，如金生奎、查屏球、杜治国、殷祝胜以及笔者，都曾致力整理其版本数据或探讨其真伪问题。[②]同时，已有学者注意到《唐诗选》在日本的巨大影响力。2003年，蒋寅撰文概述其在日本江户时代基于学派因缘与出版发达故而得以盛行的关系；2011年，刘芳亮则在蒋文基础上加以补充。此外，孙立也从日本诗话探讨日人对《唐诗选》的评议。[③]至于日本学界方面，由于《唐诗选》的地位不可撼动，相关研究亦较多，平野彦次郎、森濑寿三等汉学家先后论辩其真伪[④]，日野龙夫、山岸共、村上哲见等则主要将研究目光放在《唐诗选》自日本江户以来的相关版本，及其对于社会文化方面的影响。[⑤]《唐诗选》的版本繁杂，难以穷尽，且真伪、文学文化影响诸问题本不易梳理清楚，中、日两国学者所花心力不少。不过至今为止，尝试平行审察两国《唐诗选》的出版情况和文本操作等的，仅日本学者有木大辅《唐诗选版本研究》一书。该书乃作者文章之结集，分上编“中国部分”四章，下编“日本部分”

---

① 蒋寅根据日人长泽规矩也《和刻本汉籍分类书目》，排整日本刊刻的《唐诗选》重印、笺释或衍生版本多达93种。详见蒋寅：《旧题李攀龙〈唐诗选〉在日本流行和影响》，袁行霈主编：《国学研究》卷十二，北京：北京大学出版社，2003年，第364～368页。

② 金生奎：《李攀龙唐诗选本考论》，《文献季刊》2012年第3期；查屏球：《“李攀龙〈唐诗选〉”评点本考索》，章培恒、王靖宇主编：《中国文学评点研究论集》，上海：上海古籍出版社，2002年，第255～285页；杜治国：《确立诗歌的正典——李攀龙诗论、选本及创作研究》，香港科技大学2004年博士学位论文；毕伟玉：《李攀龙唐诗选研究》，上海师范大学2003年硕士学位论文；殷祝胜：《旧题李攀龙〈唐诗选〉真伪问题再考辨》，《河南师范大学学报》(哲学社会科学版)2013年第1期；许建业：《旧题李攀龙〈唐诗选〉的早期版本及接受现象》，《文学遗产》2018年第5期。

③ 蒋寅：《旧题李攀龙〈唐诗选〉在日本流行和影响》，第363～386页；刘芳亮：《〈唐诗选〉在日本的流行及其原因再论》，《解放军外国语学院学报》2011年第3期；孙立：《日本诗话中的中国古代诗学研究》，北京：北京大学出版社，2012年，第195～199页。

④ 平野彦次郎：《唐诗选研究》，东京：明德出版社，1974年。

⑤ 日野龙夫：《〈唐诗选〉与近世后期诗坛——都市的繁华与古文辞派的诗风》，《文学》1971第39期。山岸共：《江户时代刊行唐诗选关系书提要——江户时代与唐诗选》，村上哲见主编：《中国文学与日本十二讲》，东京：创文社，1998年；大庭卓也：《〈唐诗选〉画本成立的背景》，《雅俗小径：中野三敏先生伞寿纪念文集》，2015年；大庭卓也：《补说〈唐诗选〉画本成立的背景》，《久留米大学文学部纪要·国际文化学科编》32～33期合并号，2016年；顾春芳：《重新考订李攀龙〈唐诗选〉的意义》，《人文学论集》2017年第35期。

五章，各章选取某个版本作具体探究。[①]其仔细辨析两国之《唐诗选》刊刻，且能结合出版环境和操作等，固然不可多得，只可惜有木氏能够触及的主要是在日本流传的版本，故讨论范围亦仅止于此，尚有不少空间需要深论和补完（尤其中国部分）。

有木大辅之论中日《唐诗选》版本，让我们不得不想到近年来域外汉籍研究里的“汉文化圈”观念。这本身是以书籍史与阅读史的视角，将汉字文献视作一个整体，探讨其在圈内不同地域的开放状态中的各种流传、阅读或文本衍变等，寻绎彼此联系，重新阐发其思想或文学等的文化意义。[②]如此，则能不主一边，突破过往以一地流传情况为本位的视角，整体地观照东亚汉籍区块所驱动的各种文化发展与交流。若衡诸《唐诗选》这个独特案例和线索，将让我们宏视地审视、比照中日两地的出版高潮、诗学争议和雅俗文化等之间的各种互涉交流，如何深刻地影响《唐诗选》以至其他唐诗选集版本文本的衍变与受容，循此路往，有望逐步建构更为宏大的唐诗选集流衍图景。本文试以一书作史，从书籍外部的出版环境到内部的文本操作诸角度，略述《唐诗选》在中日流传之梗概，以作为相关课题的问题意识与论述框架的前瞻。

一、《唐诗选》之传续与消退

（一）晚明：早期版本与现存版本

关于《唐诗选》在中国晚明时期的版本流传，笔者曾撰文指出其大抵可以分“早期版本”和“现存版本”两个系统，并以现存版本可考最早、1593年刊出的蒋一葵（活跃于1580～1611年）笺释本作为界线。

目前最早记载《唐诗选》的文献，是顾起纶（1517～1587）在《国雅品》中对李攀龙的评述：

> 观察（笔者按：李攀龙）故有“唐选”行于世，五言乃止于刘长卿，自序谓“唐诗尽于是矣”。虽储韦钱郎并削之，其取指颇示严峻。[③]

《国雅品》于明万历元年（1573）梓行，此中所言“唐选”很大可能是单行本，至于“五言乃止于刘长卿”的描述不论何体，皆与《诗删》不符合。此外笔者曾考辨出，《诗删》刊行应比这部“唐选”略晚一些，算是题名李攀龙编的《唐诗选》早期版本。近世学者罗振常（1875～1942）曾撰《天一阁藏书经见录》，明确记录《唐诗选》曾在万历三年（1575）秋天经吴兴凌氏刊刻的版本：

① 有木大辅：《唐诗选版本研究》，东京：好文出版社，2013年。

② 张伯伟：《再谈作为方法的汉文化圈》，《文学遗产》2014年第4期。

③ 顾起纶：《国雅品》，《历代诗话续编》下册，北京：中华书局，1983年，第1119页。

> 明李攀龙选，万历刊，行楷小字似赵体，极精。前有王世懋序，次王穉登序，次李攀龙序，目录末有牌子三行：万历乙亥秋七月既望吴兴凌氏校刻于盟鸥馆。第一页书口下方署吴门高洪写张璇刊小字一行，余亦有刊工名，卷中各体俱备而所选甚少，惟李杜各有二十余首，余均数首，且有一二首者。王序："唐诗选至于鳞，卷仅七而终又加精焉。"白棉纸印，二册。[①]

当中著录的《唐诗选》版本资料甚为详细，可惜此本已经亡佚，无法互相比照。其中提到王世懋(1536～1588)序，确为本人手笔，见于其集。虽然王世懋与李攀龙相善，但仍不足以证明《唐诗选》就是李攀龙手编。事实上，顾起纶与罗振常对《唐诗选》选诗内容的陈述，与现在留存的《唐诗选》版本不甚一致，加上还有其他相关文献佐证，我们有理由相信早期流传的《唐诗选》版本与现存最早的蒋一葵笺释本有相当的差异，故以此为界线，分辨"早期"和"现存"两个流传阶段，以及其传刻系统。[②]

至于蒋一葵笺释本，据笔者暂时考得所见，明确题署年月的版本分别有"集贤书舍本""万历癸巳仲秋本"和"武林一初斋本"三种。"集贤书舍本"卷三、卷四、卷六和卷七末页均见出版牌记，"太末舒氏石泉梓于集贤书舍"，惜没有标写年月。而书末蒋一葵跋文的题署道，"万历癸巳春王正月哉生明晋陵蒋一葵仲舒甫识"，此见蒋一葵约于万历癸巳年(1593)的春季书写此跋。至于辑入《四库全书存目丛书》集部第309册清华大学图书馆藏的"万历癸巳仲秋本"，书前《唐诗选序》则托"李攀龙于鳞撰"于"大明万历癸巳仲秋哉生日"。对照前后两种版本，若果题署年月为真确的话，则"集贤书舍本"应大概在万历癸巳年春季梓行，至同年仲秋时分或以后才出现"万历癸巳仲秋本"，故"万历癸巳仲秋本"应为后出版本。而"武林一初斋本"卷一末页也有牌记标署，"万历庚子仲秋武林一初斋重校刊"，万历庚子即1600年，究其版式、字体、文本排序等，都与"集贤书舍本"一样，只是册数不同。所以其云"重校"者，依据的有可能是"集贤书舍本"之刻版。故此三种版本相较下，当以"集贤书舍本"为最早。从题署之先后和序跋等文献的保存程度看，由于蒋笺本初本原貌已不复见，若欲据一种可靠的版本作为考察的依凭，则应以"集贤书舍本"为范本。

事实上，大多数《唐诗选》都是笺释本，且以蒋一葵笺为主。吴兴凌氏家族中的凌蒙初(1580～1644)，曾为后辈凌瑞荣编刊的《唐诗广选》作序。他在《唐诗广选序》中主要叙记《唐诗选》的出版始末，也略述其笺释版本的情况："嗣后

---

① 罗振常著，周子美编：《天一阁藏书经见录》，上海：华东师范大学出版社，2000年，第212页。据周子美序言，罗氏著录的这些书册现已不知去向，无从查核，参见第108页。

② 许建业：《旧题李攀龙〈唐诗选〉的早期版本及接受现象》，《文学遗产》2018年第5期。

晋陵蒋仲舒取所为《选》而笺释之，诠载既详，扬榷欣赏。海内家传户习之。”[①]先不论所述出版源始是否真确，若根据现存版本以蒋笺本为众的情况看，说蒋一葵笺释本之梓行是《唐诗选》得以畅行天下的原因之一，还是甚为客观的。其既云“海内家传户习”，也就是说，蒋笺本确甚得晚明士庶间之青睐。

蒋一葵笺释《唐诗选》虽在晚明清初的主要诗学论述中并没有很高的评价和地位，但就唐诗选本而言，却是长期备受关注的对象。在其后出现的诗歌评注本中，大多都会提及蒋笺本，有些甚至表示据以为本，或参酌使用。改头换面、肆意增删而成一部新的唐诗选本，是资取挪用《唐诗选》蒋笺本文本最常见的方式。若果以现存可见各种版本来说，当中不少确实以蒋一葵笺释本为基础，部分更对蒋笺本再行增订，也有些版本没有署明由蒋氏笺注，但选注内容与蒋笺本相近。部分《唐诗选》版本没有注释，例如其中一种题名陈继儒（1558～1639）重校的版本，其实只是书商将其移至书末，以为附录而已。这些版本虽然彼此错杂混乱，却俨然建立了一个庞大的版本系统。由是众多论《唐诗选》者多溯源至蒋笺本，亦止于蒋笺本。除了上文提到的版本，现在比较容易搜寻的还有《续修四库全书》影印的题王穉登参评《唐诗选》版本。此外，署名陈继儒编校的《唐诗选》重校本、李颐《镌李及泉参李于鳞笺释唐诗选》、题钱谦益笺注《新刻钱太史评注唐诗选玉》等，都与蒋笺本有直接或间接的关系。

蒋一葵笺释《唐诗选》风靡一时，但因为《唐诗解》和《唐诗归》等受读者欢迎的唐诗选本相继出版，书肆为了满足读者追新好奇的阅读心态，也适于诗坛习尚之风向转移，于是《唐诗解》和《唐诗归》中的副文本，即唐汝询之诗解和钟、谭的诗评，也陆续被接引到《唐诗选》的重刻、新订版本之中。换个角度看，《唐诗解》和《唐诗归》的批注、评点，成了《唐诗选》文本不断焕发生机的催化剂。若我们聚焦到晚明建阳书林几次出版的《唐诗选》派生本，便大概理解其文本内容变化轨向。

建阳出版业更趋于迎合市场需要，种类和操作方向也以大众通俗为主，其往往为了追新炫奇，急售图利，不惜盗版伪托，胡乱凑杂，以致流为俗滥。而在这种市场导向的出版业中，题署李攀龙编的《唐诗选》自然被选上成为梓刻的对象。目前我们发现，自明清以来题李攀龙编《唐诗选》约30多种版本当中，至少有3种版本来自建阳书林的不同书堂，分别是乔山堂刘龙田梓题钱谦益笺评《新刻钱太史评注李于鳞唐诗选玉》（1610年，下概称《唐诗选玉》）、居仁堂余应孔梓题袁宏道校《新刻李袁二先生精选唐诗训解》（1618年，下概称《唐诗训解》），以及藜光堂刘孔敦批点和刊刻的《钟伯敬先生评释李于鳞唐诗选》（不详，

---

① 李攀龙编，凌瑞荣等重编：《李于鳞唐诗广选》，明吴兴凌氏刊朱墨套印本。至于凌蒙初撰写的叙记所述是否真实，尚需确证。

下概称《钟评唐诗选》)。前述《唐诗选玉》是以蒋一葵笺释,再施以改头换面、张冠李戴之技。至于《唐诗训解》,则是编刊者在1615年唐汝询出版《唐诗解》后,大量潜录《唐诗解》注释和评解的部分而成。串讲的解诗方式既方便初学诗者理解诗意,也可以补救蒋笺本的不足,因此《唐诗训解》编刊者就直接抄录其间。而1617年钟惺、谭元春梓刻《诗归》,其《唐诗归》后来也以单行本传世。建阳书林刘龙田的次子刘孔敦或许看到《唐诗归》的价值,于是便在其藜光堂刊刻《钟评唐诗选》。其卷首题署"济南李攀龙于鳞编选,竟陵钟惺伯敬评注,潭阳刘孔敦若朴批点"。《钟评唐诗选》书前有一篇应为刘孔敦亲撰的《唐诗选叙》,当中讲述一段近得钟惺评订《唐诗选》的故事,继而顺理成章地刊刻出版。其实此只是将钟惺、谭元春《唐诗归》中的批点移植到《唐诗选》蒋笺本之中。《诗归》刊于万历四十五年(1617)十月,故《钟评唐诗选》应梓于此时以后。可见建阳书林相继出现了将《唐诗解》和《唐诗归》文本内容并入《唐诗选》的版本。这些操作未必是开风气之先的首倡者,但起码其编整模式是当世出版趋势的一种反映。故此在万历晚期、天启、崇祯年间,出现了大量并合《唐诗解》或《唐诗归》副文本(paratext)的《唐诗选》版本。诸如《唐诗选》陈继儒重校本,题孙鑛《朱批唐诗苑》,唐汝询《汇编唐诗十集》,黄家鼎《谼庵增订李于鳞先生唐诗选》《钟伯敬谭友夏两先生评选唐诗合选》,刘化兰《虞山钱牧斋先生评唐诗合选笺注》,徐震《唐诗选集解》等,都是大约在万历末年以至崇祯年间不断出版的。

(二)江户:舶载与新刻

明代虽严行海禁,但因为市舶利润可观,东南沿岸尤其宁波、福建等地依然禁之不绝,"视苦海如闹市"。万历年间,日本丰臣秀吉(1537～1598)势力自朝鲜退兵后,明廷曾复开福建市舶,直至崇祯年乃止,如此更令福建至日本长崎的商船如"绳绳往来"。是以明代不少典籍循此进入日本,通过长崎商港和京都、大阪的书肆中心流通各地。

蒋寅认为,最早传入日本的《唐诗选》版本应是刊自建阳书林的派生本《唐诗训解》,但这还待确考。因目前有关《唐诗选》流传日本的最早纪录,是那波活所(1595～1648)在宽永七年(1630)撰成的《活所备忘录》之中。书中曾提道:"李沧溟著《唐诗选》,甚契余意,学诗者舍之何适?"[1] 1623～1630年,那波氏曾仕于肥后国熊本藩(今熊本市),与长崎港口甚近,故能较早接触经长崎进入的汉籍,那波氏或因此读到《唐诗选》。此外,据大庭修《东北大学狩野文库架藏御文库目录》,在宽永十六年(1639)以前已有《唐诗选》曾舶载进入现称为"红叶山"文库的记录。这些数据都没有提到《唐诗训解》的名字,此时还属于中国明末崇

① 江村北海:《日本诗史》,东京:岩波书店,1991年,第125页。

祯年间(1628～1644)。比及18世纪,《唐诗选》不同版本仍继续随中国商船舶来,如享保二十年(1735)由广东船运来《唐诗选》、宝历四年(1754)舶来一部《唐诗选》的崇祯元年刊本等。

不过,在江户时代初期较为流行的始终是《唐诗训解》。福冈藩儒者贝原益轩(1630～1714),同样以地近长崎舶市之便利,加上常赴京都书肆,故而接触到大量汉籍,其《格物余话》便曾述写不少舶载汉籍和名物,其中便谈到《唐诗选》和《唐诗训解》:"集诗者甚多。独李攀龙之所辑《唐诗选》最佳。其所载风格,淳厚清婉。且其《训解》亦颇精详。是可为诸诗集及诗解之冠。"[①]他分别举《唐诗选》和《唐诗训解》为集诗和解诗之冠首,其《玩古目录》《初学诗法》也提及《唐诗训解》,可见他对《唐诗训解》的重视。不独贝原益轩,江户一些儒者也十分推重《唐诗训解》,甚至以此为讲课教材,譬如儒者兼诗人的鸟山芝轩(1655～1715):

> 芝轩自少壮好歌诗,刻意唐人,专以作诗教授生徒。常讲说《三体唐诗》《杜律集解》《唐诗训解》等,以此作门户,自称为诗人。[②]

又,大力提倡古文辞的当世名儒荻生徂徕(1666～1728)正是用《唐诗训解》作为向门生宣讲唐诗的读本。荻生氏崇尚古学,尊奉李攀龙、王世贞等明七子,年轻时曾手抄《训解》,并加以自序和评语,又曾在书信《与平子和其二》中说:

> 数十年前,宿学老儒,尊信《三体诗》《古文真宝》,至与四书五经并矣。……近来渐觉其非,而以《唐诗训解》代之。[③]

在这个由江户前期步向中期的期间,儒者文人推许原为冒滥伪托的《唐诗训解》,甚至以之与四书五经比肩,这是书籍流转其中一个相当有趣的案例。不过,纵使在《尾张德川家藏书目录·宽永目录》和《御文库目录》均见有《唐诗训解》的记录,但舶载入库的数量不算多,可以想见其开初只在贵族精英阶层传读,荻生徂徕年少时也只能手抄品读。既然获得知名学士文人的认可,市场需求渐增,当时发展甚盛的京都、大阪书林自然对《唐诗训解》青睐有加,计划翻印新刻,促进流通和谋利。

《唐诗训解》应是最早在日本印刻的《唐诗选》版本,从《新板书籍目录》可见,最迟万治二年(1659)已有《唐诗训解》的新板制成和印行,而现存《唐诗训解》在日本的翻刻本有两家:"二条通靍屋町田原仁左卫门刊梓行"和"京富小路五条上町书林田原勘兵卫藏板"。两家都属于同一京都书肆商号"文林轩"。据《宽文无刊记书籍目录》《元禄九年书籍目录大全》和《倭版书籍考》(元禄十五

① 贝原益轩:《格物余话》,《丛书集成续编》第43册,台北:新文丰出版公司,1989年,第361页。

② 东条琴台:《先哲丛谈続编·鸟山芝轩》卷三,日本国立国会图书馆藏本。

③ 荻生徂徕:《徂徕集》卷二二,日本国立公文书馆藏元文元年本。

年，1702)，分别录有“唐诗训解”或“唐诗训解 田原仁”等相关出版资料，即宽文的1661～1673年期间以及1696年和1702年，都有《唐诗训解》的刊刻，其中“田原仁”即前述书店田原仁左卫门。至于田原勘兵卫年代相对较晚，且其刊用的是藏板，应是购买或收赠而来的，也可能继承了同书号的田原仁左卫门的雕板。可惜在享保七年(1722)以前没有必须标署作者、版本来源、刊年等数据的规定，所以难以考定这两家书店刊行《唐诗训解》的所有年份和次数。

江户享保七年(1722)由书店协会(本屋仲间)颁布的出版规定，即所谓“享保改革”，是江户出版史重要的转折点，其中第四条“必须写上作者、版本来源的真实姓名”，对《唐诗选》在日本往后的出版与流通尤为关键。书店协会在享保六年(1721)由京都、大阪和江户的书商组成和确立，对三地的书籍出版作明确的协调和规限。上述第四条便是针对越发严重的书籍“重版”和“类版”问题而制订的。重版和类版，即未经另一书店许可，出版与已刊行书籍相同或非常相似的书。而防止重版和类版，着重的是捍卫出版商的版权，而不是著作权，若书籍遇上版权争议，须提呈协会以为诉讼(差构)对象。就在享保改革后不久，《唐诗选》的出版权便迅即卷入争讼之中。

这是京都和江户两地书商——文林轩田原勘兵卫与嵩山房小林新兵卫——之间的纷争。本来，文林轩田原勘兵卫一直翻刻刊行《唐诗训解》，嵩山房的小林新兵卫则在享保九年(1724)刊刻由荻生徂徕弟子服部南郭(1683～1759)校订的《唐诗选》。虽然荻生徂徕曾推重《唐诗训解》，但在晚年已认识到它并非李攀龙原选，服部南郭为了正本清源，故细意比照其他流传到日本的《唐诗选》版本，厘定出一部没有注文的《唐诗选》版本，经关系密切的嵩山房梓行。据《京都书林行事上组济帐标目》，享保十一年(1726)文林轩田原勘兵卫意欲申请出版《唐诗训解素本》，所谓“素本”即无注之文本，那么由《唐诗选》派生而来、选诗只是稍多一点的《唐诗训解》(《唐诗选》465首，《唐诗训解》484首)，其素本便成了《唐诗选》的重版，因此被裁定必须停刻。

事实上，《唐诗选》和《唐诗训解》本身也有类版之嫌，先刻的《唐诗训解》似乎应有出版优先权，但服部南郭为校订《唐诗选》而撰写的“附言”起了关键的作用。在这篇“附言”中，服部指出《唐诗训解》并非李攀龙原选版本，且大力批判当中评讲部分只是建阳书商杂抄自蒋一葵注本和唐汝询的《唐诗解》，甚至书前《唐诗训解序》也只是修改袁宏道文章而成，明显是坊贾为了射利的卑陋之作。[①]这些对《唐诗训解》的批评，往后常为嵩山房出版的《唐诗选》注解本如《唐诗选掌故》《唐诗选国字解》《唐诗选讲释》等所引用，既打击了文林轩《唐诗训解》的

① 参见许建业：《伪托文化底下题李攀龙编〈唐诗选〉的文本生成与诗学意义——以〈唐诗选玉〉与〈唐诗训解〉为考察对象》，《励耘学刊》(文学卷)2016年第1期。

销售，同时标榜嵩山房出版权的正当地位。顾春芳曾指出，服部南郭校订《唐诗选》是为了推动唐诗复古风气，但在书籍史而言，其更有为书店胜出版权争夺，让其不断重印翻刻，以至盛行于世的实际意义。更为宏观地看，《唐诗选》版权之争也代表了出版市场力量正从老号的京都书肆逐渐转移到新起的江户书肆。

《唐诗训解》饱受批评，享保以后似乎再没有翻刻记录，不过这不代表文林轩田原勘兵卫轻易放弃出版《唐诗选》的相关书籍。没法刊刻便于携带的素本，文林轩于是将目光投向注解本。当时除了荻生徂徕弟子入江南溟（1682～1769）自著自刻《唐诗句解》（1735）和新井白蛾（1715～1792）出版《唐诗儿训》（1758）等注解本外，市场上还有文林轩在1756年出版的《唐诗故事》，这其实是根据由中国传来的蒋一葵笺注《唐诗选》整理而成。此后，文林轩又请来宇野明霞（1698～1745）、释显常（1719～1801）等名家重新编补而成《唐诗集注》（1767），同年释显常出版《唐诗解颐》，直到江户后期皆川淇园也为文林轩撰成《唐诗通解》。不过，嵩山房也针对性地推出各种《唐诗选》注解本，如服部南郭弟子千叶玄之（1727～1792）的《唐诗选掌故》、户崎允明（1724～1806）《笺注唐诗选》、宇野东山（1735～1813）《唐诗选解》及《唐诗选辨蒙》等。相对而言，文林轩为了避免与《唐诗选》有重版之嫌，所刊书名只称“唐诗”，而版本种类明显较嵩山房的为少，长期处于弱势之中。这也是现在一般讨论《唐诗选》和刻时均离不开嵩山房的原因。嵩山房和文林轩对《唐诗选》相关书版的竞争虽然持续近60年，相互质疑对方的注本版权，但其实他们也有合作的时刻，比方说明和五年（1768）刊《唐诗选掌故》和宽政二年（1790）刊《唐诗选辨蒙》，便是由两家共议“相合版”，平分雕版版木，刊行时标署两家书号。这种合作关系很大程度是为了方便在另一书林梓行，促进流通，增加销量。这也是江户出版业一抹独特的景致。

二、版本的不确定、校订与否定

（一）晚明《唐诗选》版本现象：由不确定到校订

笔者曾讨论《唐诗选》的流衍现象，认为其在晚明时期的出版文化下版本繁杂、内容讹混之处甚多，传抄系统不确定，原本难追。此外，《诗删》选唐部分和《唐诗选》的文本内容本身甚有关系，又均附以《选唐诗序》（《唐诗选》中则名《唐诗选序》），由是在晚明至今不少关于李攀龙选唐诗的讨论当中，若没有特别申明或描述，我们未必能够确定他们阅读和讨论的都是同一种诗选文本，即所指究竟属《唐诗选》还是《诗删》选唐部分。除了《诗删》和《唐诗选》的取舍之外，明清人是否阅读同一种《唐诗选》文本，已让人疑虑。譬如王世懋或胡应麟（1551～1602）读到的《唐诗选》，便应与1593年后出版的蒋一葵笺释本有着差异。许学夷(1563~1633)、钟惺(1574~1624)等论者批评指向的《唐诗选》属于何种版本,我们也无法肯定。何况《唐诗选》诸版本错讹混杂,难以分辨。更甚者,部分《唐诗选》版本的错讹导致明清一些论者将选内的批注当作李攀龙之所为,并加以批评。凡此种种,可见《唐诗选》各种版本的文本操作与差异,并由此带来的不同误读或理解,都超出了一部诗选本身的诠释范围。印刷文化本来能让文本保持在一个相对封闭和稳定的状态,但是,过于活跃的出版操作,反若加速“新陈代谢”,既容易产生异文,更甚者连原初版本的面目也几至消退,湮没于历史洪流之中。不论在出版抑或阅读层面,都存在种种不确定的情况。[①]

明末清初,一些论者也意识到《唐诗选》版本流衍舛讹甚多,故尝试努力追源或校订。吴吴山(本名仪一,1647~?)曾注《唐诗选》,卷前指其所据版本为选诗共460首的《唐诗选》原本,数量少于一般编有465首的蒋笺本。吴注书内简端上有按语云:

> 李选原本,七古无骆宾王《帝京篇》;五律无杜审言《送崔融》、张均《岳阳晚眺》;七绝无张谔《九日宴》、僧皎然《塞下曲》,共五首。坊本有之,乃后人所增,今改入附录。又原本七古卫万《吴宫怨》;七律万楚《五日观妓》;七绝卢弼《和李秀才边庭四时怨》二首,共四首,皆不佳,今改为附录。[②]

在吴吴山看来,《唐诗选》是有“原本”和“坊本”之分的,当中有不少差异。“原本”当是他认为由李攀龙亲定的版本;“坊本”则是书肆在原本或其他刊本的基础上再行增删的版本。吴吴山注有另一版本,书前有《附注序论》,其中云:

> 济南李氏更为《唐诗选》,皆衷孔子逸蔽之旨。蒋氏仲舒尝注李选,并有附诗。仆暇日参之唐氏仲言《解》,重述原本,附注焉。夫古诗竹书,犹有脱简重出,断烂阙佚。后世雕板,摹印点画,益易传讹。阙疑者疑其事、疑其文也。若字句所出,字音字义,乌可不辨?虽然,难矣。[③]

许建昆在比较各种版本的选诗数量时,也将吴吴山所说的460首诗歌的原本列入其中,但其实吴吴山之说没有其他旁证。吴吴山记述自己注《唐诗选》时“重述原本”,是以蒋一葵注本和唐汝询《唐诗解》相互参看的。那么,吴吴山可能就是在参看蒋注、唐解之后,继而判断出“原本”的模样,纵使他没有特别说明“重述原本”的根据及方法。吴吴山提到《唐诗选》原本没有选录的5首诗,《唐诗解》都有收入,而且没有指明该5首诗并非出自《唐诗选》原本。究竟吴吴山如何厘定原本,暂未有答案,不过,我们还是可以看到其力求追原的用心。他还

① 许建业:《旧题李攀龙〈唐诗选〉的早期版本及接受现象》,《文学遗产》2018年第5期。

② 题李攀龙原本,吴吴山附注:《唐诗选》,东京公文书馆藏梦园藏书版。

③ 吴吴山:《附注序论》,题李攀龙辑,吴吴山注:《唐诗选》,国家图书馆藏清刻本。

指出版本校辨的工作十分艰巨，原因是晚明雕板印刷的过度活跃，并没有令《唐诗选》文本完全稳定下来，反而造成“摹印点画，益易传讹”的结果。这些印刷本不但变动不居，驳杂不纯，而且流传广远，舛误丛生。吴吴山认为各种版本文本（包括诗歌、注释等）当中有很多令人怀疑的地方，只能存而待决；诗歌的字音字义不可不辨，却又难以处理；以至于原本的诗歌数量，也不是普遍蒋笺本所选入的465首。同时代署名徐震纂辑《李于鳞唐诗选汇解》，书前序也说：

> 此于鳞《唐诗选》向为海内珍赏，而予夙昔之所酣咏者也。第惜坊刻多讹，仲舒笺释，犹有挂漏，今于卧病之余，严加较缉。

其《凡例》第九则又说：

> 坊本多付贾人，写刻混错，所误非浅。是刻悉经不佞躬亲，字画一遵正韵，镂刻必极精良，鉴赏家当有具眼。[①]

这里也表示了对“坊刻多讹”“写刻混错”的不满，印刷之轻易便捷，又缺乏监控，自然容易出现粗制滥造、舛误错混的情况，有人由是兴起追源或校刻的念头，并尽力实践。当然，刻意提起追源或校订之功，不排除真的出于整理者的自觉，但也可能是自我标榜，以作招徕。不过即便如此，实际也可以看作市场需求的一种反映。

在晚明印刷业的力量底下，蒋笺本快速地将《唐诗选》的诗选文本稳定下来，让不少读者以此作为判断原本的依据。但同时，因出版权利的极端开放及刊刻营销的过度充沛活跃，各种改刻、翻印或派生的《唐诗选》版本充斥明末清初的书籍市场，展现了诗选文本的多元与异相。明清年间李攀龙《唐诗选》的流衍情况，正好反映了一种充满悖论色彩的出版生态。

（二）江户《唐诗选》版本审辨：由校订到否定

《唐诗选》在清初传入日本后，影响巨大，在流传中也曾经历追源与校订的时期。《唐诗选》东渡之初，与伪书《唐诗训解》共同流传，但因其加附训解，故甚受日本汉学家之推重。文坛领袖荻生徂徕初不知其讹谬，并对其十分珍爱，以之为门人的初学读物。后来其弟子服部南郭才明确指出：“世有《唐诗训解》，其书剽袭《唐诗选》及仲舒注、仲言解等。”为了辨伪正讹，服部南郭下了不少校订的功夫，当中最重要自是推寻原本，而所根据的是当时在日流传的版本。一般来说，现存最早《唐诗选》的版本当是1593年出版的蒋一葵笺释本，但服部南郭认为，李攀龙选诗时断不会想到由蒋一葵来作注释，故其原本应是无注文的版

① 徐震重订：《诸名公评定徐秋涛增补重订李于鳞唐诗选汇解》，东京公文书馆藏清顺治十五年刊本。

本，而当时正好有一部题名陈继儒重校的版本，而其选诗次序与他选无异，他在校订《唐诗选》的《附言》称之为《唐诗狐白》："原本之称最善者，《唐诗狐白》也。以故现行之《唐诗选》中全部诗之次序，无分毫之异。"又说："唐诗选原本以蒋注行，其辨既具于前方，于鳞选时，岂必期后有蒋注？今所考订，要在见真面目，何忧无注？"除了正本清源，为了传承唐诗正典，还需要审订选诗的字词讹误，故道：

> 原本诸刊颇多，或有增二三者，今不取也。如字有异，多从原本，尤善者两可；难裁则就《品汇》《诗删》《诗解》《十集》考之，从其多且正者。[①]

以此我们可以看到，当时日本书籍市场也流传着各种《唐诗选》版本，且有不同程度的差异。服部南郭校辨《唐诗选》时，不论诗歌篇目还是字词考异，主要据其所认定的"原本"作为依凭，在"难裁"之处才参校《唐诗品汇》《诗删》《唐诗解》和《汇编唐诗十集》等舶来的选本。这反映了服部南郭追踪、判辨和审订《唐诗选》原本的自信。服部氏完成校订后，与甚有交谊的江户书肆嵩山房合作，并胜出了日后的版权争讼，借此大量刊刻。后来嵩山房又用平易日语注解成《唐诗选国字解》，读者遍及不同阶层，几乎家置一书，举世捧读，翻刻重印不断。

"享保改革"使书林出版商特别注重原本，避免重版、类本之禁犯，尤其出版汉籍更多与精英文人合作，于是《唐诗选》在江户时期的出版发展，竟反映着一股汉籍版本发掘与比对研究的风气。加上来自中国《唐诗选》版本和相关讨论的不断传入，对服部氏所谓"原本"的质疑，以及其校考版本的修订等也相继而出。这也是京都书林文林轩与江户书林嵩山房的抗衡甚至争讼的场域。譬如释显常（1718～1801）据蒋一葵注校补出版《唐诗故事》，便认为蒋笺本当属原本；后来嵩山房刊刻宇野东山（1735～1813）的《唐诗选辨蒙》，所依凭的便是前述曾判断李选原本的吴吴山注本。

及至江户后期，反古文辞派之风兴起，《唐诗选》作为推动古文辞的重要读物，自然成为审判抨击的对象。其时《四库全书总目提要》已传入日本，其对《唐诗选》为伪撰的指控，成了反古文辞派攻排《唐诗选》的利器。但事实上，反古文辞派的成员对此各有其见解，例如江湖诗社代表山本信有（1752～1812）不完全同意《四库提要》的观点，认为馆臣依据的只是坊贾伪作，李攀龙应曾亲撰一部《唐诗选》，故而提出所谓"真《唐诗选》"及"假《唐诗选》"的观点。[②]另一诗社代表人物市河宽斋（1749～1820）则同意《唐诗选》非李攀龙所编，但又认为《四库提要》所述不够精准：

> 因是见之，彼邦亦以为《唐诗选》非于鳞异本，皆坊贾之伪本，特于边鄙

① 服部南郭考订：《唐诗选·附言》，早稻田大学服部文库藏宽保三年嵩山房刊本。

② 山本信有：《孝经楼诗话》，《日本诗话丛书》第2册，东京：文会堂书店，1920年。

之处，取用人多矣。此与此邦相似，亦见不论和汉，备眼目之人少也。又“攀龙所选历代之诗，本名《诗删》，此乃摘其所选唐诗”者，此似未曾对校《诗删》与《诗选》而云者。盖《诗删》所不载者，乃取入《诗选》。合律绝凡二十二首。然不可谓摘取《诗删》之诗成此伪本也。

他认为，李攀龙只曾编撰《诗删》，所有《唐诗选》均属伪本，此见与四库馆臣合；但《删》《选》所选作品和数首皆有若干出入，故馆臣谓《选》自《删》“摘取”之论不足凭借。这些判断都是来自他对《唐诗选》在日诸种版本的比对和审辨，并撰成《谈〈唐诗选〉》，从而抨击《唐诗选》以及仔细纠正服部南郭等人所校订诸诗之谬误。本书第二则道：

知李于鳞撰《古今诗删》矣，未闻《唐诗选》也。《诗删》以王元美作序刊行，盛行当时。《沧溟集》中只有《选唐诗叙》一篇，而未见其书行世。奸猾书贾窥知之，倩无识之村学究，编今之《唐诗选》已。趋利者商贾之习，而我等效是，又刊此《唐诗选》，或增减二三首以为分别。大抵皆称当时名家评注，以欺世人矣。有称晋陵蒋一葵者；又有题袁宏道注释，而称《唐诗训解》者；又有称钟惺、谭元春同评者；又有题李于鳞选注、陈继儒增评，称《唐诗孤白》者；又有题蒋一葵笺释、唐汝询集注、徐宸重订，题《唐诗选集解》者。其他如释大典所称“钟惺评注、刘孔敦批点”，“蒋一葵笺释、黄家鼎评订”者，余未见之。此数种流布世间者，皆书贾假托之伪本。以其皆不合《古今诗删》也。如何于李于鳞删述、王元美作序之《诗删》以外，又编《唐诗选》之书也？此决非李于鳞所为，为不见《古今诗删》者之伎俩无疑。[1]

不过，市河氏虽然否定《唐诗选》乃李攀龙手编，但并不认为需要因此弃读《唐诗选》，因为“弃唐诗者，非真知诗者也。《诗选》乃书贾赝本，而其中所载，皆唐代名家之作，读此何害？”《唐诗选》版本随处可见，实难以禁绝，弃之不易，何不视此为纯粹存载唐诗材料的读本？对他来说，不以李攀龙所选为务，便不属于明人之唐诗，而是真正唐人之唐诗了。

《唐诗选》成了一个独特案例，先是晚明放任的刊刻生态造成其版本的诸多不确定，致使后来校注者兴起追源校订的念头，只是未能造成风气。至于江户享保以后的出版严令，出版商与精英文人仔细校辨原本，既正本清源，也增加竞争力量。在这些校订成果的不断累积之下，终在江户后期由反古文辞领袖市河宽斋所撰《谈〈唐诗选〉》审订《唐诗选》之真伪。直至20世纪，日本汉学家平野彦次郎、花房英树、森濑寿三等仍然努力辨正《唐诗选》的真伪，实可追溯到江户中后期审校版本的学术心态。

① 市河宽斋：《谈唐诗选》，《日本诗话丛书》第2册，东京：文会堂书店，1920年。

三、文本之挪借与并合

书籍史研究学者夏提叶(Roger Chartier)曾指出,书籍文本在读者阅读后意义才得以完成,而他们对文本的理解和使用也各有不同。[①]就文本概念而言,本分“开放文本”和“封闭文本”。开放文本则是文本处于开放状态,存在不稳定性,传写时容易衍变异文,这反映写本文化的文本特征。封闭文本意思是当作者肯定完成作品,或者书籍形态刊定的时候,文本亦随之封闭凝固,以稳定姿态出版流传,过往以此作为印本文化下书籍的文本性质。但事实上,这种二分方式并不完全准确,尤其在述说文本与书籍史的关系里。因为当一部书籍将要重新刊刻出版,当中经过读者、编校者、出版商,以至刻工的诸种校订、附注、增删等操作,其文本空间已然开放,这既有从他书挪借而来的文本,也有被挪借出去的文本。而这种文本变动不居的特质,正在《唐诗选》的出版中不断搬演展示。前文已经略谈到一些《唐诗选》的笺解版本,因此下面主要讨论其文本在晚明时期的汇编情况,及在江户后期被配以插画这种文本操作。

(一)挪借与汇编

在晚明蓬勃的刊刻工业之中,书籍出版市场已成为公有领域。当时的印刷文化有大量民间参与,还有通俗化的操作和考虑。晚明出版业多被诟訾剽袭雷同,书业大坏,何予明却直接承接此话头,称之为“稗贩”之学。文本成为可以肆意拈取和拼贴的资源,晚明不少书籍的生产可算是相互“稗贩”的文本世界。[②]《唐诗选》作为一部畅销诗选印刷物而置身其间,文本(包括副文本)不断被拈借挪用、割裂、拼凑,面目繁富多姿,而印刷文化一直赖以为本的,对文本的封闭、稳定、保护的状态和特质已经失效;反之文本因重印增订而不断重新开放,形成繁杂的版本系统。

在李攀龙身故之后,题署其名的诗歌选集《唐诗选》和《古今诗删》在隆庆末、万历初年(1572~1575)先后面世。这标志着在高棅《唐诗品汇》和《唐诗正声》以外,有了能正式代表七子派的编选操作。就在万历年间,高、李之选掀起了编选唐诗的风潮,形形色色的唐诗选本如雨后春笋般大量刊行。唐诗选本成了出版市场中诗文集类最受欢迎的一种,文人细心思考如何编选一部反映自己诗学主张的选本,书坊也积极摸索如何利用刊刻选本来谋利,汇编合刻的形式便为他们提供了方向,故而汇编也逐渐由别集转向选本。

早在隆庆三年(1569),杨巍(1517~1608)已辑刊唐人选唐诗集为《六家诗

① [法]夏提叶著,谢柏晖译:《书籍的秩序:欧洲的读者、作者与图书馆(14~18世纪)》,台北:联经出版有限公司,2012年,第11~25页。

② 何予明:《家园与天下:明代书文化与寻常阅读》,北京:中华书局,2019年。

选》十二卷，“六家”者，即《国秀集》《河岳英灵集》《中兴间气集》《极玄集》《搜小玉集》《箧中集》六种诗选。万历十一年(1583)，赵完璧辑《唐诗合选》十五卷，赵慎修刻本，乃“合编杨士弘《唐音》及高棅《唐诗正声》而成”[①]。此可算是汇编式唐诗选本的先声，只是还未形成风气。但在万历后期，不少唐诗选本的合编陆续梓行，当中《唐诗正声》和《唐诗选》是最常被用作汇编合刊的文本资源。据现存版籍所见，较早将高、李二选合编的应是沈子来(1546～1612)的《唐诗三集合编》，三集者是高、李二选之外，还加上元人杨士弘(活跃于14世纪)的《唐音》。他为了纠正面对公安派主导的诗坛风气，开示后生，在1611年已经完成编整，但因为出版资金有问题，后又逢身故，因此要延至1624年才由其子孙正式付梓面世。除此之外，唐汝询1615年出版的《唐诗解》也属于汇编式选本，虽然不少现代学者认为它是据《唐诗品汇》为根本。[②]但书中《凡例》第七则已明确指出本选是依《唐诗正声》和《唐诗选》“复合选之”，然后从《唐诗品汇》掇取其他诗歌补入，《唐诗解》文本才底定。所以某程度来说，《唐诗解》的文本基础始终来自高、李二选的汇编。不过其重要的特点始终在诗解，而不在合刻。不过在当世最具特色的汇编式选本，当推唐汝询《汇编唐诗十集》。在《十集》自序中，唐氏表示“少习廷礼《唐诗正声》”，“及读于鳞《唐诗选》”，已看到其学诗成长历程中受到二选很大的影响，故早在编撰《唐诗解》时已表示对高棅《唐诗正声》和李攀龙《唐诗选》的重视与关注。[③]后来又“及读”盛行当世的钟、谭《诗归》，认为其既与高、李二选颉颃，又可与以互补，于是有了汇编的想法。从《唐诗归》文本在与《唐诗正声》《唐诗选》和《唐诗解》三者汇合的整体文本之间，可以看到它如何被唐汝询重新定义、诠释以及批评。

唐汝询《唐诗解》和《汇编唐诗十集》以后，还出现了题名海昌人郭浚辑的《增订诸名家评注唐诗正声》及题黄家鼎增订的《刳庵增订李于鳞先生唐诗选》。前者顾名思义，文本主体为高棅《唐诗正声》，至于所谓“名家”，实即撷取《唐诗正声》和《唐诗选》等诗选的批注以及诗话诗格的论诗言说。后者若确为黄氏所编撰，则虽为竟陵派信徒，仰慕钟、谭，但同时思考会通复古派与竟陵派之论。因此该选虽以《唐诗选》文本为主，实际增入不少钟、谭诗说。值得注意的是，这两部选本都曾征引《汇编唐诗十集》唐汝询的评语，实际又是文本之稗贩操作。这些汇编选本的生成，既令流行选本的诠释权脱离本来选家，令诠释角度和内容变得更为复杂；同时，因不同的拼贴组合和内容调节，从而产生、折射出丰富多样的文学文本与审美观念。

---

① 陈伯海、朱易安：《唐诗书录》，济南：齐鲁书社，1988年，第55页。

② 雷恩海、薛宝生：《〈唐诗解〉之成书与〈唐诗品汇〉的渊源关系》，《江西师范大学学报》(哲学社会科学版)2011年第5期；陈颖聪：《从复古到性灵——高棅的诗歌理论及其影响与流变》，广州：广东人民出社，2012年，第99～102页。

③ 唐汝询编：《汇编唐诗十集》，北京大学图书馆藏天启三年明刻本。

(二)诗歌与插画

在江户的出版业世界里,书商须顾及世俗的实际需要与审美趣味,使原来相对稳定的诗选文本,也因着各种考虑而经受增删、混接之改造,又或配图、附说、汇编等操作。文学著作配上插图出版,在晚明时期已成风气,现亦有不少关于小说、戏曲的绣像本、插图本的研究。[①]至于诗词方面,当推集雅斋主人黄凤池。他曾组织书画名家与雕刻工匠,纂辑成印刻甚为精美的《诗余画谱》与《唐诗画谱》,尤以后者受到甚多的关注。[②]这类插图本反映晚明文学读物的出版风貌与文化品位,部分更与一些画谱类书籍相继传入日本,对江户版画艺术文化带来深远影响。比如《唐诗画谱》后来收入《集雅斋画谱》(又称《八种画谱》),与其他汉籍画谱如《顾氏画谱》《芥子园画传》等都是江户版画画师着力摹习、融炼笔法的对象。因着版画风气之盛,江户中后期的书肆店主亦纷纷为本已广受欢迎的汉籍配上插图,再版梓行,文学类书籍就以《水浒》《西游》,以及《唐诗选》较为突出。《唐诗选》自嵩山房独得版权以后,不断再版和推出训释本,但最具特色的还是由第四代店主小林高英策划刊刻的《唐诗选画本》。《画本》是继《唐诗画谱》以后另一部重要的唐诗配图读物,尤其先后邀请了铃木芙蓉(1752～1816)、北尾重政(1739～1820)及葛饰北斋(1760～1849)等著名画师参与主画,故为大众所珍爱。《画本》以插画为唐诗物事与意境带出视觉效果,甚至代表着图象文本的挪借与超越以及文(唐诗)与图(插画)并合的相互指涉与诠释。[③]

小林高英在《画本》初编的《书画本唐诗选后》叙述出版缘由和经过:

> 高英四世之祖岁仲者,以春台、南郭二先生撰著,皆藏于铺里,故其为嵩山房著矣。赐顾诸君子,月日进哩,其后祖君先人,相继刻《唐诗选》者,凡十余种,特欠画而已。盖祖文由,尝欲尽备以承岁仲之意,乃谋石峰先生,而性多病,未果而逝矣,父佑之亦不果而逝矣。呜呼哀哉,故余遂得请先生上梓焉,是欲承父祖之意者而已,庶几补其欠乎。先生又善书,则亦请书诗于其傍。先生退逊,辞以不堪罪梨枣。余固请曰:"是非高英之请也,岁仲、文由之请也。"先生于是诺。此举也,非发乎余肚里也,且或南郭先生之忠臣,而余家之孝子乎,故聊书其传于后而已。天明戊申之腊嵩山房小林高英识。

---

① [美]何谷里:《明清插图本小说阅读》,刘诗秋译,北京:生活·读书·新知三联书店,2019年。王春阳:《白描与戏曲版画插图研究》,沈阳:辽宁美术出版社,2018年。

② 大木康:《明末"画本"的兴盛与市场》,《浙江大学学报》(人文社会科学版)2010年第1期;毛文芳:《于俗世中雅赏——晚明〈唐诗画谱〉图象营构之审美品味》,中兴大学中文系主编:《第一届"通俗文学与雅正文学"全国学术研讨会论文集》,2001年,第313～364页。

③ 近年来学者衣若芬提出"文图学"(Text and Image Studies)研究观念,详见氏著《文图学与东亚文化交流研究理论刍议》,《武汉大学学报》(哲学社会科学版)2019年第2期。

这里指出，小林高英的四世祖岁仲已想到《唐诗选》版刻虽多，唯独缺画。至于高英的祖父文由则欲承其志意，亦已与画师联系，但高英父亲过世了，都还是未能刊出。因此高英决意出版《画本》，以圆父祖辈之遗志。不过，《唐诗选》作品共有400多首，以画配诗的话，其分量已远超只有约150首绝句的《唐诗画谱》。或因如此，《画本》的出版工作也只能断断续续，分七编而出，前后历时接近50年，才算正成完成。详细情况如下表1：

表1　　嵩山房刊《唐诗选画本》资料

编次	时间	画师、著者	序跋
一编（五言绝句）	天明八年（1788） 文化二年（1805）再刻	橘石峰 画	《画本唐诗选自序》（天明戊申腊月石峰道人橘贯画并赞） 《书画本唐诗选后》（天明戊申之腊，嵩山房小林高英识）
二编（七言绝句）	宽政二年（1790） 文化十一年（1814）再版	铃木芙蓉 画	《自序》（己酉秋八，芙蓉老人撰） 《画本唐诗选后》（宽政元年己酉新秋九月，嵩山书房小林高英识）
三编（五律、五言排律、七言律）	宽政三年（1791）	高田圆乘 画	《题唐诗画谱》（宽政三年辛亥三月，君山唐世济识） 《自序》（高田圆乘撰）
四编（七言绝句续编）	宽政五年（1793）	北尾红翠斋 画	《序》（宽政壬子仲冬，天华楼主人）
五编（五言古诗·七言古诗）	天保三年（1832）	高井兰山 著 小松原翠溪 画	《画本唐诗选叙》（天保二年辛卯仲秋望高井兰山述）
六编（五言律诗·五言排律）	天保四年（1833）	高井兰山 著 前北斋为一 画	《绘本唐诗选五七律序》（天保壬辰季春高井兰山识）
七编（七言律诗）	天保七年（1836）	高井兰山 著 画狂老人 笔	《唐诗选图会序》（天保壬辰孟夏东武南郊伊皿子隐士高井兰山叟述）

《画本》虽共七编，但并非对分《唐诗选》中的七种诗歌体制，出版先后也没有相应次序。其中四编出版后，《画本》系列不明何故一度中断，差不多40年后才接续完成。有木大辅认为《画本》得以复刊，主要原因是嵩山房邀得名重于世

的葛饰北斋主画五七言律诗中较难入画的应制诗题材。[①]事实上从艺术水平来说，北斋主画的六编和七编确比此前诸编为高。至于《画本》两个出版时期风格之大异，同时也可反映出文图并置的不同互文形态。

前述不少明清画谱先后流入日本，影响甚大，那么须以汉画配唐诗的《画本》自不免有所挪借参仿。尤其《唐诗画谱》的诗篇分五绝、六绝和七绝三种（又称《五言画谱》《六言画谱》和《七言画谱》），故在以绝句体为主的《画本》初编、二编也能找到《唐诗画谱》的痕迹，日本学者大庭卓也曾对此作了一些比照辨析的工夫。比如《画本》中的丘为《左掖梨花》（初编卷四）、王昌龄《西宫秋怨》（二编卷二）与常建《三日寻李九庄》（二编卷五），其人物姿态与场景安排均明显是以《唐诗画谱》的同题作品为基础，再略作修改。而更特别的情况是，《画本》部分插画实际挪借自《唐诗画谱》的不同题诗歌，如《五言画谱》姚合《老马》，其以一人于路上对看卧马的场景，便重现于《画本》初编卷三中的裴迪《鹿柴》，只是其人戴上了笠帽，卧马则变成"麏麚"。又如《七言画谱》王维《少年行》，着力描画"相逢意气为君饮，系马高楼乘柳边"，故见画中马系柳树于左，少年高楼对饮在右，旁有仆者伺候。不过这些安排同样见于《画本》初编卷二的储光羲《长安道》，但相应的诗句便只"鸣鞭过酒肆"一句而已。至于在骆宾王《军中登城楼》中，《唐诗画谱》安排图画左边露出城楼一角，城下草木丛杂，城墙上一人眺望远山，以营造"城上风威冷，江中水气寒"的气氛，但到《画本》二编卷三，此场景便改为刻画王昌龄《从军行》的"青海长云暗雪山，孤城遥望玉门关"，城楼、草木、远山大抵相仿，只是中间长江水换成波影粼粼的青海湖。以上仅举数例，事实上除了《唐诗画谱》，我们还可看到《画本》初编、二编对其他明清画谱如《八种画谱》《芥子园画传》等不同程度的挪借、参仿。特别是在这些文本挪借当中，原本因应诗歌构画，却可以重现成为另一部作品的诠释。文图置换之下，不但使相近的场景、人物存在不同指称，也由此涵含大异其趣的诗意与情感，如上文《军中登城楼》末句"戎衣何日定，歌舞入长安"，与《从军行》末句"不破楼兰终不还"，在同样的"城上望远山"背后，其终极理想都是返还长安。但前者心系讨伐武周，生出终日难定的慨叹，后者志切抗击胡虏，表示不胜无归的决心。凡此可见，《唐诗选》东传日本后，其诗选文本与其他汉籍画谱文本的诸种结合、置换与改造，辗转变化出多样的造像与诗意。

至于在葛饰北斋主画的《画本》六编、七编里，不少作品均可见文图并合并置下突破汉画画谱风格的各种尝试。观乎《唐诗画谱》中的画作，主要采取平远视

① 有木氏甚至认为北斋本来负责五七言古诗，他根据北斋寄给嵩山房的致歉信，推估当时北斋应已画好五编的画稿，但因稿件被焚而无法依时完成。北斋同时也负责万笈阁的《新编水浒画传》续编，同样要到天保四年才提交画稿。嵩山房很有可能急于刊刻，所以改邀小松原翠溪负责五编的插画，并在该书刊记上预告六编和七编都是由北斋主画，以作宣传。

角描摹景物，旨在描绘象外之象，又或人在山水楼台间之动静行止；近镜特写则只有花草鱼鸟。而《画本》初编、二编虽对《唐诗画谱》等多所参仿，但场景视距已稍为拉近，且更为偏向刻画人物间之互动，甚至诗人的容貌特写。至于北斋的画作不单山河远景与人事近貌兼备，且细腻生动之程度远过其他《画本》，这些都与当时反映市民逸乐生活为素材的浮世绘文化以及版画技艺之发展息息相关。

此外，北斋并不满足于平实地摹写诗中的风物人情，部分插画是以奇妙逸想与夸张笔墨，刻画诗中富有中国特色的典事、奇兽或释道人物等。比如他在李峤《长宁公主东庄侍宴》中画上一只回飞的凤凰，对应诗句是“仙管凤凰调”；又以飞龙升天刻画沈佺期《龙池篇》的“龙池跃龙龙已飞”，禅师与毒龙之对峙也体现王维《过香积寺》“安禅制毒龙”的境界追求。另外，释道人物也常出现在六编、七编之中。此如在沈佺期《红楼院应制》看到的禅师额头照射佛光，应是从“红楼疑见白毫光”“支遁爱山情谩切，昙摩泛海路空长”这几句摘取拼合而来的。他又为了突出李白《送友人入蜀》末句“升沉应已定，不必问君平”，便描绘一文士向智慧老人作揖求教，这位智慧老人形象应就是传说在成都卖卦的严君平了。至于崔颢的《行经华阴》，北斋没有以诗中的“岧峣太华”“天外三峰”“武帝祠”“仙人掌”等实景入画，而是为了演示末句“借问路傍名利客，无如此处学长生”的含义，于是画一戴笠老翁，骑乘锦鲤跃飞而起，背景则以长短不一的斜线呈现飞腾之力度，此已具现代漫画的况味。这图象是借用了江户文人甚为熟知的“仙人骑鲤”神话。“仙人骑鲤”出自《列仙传》，《行经华阴》其实没有提到相关传说，不过北斋为了演绎“学长生”之意，便率意以之入画，亦因此为本诗添加了新的诠释意思。由此可见，北斋主画的不是只有现实风物场景的再现，虚幻灵动之驰想也是诗歌插画的重要素材。经过北斋之手，《画本》成了展示、拼贴、变造中国传统文化经典文本或符号文本的空间。

结论

明代中后期东南沿岸之海上贸易以及清代一段时期海禁的消除，皆使明清刊行的各类书籍以相当迅疾的速度流入日本市场。此时期所输入的汉籍中，诗文著作占据了相当大的比例。近年，明清诗文汉籍进入日本后的流传渐受关注，诸如陈广宏与侯荣川编《日本所编中国诗文选集汇刊·明代卷》、王卓华与侯荣川编《日本所藏清人诗歌总集善本丛刊》以及卞东波与石立善编《中国文集日本古注本丛刊》等古籍文献整理相继而出，为域外汉籍研究提供新材料和新视野。其中卞、石二人所编的第二辑便辑录影印了《唐诗选》和刻注解本共7种，可谓众集之冠，重要性非凡。在我们逐渐掌握这些文献材料，阐发其诗学或文化意义同时，绝对不能忽略江户时代以来的出版环境与文本生成的关系，甚至应该向上寻溯至明清时期的印刻情况，参照彼此间的文本变异以及文学意义，这是东亚汉籍研究尚需深挖的领域。

日本明治初期的“汉学复兴”热潮

——近代东亚最初的“汉学热”

[日]西山尚志*

摘　要:本文主要分析、调查日本明治初期掀起“汉学复兴”热潮的背景、原因、内容等。众所周知,1868年成立的明治维新政府积极推动西方化。明治五年(1872)明治政府公布“学制”,小学、中学阶段不设汉文、汉学内容,而以实学为中心。19世纪70、80年代启蒙开化运动与自由民权运动的兴起,西方文化、思想急剧渗透到社会的各个方面,导致儒学、汉学的社会地位降低。但实际上在东京等大城市中,人们对汉学教育的需求依然很高,当时东京的汉学系私塾甚至多于英学。1880年前后逐渐出现批判、反思西洋化,并重视汉学、儒学式教育的意见,形成“汉学复兴”热潮。趁此热潮,明治政府试图通过义务教育普及儒学式道德教育,介入各个国民的内在道德,形成以天皇为顶点的“一大血族”型民族国家。

关键词:汉学热;汉学复兴;近代东亚

一、明治初期在西方化的潮流中受挑战的汉学

众所周知,江户时代的学问、教养的主流是儒学。江户时代末期除了贵族、僧侣、学者、武士等知识阶层以外,下级武上、商人、农民等阶层的子女也在“寺子屋”之类的地方学习《四书》《千字文》《十八史略》《唐诗选》为代表的汉籍。但打倒江户幕府而成立的明治政府在东亚最早开始积极、全面吸收西方的文化、思想、制度、科学技术等,与此同时采用轻视、放弃传统文化的政策。比如,明治四年(1871)公布“断发令”,禁止男性的传统发型。同年在东京、大阪之间设立

* 西山尚志(NISHIYAMA　Hisashi),日本埼玉大学人文社会科学研究科、教养学部副教授。

邮政制度,第二年推广到全国。明治五年(1872)采用格里高利历,废止传统的太阴太阳历。同年开通东京新桥与横滨之间的蒸汽机车,政府公布“学制”开始推行近代义务教育。明治六年(1873)公布“征兵令”,创设代武士负责战争的所谓“国民军”。明治九年(1876)公布“废刀令”,以后打倒江户幕府的武士也不能带刀。另外,从明治元年(1868)到明治二十二年(1889),明治政府(或个人)为了吸收国外的军事、技术、制度等知识,招聘2299名的外国人教师、军人、技术人员。[①]

明治初期的西方化思潮,动摇了汉学、儒学作为历来主流学问的地位。下文列举四个其历史背景与原因。

(一)近代学校教育的开始

明治五年(1872)8月与“太政官布告(太政官の布告)”(第214号)一起公布的“学制”,宣告日本开始设立近代学校制度。“太政官布告”(第214号)的开头如下:

> 人人之所以自立其身,治其产,昌其业,以遂其生者,此无他,由于修身、开智、长才艺也。而修其身、开智、长才艺,非学不能。是故有学校之开设,以日用常行、言语、计算为首,士官农商从百工技艺直至法律、政治、天文、医疗等,凡人之营为之事无所不学。……历来有学校之设,虽历年久,或由于不得其道,人误其方向,以学问为士人以上之人之事,甚至农工商及妇女子将其置之度外,不辨学问,士人以上之部分学者亦动辄倡为国家,不知立身之基,或趋词章记诵之末节,陷于空理虚谈之歧途,其论虽似高尚,但不能行之身、施事者不少。是即沿袭习弊,文明不普及,所以不长才艺,贫乏、破产、丧家之徒多。

由此可以看出,近代学校教育刚开始设立时,日本政府重视实学,而轻视道德问题。此文明言,学校设立是为了“立身”“治产”“昌业”所需要的“修身”“开智”“长才艺”,其具体内容是“日用常行、语言、计算”,“从百工技艺直到法律、政治、天文、医疗等”的实学。但是对过去的教育批判为“趋词章记诵之末节,陷于空理虚谈之歧途,其论虽似高尚”,这明显指的是传统儒教式教育。

在明治五年公布“学制”的语言系课程中没有“汉文”“道德”“修身”等内容,上等、下等小学有“缀字”“习字”“单语”“会话”“读本”“书牍”“文法”,上等、下等中学有“国语学”“习字”“外国语学”“古言学”。[②]因为没有相关史料,所以当时的课程内容有不明之处,但明治十五年(1882)中村正直(1832～1891)在《四书

---

① ユネスコ东アジア文化研究センター编:《资料御雇外国人》,东京:小学馆,1975年,第493页。

② 文部省编:《学制百年史　资料编》,东京:帝国地方行政学会,1972年,第14页。

素读之论》上回顾，当时的小学中没有汉文教育："维新以后，随着西学渐渐兴盛，汉学大衰，现今在官立公立小学上使用汉字与假名混合的读本，往时的素读四书断绝了。"[①]

中村正直在江户时代师从佐藤一斋学汉学，江户末期前往英国留学。明治维新后，其所翻译的塞缪尔·斯迈尔斯(Samuel Smiles)的*Self Help*(日文名《西国立志编》)成为畅销书。作为明六社的主要成员，中村与福泽谕吉等一起牵引启蒙开化运动。但与轻视汉学的福泽不同，中村对废止、减少汉学教育表示反对。

(二)19世纪70年代的启蒙开化思想

明治六年(1873)结成的明六社，其成员可以说是明治初期启蒙开化运动的主导者。他们在明治七年(1874)创刊的《明六杂志》上发表了大量文章。明六社的主要成员是森有礼、西村茂树、西周、津田真道、中村正直、加藤弘之、箕作秋坪、福泽谕吉、杉亨二、箕作麟祥等。《明六杂志》所刊载的文章与讨论的问题，主要集中在自由、人权、男女平等、宗教、经济、国字改良论及教育等方面，与西方思想文化的问题意识关系密切。其中对汉学批评最严厉的是福泽谕吉。他在明治五年(1872)出版《劝学篇》(学问のすゝめ)初编中把日汉传统学问批判为"不切人世实际的学问"：

> 所谓学问，并不限于能识难字，能读难懂的古文，能咏和歌和作诗等不切人世实际的学问。这类学问虽然也能给人们以精神安慰，并且也有些益处，但是并不像古来世上儒学家和日本国学家们所说的那样可贵。……所以我们应当把不切实际的学问视为次要，而专心致力于接近世间一般日用的实学……[②]

《劝学篇》由从明治五年(1872)到明治九年(1876)之间陆续出版的十七编构成，呼吁自由、独立、权理(权利)、同等(平等)等近代西方价值观，而批判汉学、国学等传统的价值观。根据福泽的自序，发行册书仅有初版，销量便超过20万册[③]，成为明治初期代表性的畅销书。

(三)国语国字问题

19世纪70年代的启蒙开化运动潮流中，出现了"国语国字问题"(即在日语

---

① 中村正直:《四书素读ノ论》,《东京学士会院杂志》第3编第2册,1881年。

② 福泽谕吉:《劝学篇》(修订版),群力译,北京:商务印书馆,1984年,第3页。

③ 福泽谕吉:《合本学问之劝序》,收录于岩波文库《学问のすゝめ》,东京:岩波书店,1942年,第9页。

中废止汉字，并采用假名或罗马字这一争论）。

明治二年（1869）5月，南部义筹通过松冈时敏向旧土佐藩藩主山内容堂提交《修国语论》说，“在学西方学上，唯知二十六之字，解文典之义，则无不可读之书”，强调罗马字的简单性，提出将日语改用罗马字书写。[①]明治五年（1872）4月，南部义筹还向文部省提交《改换文字之议》，提出罗马字论。[②]

明治六年（1873）11月，福泽谕吉发表《文字之教》，提出因为很难立刻废止日常使用的汉字，所以应该渐渐减少难识汉字的数量[③]。

如方光锐所指出，在《明六杂志》上热烈讨论国语国字问题，创刊后仅仅三个月便登载了四篇相关论文：西周《以洋字写国语之论（洋字ヲ以テ国语ヲ书スルノ论）》（第1号，1974年3月）、西村茂树《因开化之际，当发改文字之论（开化ノ度ニ因テ改文字ヲ发スベきノ论）》（第1号，1974年3月）、清水卯三郎《平假名之说（平假名ノ说）》（第7号，1974年3月）、阪谷素《质疑一则》（第10号，1974年6月）。[④]

19世纪80年代陆续出现了主张废止汉字、支持用假名书写的团体。1882年夏天成立了主张表音式假名写法的“伊吕波会”（いろはくわい）与“伊吕波文会”（いろはぶん会），后来二者合并成为“伊吕波文会”（いろはぶん会）。1882年7月，主张旧假名写法的“假名之友”（かなのとも）。后来“假名之友”（かなのとも）呼吁假名文字团体的团结，1883年7月各团队合并成立“假名会”（かなのくわい），皇族的有栖川宫威仁亲王就任初代会长。

19世纪80年代，罗马字论者也更活跃。1882年4月，矢田部良吉连载发表《用罗马字书写日本语之说》，主张在日语上使用罗马字[⑤]。1884年2～4月，外山正一连载发表《应该废止汉字》这一文章，6月发表《废止汉字兴盛英语是今日的当务之急》。[⑥]同年7月，外山正一发表《告罗马字主张者》，呼吁罗马字论的团

① 南部义筹：《修国语论》，收录于吉田澄夫、井之口有一编：《国字问题论集》，东京：富山房，1950年，第40～41页。

② 南部义筹：《文字ヲ改换スル议》，收录于西尾实、久松潜一监修：《国语国字教育史料总览》，东京：国语教育研究会，1969年，第20～21页。

③ 福泽谕吉：《文字之教》，收录于西尾实、久松潜一监修：《国语国字教育史料总览》，东京：国语教育研究会，1969年，第22～23页。

④ 方光锐：《明治期における国语国字问题と日本人の汉学观》，《言叶と文化》第10号，名古屋大学大学院国际言语文化研究科日本言语文化专攻，2009年，第187页。

⑤ 矢田部良吉：《罗马字ヲ以テ日本语ヲ缀ルノ说》，《东洋学艺杂志》第7号，1882年，第127～130页；《东洋学艺杂志》第8号，1882年。

⑥ 外山正一：《汉字を废すべし》，《东洋学艺杂志》第29号，1884年；《东洋学艺杂志》第30号，1884年；《东洋学艺杂志》第31号，1884年。外山正一：《汉字を废し英语を盛に兴すは今日の急务なり》，《东洋学艺杂志》第33号，1884年。

体，提出无论假名文字论还是罗马字论，应该打倒的“大敌”是汉字[①]。1885年1月，为响应外山的号召，外山正一、鸠山和夫、矢田部良吉、张伯伦（Basil Hall Chamberlain）等结成“罗马字会”，这成为日本第一个罗马字运动团队。

但是，在“假名会”（かなのくわい）、“罗马字会”等兴起的19世纪80年代前半期，对汉字废止论的批判也随之出现。比如，1884年三宅雄二郎《使假名军的猛将吃惊》、西村茂树《文章论》都批判假名文字论，[②]汉字废止论并不是日本人全体的意见。

（四）自由民权运动

1873年，由于对“征韩论”意见分歧，引发了明治六年政变，1874年下野的板垣退助、后藤象二郎、江藤新平、副岛种臣等结成爱国公党，批判萨摩、长州藩垄断枢纽的明治政府，提交“民撰议院设立建白书”要求开设民选议会（一般认为“自由民权运动”由此开始）。后来以欧洲传来的自由、平等、民权等概念作为框架，他们提出制定宪法、言论自由、集会自由、改正不平等条约、减轻地租等要求。除了城市以外，地方、农村也开始发行报纸、举办集会，非知识阶层、低收入者也开始参加，自由民权运动扩大全国各地。另外，明治六年政变时下野的江藤新平、西乡隆盛，与被解体的士族一起对明治政府发动叛乱，明治七年（1874）江藤新平发动“佐贺之乱”，明治十年（1877）西乡隆盛发动“西南战争”，但都被政府军镇压。武力改革失败后，许多人开始用集会、报纸、杂志等言论批判政府。但明治八年（1875），明治政府公布《谗谤律》《新闻纸（报纸）条例》，于明治十三年（1880）公布《集会条例》，禁止在讽刺画、报纸、集会等上的反政府性言论。

政府内部也热烈讨论开设国会的问题。明治十四年（1881），支持以德意志帝国宪法为基础保留君主大权的伊藤博文、井上馨与支持以英国式议会内阁制宪法为基础限制君主权的大隈重信冲突，结果后者被放逐（史称“明治十四年政变”）。同年，发布“国会开设之敕谕”，约定10年后开设国会。因此讨论国会的“蓝图”问题更活跃起来。1881年，日本第一个近代政党自由党成立，支持效仿法国一院制、推崇自由主义的板垣退助就任党首。1882年，立宪改进党成立，支持效仿英国君主立宪制、主张渐进主义的大隈重信就任党首。这种以西洋政治思想为基础的政治争论逐渐扩大到全国各地、各个阶层，持续到明治二十三年（1890）开设大日本帝国议会为止。

---

① 外山正一：《罗马字ヲ主张スル者ニ告グ》，《东洋学艺杂志》第34号，1884年。

② 三宅雄二郎：《假名军の猛将をして一惊を吃せしむ》，《东洋学艺杂志》第31号，1884年；西村茂树：《文章论》，《东京学士会院杂志》第6编第4册，1884年。

（五）19世纪80年代的欧化政策（鹿鸣馆时代）

19世纪80年代，时任外相井上馨为了推进治外法权等不平等条约的废除，积极推动欧化政策。比如，明治二十年（1887）7月9日井上馨提出的意见书中明确说："盖本大臣以为，应对之道惟在于使我帝国及人民化为欧洲人民。直言之，只在于在东方造出欧洲性新帝国而已。"①

井上馨推动的欧化政策的代表性的成果有鹿鸣馆与帝国酒店的建设。其主要目的在于向西方诸国宣传日本为"文明国"。1883年，在井上馨的计划下，鹿鸣馆开始建设。鹿鸣馆由担任工部大学校（东京大学工学部的前身）英籍教授、建筑师乔塞亚·康德（Josiah Conder）所设计的西式风格建筑，主要用于接待国宾、举办舞会等，亦举办过天长节（明治天皇的生日）庆祝会。明治二十年（1887）井上馨因未能废止不平等条约而辞职外相。从鹿鸣馆落成到井上馨辞职之间、由政府主导推行欧化政策的时期，被称为"鹿鸣馆时代"（1940年，鹿鸣馆被拆除）。

1888年，井上馨呼吁涩泽荣一、益田孝、大仓喜八郎等设立"有限责任东京宾馆会社"后，帝国酒店开始建设，并于1890年开业，直至现在。帝国酒店，主要为了外国客人住宿而设计的德国新文艺复兴风格的大型欧风宾馆（原建筑于1919年因失火而烧毁）。

二、"汉学衰退"这一认识与实际状况

如上文所述，中村正直回顾明治维新以后的官立公立小学说："往时的素读四书断绝了。"明治之前，汉学几乎未曾受到有力挑战。但是需要注意的是，中村正直作为汉学的支持者②，未免过于强调对汉学的批判意见，并不一定反映当时日本的实际状况。

实际上，明治初期教育的主流依然是汉学。神边靖光详细调查了从明治四年（1871）11月到明治五年（1872）9月之间向东京府提交的93件《明治五年 开学愿书》（东京府内的私塾开学申请书）的内容。根据神边靖光的调查，当时向东京申请的93个私塾内容包含：合科塾（教学复数课程的塾）31，汉学塾27，英

① 井上侯传记编纂会编：《世外井上公传》，东京：内外书籍，1934年，第913页。

② 比如，明治二十年（1887）中村正直发表《汉学不可废论》提出汉学教育的重要性，明治元年（1868）中村从伦敦回国后，对孩子不教汉学而教英学，但到了难的阶段就停止成长，所以后悔不教汉学就不能增强儿童的魂魄。中村正直《汉学不可废论》，《东京学士会院杂志》第9编第4册，1887年。后收录于中村正直：《敬宇中村先生演说集》，东京：秀英舍，1888年，第127～128页。

学塾16,医学塾6,独逸学塾3,书道(书法)塾2,皇学塾1,法学塾1,佛兰西(法国)塾1,舍密(化学)塾1,学科不明4。合科塾31当中包含的课程是:汉学15,数学14,英学11,皇学10,书道(书法)8,洋学8,医学7等。[①]根据明治四年之前向东京申请的52件《明治四年 开学愿书》,这些私塾内容包含:汉学23,英学14,医学5,皇学2,独逸语1,测量1,兵学1,学科不明5。[②]明治五年(1872)虽然日本公布"学制",但不能立刻在全国各地设置中学,所以暂时以汉学塾为私立中学,以洋学塾为私立外国语学校。[③]

这种状况在明治十五年以后也没有太大的变化。神边靖光调查在《明治一六年 东京府管内私立诸学校表》记录的明治十六年(1883)在东京所存在的397所私立学校的"学科":汉学201,数学45,英学40,习字(书法)28,簿记16等。[④]由此可知,明治四年至十六年(1871~1883)这一明治初期的阶段,东京的私塾或私立学校最多的依然是汉学系的。

显然地方的教育比东京更以传统汉学教育为中心。根据池田雅则的研究,1833年,铃木文台在长冈藩领粟生津村(今新潟县燕市)所开的长善馆[⑤],入塾生最多的是第二代铃木惕轩时代的19世纪80年代前半期。11~17岁的学生人数占到这一时期入塾生总数的八成,其中大部分是地主、医生、僧人等比较富裕家庭的孩子,虽然当时长善馆附近有中等教育学校,但长善馆的入塾数量不亚于周围的中等教育学校[⑥]。由此可知,从现在来看,历史未免过于关注明治政府自上而下的近代化教育政策,但实际上不仅是地方,首都东京对汉学教育的需求依然很高。

但从另一角度来看,明治维新后不到20年,研习英学、独逸学、数学、医学等西方学问蔚然成风,汉学则丧失了其在教育中的核心地位。像中村正直那样汉学支持者,无疑对那种状况持有危机感。

---

① 神边靖光:《明治初年东京府の汉学塾——〈明治五年·开学愿书〉を中心に》,生马宽信编:《幕末维新期汉学塾の研究》,广岛:溪水社,2003年,第259~268页。

② 神边靖光:《明治初年东京府の汉学塾——〈明治五年·开学愿书〉を中心に》,生马宽信编:《幕末维新期汉学塾の研究》,第268~270页。

③ 神边靖光:《幕末维新期における汉学塾——汉学者の教育活动》,生马宽信编:《幕末维新期汉学塾の研究》,第32页。

④ 神边靖光:《明治一〇年代の东京府の汉学塾——〈明治一六年·东京府管内私立诸学校表〉を中心に》,生马宽信编:《幕末维新期汉学塾の研究》,第319~330页。

⑤ 长善馆从明治十八年(1885)开始成为教学英学、数学的合科塾。

⑥ 池田雅则:《明治の汉学塾と青少年の教养形成——新潟县长善馆における文艺教育を事例として》,《国立青少年教育振兴机构研究纪要》第9号,2009年。

三、对西洋化的反动——重新评价儒学、汉学

(一)《教学圣旨》《幼学纲要》

如上文所述,西方的文化、思想、物质、制度等在明治初期的日本急剧推广普及。与此同时,传统的汉学、儒教式教育开始受到批判性的挑战。但随着西洋化运动的展开,社会上亦产生了对轻视传统文化的忧虑,明治天皇也是其中之一。

明治十一年(1878)从夏天到秋天,明治天皇巡幸东北、北陆、东海地区时,视察各地小、中、师范学校的教育状况。此时,明治天皇对教育上的急剧欧化与轻视东方文化的现状感到忧虑,回东京后便向侍补元田永孚(1818~1891)提出了这一问题。明治十二年(1879),明治天皇向参议伊藤博文、寺岛宗则降下《教学圣旨》。《教学圣旨》的实际的起草者是元田永孚。元田永孚,熊本人,号东野,11岁在熊本藩藩校时习馆学习,明治四年(1871)5月,受藩命就任明治天皇的侍读、侍讲。《教学圣旨》由《教学大旨》与《小学条目二件》构成。《教学大旨》全文如下:

> 教学之要,在明仁义忠孝、究智识才艺、以尽人道,此乃我祖训国典之大旨,上下一般所教也。然晚近专尚智识才艺,驰于文明开化之末,破品行、伤风俗者不少。所以然者,维新始首,以破陋习、广求知识于世界之卓见,一时取西洋之所长,奏日新之效,然其流弊在以仁义忠孝为后,徒竞洋风,将来恐终至不知君臣父子之大义,亦不可测。此乃非我邦教学之本意也。故自今以往,基于祖训之训典,专明仁义忠孝,道德之学以孔子为主,人人尚诚实品行,若然,各科之学随其才器日益长进,道德才艺本末全备,以布满大中至正之教学于天下,则我邦在独立之精神上可无愧于宇内。①

由此可见,《教学圣旨》与7年前颁布“学制”时发布的“太政官布告”的内容完全不同。“学制”的布告重视实学,并轻视汉学式道德教育,但《教学圣旨》反思明治维新以来偏重西方文化、轻视儒教(参见下画线部分)的倾向,宣布今后重视以儒教为主的道德教育(参见波浪线部分)。

另外,《小学条目二件》的第二条说如下:

> 去秋巡览各县季校,亲验学生之艺业,农商子弟所说多为高尚空论,甚至虽善洋语,而不能译之为邦语。此辈他日毕业归家,难就本业,且高尚空论,为官无用。加之夸耀其博闻,侮长上,妨碍县官者不少。是皆教学不得其道之弊害也。……②

① 山住正己主编:《教育の体系》,《日本近代思想大系6》,东京:岩波书店,1990年,第78页。

② 山住正己主编:《教育の体系》,《日本近代思想大系6》,第79页。

批判对象应该是支持、参加自由民权运动的全国农商子弟(参见下画线部分)。也就是说,明治天皇以及起草者的元田永孚因忧虑、畏惧受到西方思想、文化影响的自由民权运动,于是宣言在学校教育中引进儒学式的道德教育。

明治十二年(1879)9月,伊藤博文为对抗元田永孚的方针上奏《教育议》,批判汉学的学生喜爱空虚的政论,为了纠正之,提出应推动西方的学问(实学)。[①]但元田永孚立刻上奏《教育议附议》进行反对,认为儒教是自古以来日本的核心道德,提出以此为国教,强调其道德教育的重要性:

> ……其伦理风俗的良书读本者,虽西方之修身学亦有之,然要而言之,无过《孝经》《论》《孟》《学》《庸》《诗》《书》。……
>
> ……本朝琼琼杵尊以后,至钦明天皇以前,凝结敬其天祖之诚心,加以儒教,非祭政教学一致、仁义忠孝上下者,以史可证,今日之国教无他,亦其复古而已。[②]

后来元田永孚受明治天皇的敕命,于明治十三年(1880)撰写《幼学纲要》的初稿,明治十五年(1882)完成,明治十六年(1883)颁布给全国学校与一般国民。《幼学纲要》是以儒教为基础的面向儿童的道德教本。《幼学纲要》全3册7卷,由"孝行""忠节""和顺""友爱""信义""勤学""立志""诚实""仁慈""礼让""俭素""忍耐""贞操""廉洁""敏智""刚勇""公平""度量""识断""勉职"的20个德目构成,引用四书五经、《孝经》等书中的文句,多用插画,列举中日的道德性故事进行解释。

《幼学纲要》于明治十三年(1880)颁布全国,同年,福泽谕吉的多种著作被政府认为不符合小学教材的标准,予以禁用。明治十四年(1881),儒学家不参加检定考试即能获得修身科的教师资格[③]。由此可知,刚开始引进近代学校制度时,日本明显重视西方实学,而轻视儒教的道德教育,而在自由民权运动高峰期的1878年前后,明治天皇、元田永孚等开始重视儒教式道德教育,这一转向立刻被反映在学校教育之中。

(二)斯文学会的设立

明治十三年(1880)2月,经岩仓具视(1825~1883)与谷干城(1837~1911)、川田刚(1830~1896,号瓮江)、重野安绎(1827~1910,号成斋)共同商定,在报纸上登载斯文学社的"开设告文"招募会员,共招募会员1500余名,并获得了有栖川宫威仁亲王、太政大臣三条实美、右大臣岩仓具视的金钱支援,斯文学会于

---

① 山住正己主编:《教育の体系》,《日本近代思想大系6》,第80~83页。

② 山住正己主编:《教育の体系》,《日本近代思想大系6》,第83~86页。

③ 二松学舍百年史编集委员会编:《二松学舍百年史》,东京:二松学舍,1977年,第122页。

同年6月正式成立。[①]

斯文学会的“开设告文”并不强调西方文化、学问的问题点而主张汉学振兴。此文承认明治维新以后对西方文化的接受有益于发展，也批判汉学家的“自大”“徒玩虚文”“不图实益”的态度，并强调汉学与西方学问并不冲突，因此主张汉学、儒教的“匡济”“振兴”。[②]但是明治十三年(1880)6月，川田刚在创立会上朗读的《斯文会记》，明显充满了对西方文化、思想流行而传统汉学、儒学思想衰退的现状的悲叹(原文是汉文，只有句号)：

> ……我邦文字，传自汉土。人智由是开，伦理由是明，工艺由是兴，文物制度由是立，则其学之为必要，固不待论。而学者往往胶柱刻舟，不达时务，以中兴以还。采用洋学，海内靡然，舍鸟迹而讲蟹文。然一利所在，一弊随生。道德变为功利，敦厚化为轻浮，俭素移为华奢。语政体，则不曰立君，而曰共和。语教法，则不曰周孔，而曰耶苏。语伦理，则不曰夫唱妇随，而曰男女同权。呜呼彼不辨国体土俗之同异。唯新之趋，与夫迂儒泥古者，均非圣贤实学之旨也。……[③]

虽然此文同时批判了“泥古”的儒士，但批判的重点明显还是在当时流行的自由民权运动上。

明治十四年(1881)3月，斯文学会开始一周两天举办讲座，刚开始时的讲师与讲座内容是：根本通明(号羽岳)《周易》、三岛毅(号中洲)《孟子》、鹫津宣光(号毅堂)《书经》、岛地默雷《庄子》、广濑范治(号青邨)《诗经》、冈松辰(号瓮谷)《论语》、中村正直(号敬宇)《八大家文》、小中村清矩(号阳春庐)《令义解》[④]。

明治十六年(1883)，斯文学会从宫内省借得东京麹町的土地从而设立“斯文黉”。除了增加《中庸》《孝经》《周礼》《孙子》《韩非子》《文章轨范》等课程以外，再加法律学、数学、英学、独逸学等西方学问的课程[⑤]。但由于1882年、1885年、1889年三次遭遇火灾之后学生减少，终于在明治四十三年(1910)停办。[⑥]

---

① 山本邦彦:《斯文学会时代の回顾(二)》,《斯文》第8编第5号,1926年;斯文会编:《斯文六十年史》,东京:斯文会,1929年,第219页。

② 斯文会编:《斯文六十年史》,第220页。

③ 山本邦彦:《斯文学会时代の回顾(二)》,《斯文》第8编第5号,1926年;斯文会编:《斯文六十年史》,第221～222页。

④ 斯文会编:《斯文六十年史》,第227页。

⑤ 陈玮芬:《「斯文学会」の形成と展开——明治期の汉学に关する一考察》,《中国哲学论集》第21号,福冈:九州大学大学院,1995年,第93页。

⑥ 丁世絃:《斯文会と经学院における汉文教育、教化活动》,《文化交涉　东アジア文化研究科院生论集》第4号,大阪:关西大学,2015年,第224页。

(三)古典讲习科的设置

根据明治十二年(1881)时任东京大学总理的加藤弘之的建议,东京大学于明治十五年(1882)5月在文学部内设置“古典讲习科”,同年9月开始招生。本来这是(日本的)国书、国学专业的教育机关,但明治十五年(1882)11月东京大学总理代理的池田谦斋对文部省要求设立汉学专业的讲习科说:

> 本邦古典研究之事,自有必要之处……支那古典,虽未有如本邦古典学衰微,然而今日少年深入从事研究者无之,只受一时讲习者多有之,是亦今日之老儒硕学渐渐死亡,实继承其业者绝无之状况,若与本邦古典同样未有官方之保护,则无有维持之方法……[①]

由此可知,设置古典讲习科的动机是由于近年日中古典研究衰微、传统学问将要断绝这一现状所产生的危机感。

明治十六年(1883)2月,文部省设置“支那古典讲习科”。国书(日本古典)教育的“古典讲习科”改称“甲部”,“支那古典讲习科”改称“乙部”,明治十六年(1883)9月“古典讲习科乙部”的第一期学生入学,明治十七年(1884)9月第二期入学。但是明治十八年(1885)古典讲习科停止招募学生,明治二十一年(1888)最后的学生毕业后被废止。虽然只有二期,但古典讲习科乙部涌现出诸多汉学研究领域的硕学,比如第一期学生:市村瓒次郎、林泰辅、冈田正之、泷川龟太郎;第二期学生:岛田钧一、儿岛献吉郎、山田准等。[②]古典讲习科乙部的教师:小中村清矩(法制)、冈松甕谷(诸子)、内藤耻叟(史学)、三岛毅(诸子、法制)、川田刚(诸子)、重野安绎(诸子)、岛田重礼(史学、经学)、中村正直(经学)、秋月悌次郎(经学)。

(四)明治初期汉学系私塾的设立与再兴

如上文所述,虽然英学等西方教育、学问在明治初期急剧普及,但教育的主流依然是汉学。明治五年(1872)“学制”发布后依然新设、再兴了许多汉学塾,其中最具代表性的有泊园书院、闲谷精舍、二松学舍。

泊园书院是藤泽东畡(1794~1864)于江户后期的文政七年(1824)在大阪开设的汉学塾,庆应元年(1865)由藤泽东畡之子藤泽南岳(1842~1920)继承。庆应四年(1868)书院一时关闭,但明治六年(1873)在大阪再兴。藤泽黄鹄

---

① 斯文会编:《斯文六十年史》,第237页。

② 关于古典讲习科的设立和废止的过程问题,参见斯文会编:《斯文六十年史》,第232~247页;藤田大诚:《明治国家形成と近代的国学构想——古典讲习科の展开、终焉と国学院の成立》,《明治圣德记念学会纪要》复刊40号,2004年。

(1874～1924)、次子藤泽黄坡(1876～1948)相继主持书院,今为关西大学的源流之一。20世纪以后主导"汉学复兴"运动的牧野谦次郎(1863～1937)便是藤泽南岳的学生。

闲谷精舍源自冈山藩主池田光政于江户前期宽文十年(1670)创建的民间学校"闲谷学校"。闲谷学校在明治三年(1870)9月关闭,但受旧冈山藩藩主池田庆政的金钱支援,并招聘汉学者山田方谷,于1873年2月改称"闲谷精舍"再兴。山田方谷培养了许多弟子,主要有河井继之助(1827～1868)、川田刚、三岛毅(1831～1919,号中洲)等(但他们都不是闲谷精舍时代的弟子)。

二松学舍,明治十年(1877)由三岛毅在东京麹町开设,是今日本二松学舍大学的前身。天保十四年(1843),三岛毅14岁时,在山田方谷于备中松山(现在的冈山县高梁市)开设的私塾牛麓舍入塾,17岁担任牛麓舍的塾长。维新以后在司法省工作,也担任过新治(现在的茨城县土浦市)裁判所长(法官)。三岛辞去司法省的工作后,于1877年9月与中村敬宇、重野安绎、川田刚、鹫津毅堂、阪谷朗庐、川北梅山、南摩纲纪等一起创办"经国文社"。以此为基础,于同年10月份创立二松学舍。三岛毅在开设二松学舍时撰写《汉学大意》说:

> 汉学之目的在治己治人,为一世有用之人物,……今洋学大行,其穷理法律技术等精密之处,非汉学所能及。苟志于有用之学,亦可兼学洋籍矣。[①]

由此可知,二松学舍基本上是汉学塾,但同时兼学西方学问。当时,二松学舍的开设被人视为"汉学再兴的热潮"的象征之一,明治十一年(1878)4月2日《读卖新闻》在题为《汉学再兴的机运——三岛中洲的外塾》的报道中说:"最近衰退的汉学又流行起来,约200人来三岛中洲先生的地方学习……"[②]二松学舍人才辈出,主要的入学生有中江兆民、夏目漱石、犬养毅、平冢雷鸟、嘉纳治五郎等。

(五)"汉学复兴"以外对西方化的反动

19世纪八十年代开始的对急剧西方化的反动,从广义上可以说是"固有文化、学问的再评价""保守主义"的抬头,"汉学复兴"只不过是其现象之一。当时,除了"汉学复兴"以外,还出现了推崇神道、支持国粹主义、反基督教等现象。下文举几个例子:

(1)明治十五年(1882)4月,受兼任伊势神宫祭主的久迩宫朝彦亲王的命令,三重县伊势神宫林崎文库创立了培养神官的神宫皇学馆(二战后被废止,但于1962年恢复为今皇学馆大学)。

① 三岛毅:《二松学舍舍则》,东京:二松学舍,1879年,第4～5页。

② 《读卖新闻》,1878年4月2日。

(2)明治十五年(1882)11月,在东京饭田町设立皇典研究、培养神职机关的皇典讲究所(今国学院大学、日本大学、近畿大学等的源流之一),有栖川宫帜仁亲王受明治天皇的圣旨就任初代总裁。明治十五年(1882)9月,皇典讲究所发布说明其设立主旨的《告文》,《告文》批判偏重“术艺”、轻视“道德”的潮流,节引如下:

> 文明之化立术艺成道德。术艺尚新,道德要不变。新者易进,不变者难竞。是以虽术艺日无不讲明,而道德年加湮晦者,宇内通弊也。就中,我皇国之国体,离道德则一日不可立,苟我国人者,尤此不可不猛省。
>
> ……是以本年有新设立皇典讲究所之举。募集全国精英少年,专讲明国典,使修习礼乐,巩固其心志,涵养其德性,兼以汉洋之学、武技体操之术,博其才识,养其元气,以陶冶国家有用之人物,保维国体于万世无疆,建立发扬皇道于四裔之外之大基础[①]。

(3)1887年4月,西村茂树发表《日本道德论》(1886年12月的演讲内容),忧虑极端的欧化潮流,主张以传统的儒教为基础,兼采西方学问,同时排斥基督教与佛教。根据西村茂树的回顾,其演讲的动机在于批判伊藤博文内阁推动的制度、风俗的欧化政策[②]。西村茂树发表《日本道德论》后不久,便于1887年9月把自己设立的“日本讲道会”改组为“日本弘道会”,并出版《弘道会杂志》。

(4)1888年4月3日(神武天皇祭的日子),忧虑急剧西方化的井上圆了、加贺秀一、岛地默雷、辰巳小次郎、棚桥一郎、三宅雄二郎(雪岭)、志贺重昂、松下丈吉、菊池熊太郎、今外三郎、杉江辅人设立政教社(1890年以后的中心人物是三宅雪岭),出版《日本人》杂志(1902年以后称《日本及日本人》)。谷干城、杉浦重刚支援资金,杉浦重刚还在《日本人》发表文章。如中野目彻所指出[③],根据棚桥一郎的回顾,1887年5月左右,即政教社创立并刊发《日本人》一文的前一年,井上圆了、三宅雪岭、辰巳小次郎、加贺秀一、棚桥一郎等日后政教社的中心人物曾相聚在井上圆了设立的哲学书院出版社二楼,当时有过如下对话:

> 大概是我说出的:“外国迷那样盛行实在没办法,但怎么也要想办法矫正之。”……大家当然都赞成了。谁说那就出版一个杂志吧。这也很好。大家都赞成了。[④]

由此可知,设立政教社的动机包含对于日本急剧西方化的担忧。政教社的主要成员主张的内容虽各有不同,但共同的基础的路线是咀嚼西方文明并保持“国

① 皇典讲究所编:《皇典讲究所五十年史》,东京:皇典讲究所,1932年,第30～31页。

② 日本弘道会编:《增补改订西村茂树全集》第4卷,京都:思文阁,2006年,第472页。

③ 中野目彻:《三宅雪岭》,东京:吉川弘文馆,2019年,第58～59页。

④ 棚桥一郎:《井上圆了博士を语る》,《思想と文学》1936年3号,东京:思想と文学发行所。

粹”的“国粹保存主义”。志贺重昂在《日本人》第2号发表的《告白“日本人”怀抱的旨义》中定义“Nationality”的翻译的“国粹旨义(主义)”,后来不仅日本,中国、韩国也普及了“国粹”这一词[①]。

(5)1888年2月11日(大日本帝国宪法发布的日子),日本新闻社发行报纸《日本》(社长、主笔是陆羯南),批判过度的欧化主义,宣扬“恢复国民精神”。《日本》创刊辞提出如下主张:

> 无论个人或国民,苟备自立之资者,必先保其毅然不可侵之本领。近世日本失其本领,自弃固有事物之极,殆全国民众将归化泰西,日本一岛渐沦为舆地图上悬之空名。……日本国民如在旋涡之中而失其根据,《日本》自百折不摧,救飘摇之日本,期为日本之安固,必先恢复日本一旦忘失之国民精神,且发扬之,以此自任。[②]

另外,与政教社相同,谷干城与杉浦重刚还对日本新闻社进行资金支援。《日本》同时批判藩阀政治,因此从1888年到1897年之间22次被政府处分禁止出版。

(6)19世纪80年代出版了许多反基督教的著作。比如,1885年东京大学文学部哲学科刚毕业的井上圆了发表《破邪新论》,后来陆续发表《耶稣教的难目》(1885)、《真理金针》(初编、续编、续续编,1886～1887)、《佛教活论序论》(1887)等批判基督教。另外,这时期出版的反基督教的著作有渡边玄秀编《天耶教十条诚评破论:一名·破耶活眼》(1887)、鸟尾小弥太《真正哲学:无神论》(1887)等。

结语

大约以明治十年(1877)为界,此前的日本政府一直积极推动西方化进程。明治五年(1872)政府发布“学制”重视实学,并轻视传统汉学与儒教式道德教育。福泽谕吉等轻视、否定传统教育,许多人在国语国字问题上甚至主张用假名文字、罗马字写日语。但即使在这样的环境下,汉学教育依然是私塾中的主流。

而在启蒙开化运动、自由民权运动高峰期的明治十一年(1878),明治天皇的巡幸成为西化教育的转折点。通过巡幸中的所见所闻,明治天皇对教育上偏重西方的潮流产生了忧虑,这与元田永孚复兴儒教式教育的企图殊途同归。明治十二年(1879),明治天皇将《教学圣旨》颁给伊藤博文等人,并于明治十六年(1883)颁给全国学校与一般国民。至此,政府通过义务教育开始介入各个青少年的内面道德。同期还陆续设立汉学、儒教的教育机关。明治十三年(1880)6

① 志贺重昂:《“日本人”が怀抱する处の旨义を告白す》,《日本人》1884年第2号,东京:政教社;收录于《志贺重昂全集》第1卷,东京:志贺重昂全集刊行会,1927年,第15～18页。

② 《创刊之辞》,《日本》1888年2月11日。

月成立的斯文会,明治十五年(1882)在东京大学内创办古典讲习科。1877年设立的二松学舍也可以说是趁“汉学复兴”潮流而设立的。

1881年7月9日,朝鲜赴日本考察的“朝士视察团”成员崔成大与三岛毅会面并进行笔谈。三岛毅提出道德采用儒教、技术采用西方的“取长舍短”的想法,但崔成大表示反对说:“其长其短固在我之如何取舍,何庸取法于西人乎?在昔曒世未闻取长于西也。”三岛回答说:“明治初政,矫枉甚过,遂心醉西制,百事模效之。今则稍悔之,是汉学之所以再兴也。于是始有取长舍短之论。”[①]可知三岛毅认为明治初年日本心醉西方学问,但现在为止方才后悔,开始复兴汉学。这种认识的确可以说是一面的事实。

后来,政府借19世纪八十年前后开始掀起“汉学复兴”热潮的机会,在国民教育中加强、普及汉学与儒教式道德教育。1890年,地方长官会议再次提交有关道德教育问题的提案,批判历来对知识教育的偏重,要求增加对道德教育的重视,会议通过《关于道德涵养的建议》(《德育涵养の义に付建议》)。因此在内阁总理大臣山县有朋、文部大臣芳川显正的主导下,芳川显正指名要求中村正直拟定《教育敕语》的草案。后来,井上毅又听取元田永孚的意见对草案进行了多次修改。1890年10月30日,内阁总理大臣山县有朋、文部大臣芳川显正正式颁布了《教育敕语》。《教育敕语》全文如下(原文是日文,以下为译文):

> 朕惟我皇祖皇宗肇国宏远,树德深厚。我臣民克忠克孝亿兆一心,世世济其美,此我国体之精华,而教育之渊源亦实存乎此。尔臣民孝于父母、友于兄弟、夫妇相和、朋友相信、恭俭持己、博爱及众、修学习业以启发智能、成就德器。进广公益、开世务,常重国宪、遵国法。一旦缓急则义勇奉公,以扶翼天壤无穷之皇运。如是者不独为朕忠良臣民,又足以显彰尔祖先之遗风矣。斯道也,实为我皇祖皇宗之遗训,而子孙臣民之所当遵守。通诸古今而不谬,施诸中外而不悖。朕庶几与尔臣民俱拳拳服膺、咸一其德。

《教育敕语》多用“忠”“孝”等儒家观念,也借用“世济其美”“友于兄弟”“拳拳服膺”“咸一其德”等儒学经典词语,将“天壤无穷的皇家”这一观念公式化,要求天皇的臣民通过“忠孝”实现“亿兆一心”的国民融合,并将其视为“国体之精华”。又将“国体”定位为“教育之渊源”,把“一旦缓急则义勇奉公”这种为国家服务的极权主义观念编入到道德教育之中。

1891年9月,井上哲次郎出版了注解《教育敕语》的《敕语衍义》。虽然《教

① 《三岛中洲、川北梅山、崔成大笔谈录》,1881年7月9日,二松学舍大学所藏,见日本汉学画像数据库,https://www.nishogakusha-kanbun.net/database2/7099/。

育敕语》颁布之后有各种注解本[①]，但《敕语衍义》经《教育敕语》的起草者之一的中村正直审阅，并由文部大臣芳川显正作序，在某种意义上可以说是官方的注解本。《敕语衍义》卷上对于“尔臣民孝于父母”解释如下创造“天皇（父母）—臣民（子孙）”这一“一家”观念：

> 国君之于臣民，犹如父母之于子孙，一国为一家之扩充，即一国之君主指挥命令臣民，无异于一家之父母以慈心吩咐子孙。故今我天皇陛下对全国呼唤“尔臣民”，则臣民皆应以子孙对严父慈母之心谨听感佩。抑子对父母感到一种特别之亲爱，本由于有其骨肉之关系而起，全出于自然之情，即子身是父母所生，父母乃是己之所由出也。故孝于父母者，其必然之势也。……[②]

众所周知，此前的日本并不存在把天皇和一般的老百姓直接结合的观念。但至此，一种超越国民身份、地域等差异，将天皇与国民紧密联系在一起（以血族关系来类比）的观念被创造了出来。于是天皇对臣民的“指挥命令”被认为是“以慈心”发出的“吩咐”，同时要求臣民对天皇抱有“一种特别之亲爱”和“出于自然之情”的“孝”。

后来，井上哲次郎在明治三十二年（1899）出版的《增订敕语衍义》中，在“一家”观念上再加“古传说”这一时间观念。在“一旦缓急则义勇奉公”的注中说：

> 日本民族自同一古传说引其系统，数千年来住居同一国土，有同一言语、习惯、风俗、历史等，曾以他民族来无混入成为蜻蜓洲（注：日本的别称）之首尾所盘曲的一大血族，是以属于同一日本民族者如大家族中之人，相互有血族关系，如此关系求而不可得，自然发达之关系。[③]

由此创造出自古传说时代延续下来的作为父母的天皇与作为其子孙的臣民的关系：“古传说”→“天皇（父母）”→“臣民（子孙）”。这一观念，即时间与空间紧密结合的“自古传说”以来的“一大血族”“大家族”这一日本独特的国体思想体系。

① 根据《教育敕语关系资料》，从《教育敕语》颁布的1890年10月30日到1891年11月约1年的时间内，出版的《教育敕语》注解书共有17册（包括井上哲次郎《敕语衍义》）。日本大学精神文化研究所编：《教育敕语关系资料》第1集，东京：创文社，1974年，第1～559页。

② 井上哲次郎：《敕语衍义》上卷，东京：哲眼社等，1891年，第10～11页。

③ 井上哲次郎：《增订敕语衍义》下卷，东京：文盛堂、文魁堂，1899年，第93～94页。

光绪三十四年“二辰丸案”所见晚清海权观念的演进

王日根*

摘　要：光绪三十四年，日本二辰丸号商船被广东地方查扣，引起日方交涉，两广总督张人骏运用国际法准则，与日方进行了有理有节的斗争，体现了中国南方官员海权意识的增强及对国家利益的维护，但清廷囿于对国际形势的不理解，财力投入不足，多取苟安和息事宁人的对策，丧失了自我维护的能力。因此我们可以从二辰丸案中看到晚清时期虽然海权意识在增强，但维护国家海洋权益的能力却在减弱，遭受凌夷的程度还在不断加深。

关键词：二辰丸案；张人骏；清廷；海权观念

一、事件的缘起

光绪三十四年(1908)正月初六，日本“二辰丸”号商船停泊在九洲洋中国海面，广东水师吴参将及其余官员带领水兵20余名，上船查验，验出船上装有枪二千余支，码四万。因无中国军火护照，将船械暂扣。按照清律，应将船货入官，遂拖船到黄埔。

这事立即引起日本驻华使节林权助的强烈反应，致电外务部，提出抗议，声辩该船是因为当天海面浪大，潮水不顺，本是要航行至澳门卸货的，出于客观原因暂泊九洲洋海面，他对中国水师上船查验并扣留船只表示不满，且对水师撤去日本国旗，代以中国国旗表示抗议。另外指责水师官兵擅入船上机器房，有

* 王日根，厦门大学历史系与文化遗产部教授、中国经济史学会理事、中国社会史学会理事、中国炎黄文化研究会科举专业委员会常务理事、中国文物学会会馆专业委员会副会长。

种种放纵行为。他声辩说：该船并未在中国领水卸货，其所载虽多为军械，而系运澳之物，曾经由该口葡官允准。他强调该船绝不是在中国领海私走者。对于是否属于中国领海，他强调要重行精测，假如属于中国领海，在遭遇风浪情况下仍可躲避寄碇，不应阻碍。他认为拖走扣留该船是中国方面违约，“若其撤去本国国旗，尤为狂暴。至执军械之水兵闯入船舱，窃去货物一事，举动野蛮，令人骇异。兹本大臣基于本国政府之电训，对于贵国官宪之暴戾不乏提出抗议。并望贵国政府迅即电饬该地方官速放该船，交还国旗，严惩所有非法之官员，并陈谢此案办理不善之意，以儆效尤”①。

二、围绕国际法展开的海洋权益之争

日使的态度咄咄逼人，一副维护自我权益的架势。两广总督张人骏给予了有理有节的回应。首先“正月初四日并无风波，该日船在中国水面停泊，自早十点至晚六点，经八点钟之久，是日下午三点，海潮最高，何不趁此时起碇赴澳，竟在该处预备起卸，并由关员及缉捕轮船巡弁上该日船询明，船主确运有军火，将行起卸，直认不讳，始将该船扣留，自应照关章会讯分别办理。查同治十三年五月，虽有英轮由新加坡领有坡督准状，至海南洋面私贩，由本省巡船拿获到省充公一案，事同一律。敝处以海关监督之权，赤税司照关章会讯，秉公分别查明办理，最为和平正当。总之，该船应否释放，或应充公，费会同查讯后不能决断。应请钧部照请日使，转饬广州日领遵办”②。这表明张人骏并没有被日使咄咄逼人的架势所吓退，他的行事举动都有法律依据，从他的言语中可见日使实存在强词夺理的问题。

事态的发展又加入了葡使的因素，正月十七日葡使致电外务部，指出“该船被拿，有违葡国所领沿海权，并有碍葡国王权，阻害澳门商务”。且武断地驳斥说：“此事仅系因中国兵船管带官才短，不明职守，因该轮船不应在葡国所领海面捕拿，本署大臣定望贵爵迅速转饬，即刻释放，以便该船随便前往所拟往之处为荷。”③这显然是日本人背后活动，拉租借澳门的葡萄牙人出面，以求摆脱困境。

但是两广总督张人骏于当日就给外务部回复。日船所停泊区域明确属于中国领海，船主在此情况下“始有邀该游击到船上卧房行贿、请释之事”。这事有多人在场见证，不容抵赖。说到更换旗帜之事，当时因有葡国兵船过来，清朝水师为避免葡国兵船恃强干涉，与船主商议，得到船主认可后才更换的。张人

① 王彦威、王亮编，李育民等校：《清季外交史料》（光绪朝）卷二一〇，北京：书目文献出版社，1987年，第1～2页。

② 《清光绪朝中日交涉史料》卷七三，北京故宫博物院1932年编印，第7～8页。

③ 《清光绪朝中日交涉史料》卷二一〇，第5页。

骏继续坚持自己的立场，且援引同治十三年，拿获英船在海南走私中国蓬州巡轮曾发炮击其柁桅，拘带到省会，讯后断令充公，英国并无异说。张人骏认为："此次对待日商船，实更和平，且不遽照条约即将船货充公，仍照关章会讯分别判断，尤为正当办法。日人何能独异。本日派魏道瀚、温道宗尧往晤日领商办。"张人骏认为日人"强词抵制，意图含混恫喝，似宜坚持会讯办法，免堕狡计"。他强调："现在两粤盗匪充斥，接济匪械多由外洋转运。此案倘被狡脱，日后商船畅运军火，势必不敢查缉，为患无穷。"因此"除已电驻日李使，与日外部据理交涉外，务请钧部妥商日使，转饬日领照章会讯"。[①]表达了坚持原则的自信和魄力。

正月十九日，两广总督张人骏致电外务部，确认二辰丸船停泊在中国九洲洋海面，"该处为洋关缉私轮船巡缉界内，葡使称为'葡领海面属实'，属强词。应请大部坚持驳拒，候讯明分别办理"[②]。张人骏凭借自己对相关法律制度的熟谙掌握，与日使斗争的态度更加坚决。

日使反复纠缠的是，该船"有澳门政厅准单，日本税关亦给凭准，决不能为私运。九洲洋，即属中国领海。该轮开往澳门在该处停泊，并未起卸，粤省用水师强拿，擅下日本国旗，竟似战时捕获举动。断不能照关章会讯，务请电致粤督，将该轮速行释放。并须要求陈谢擅下国旗一节。若扣留愈久，则将来赔偿愈多等语"，对于这些无端的恫吓和威胁，清外务部和两广总督张人骏都并不畏惧，觉得"水师本有助关缉私之责，此事该省早得密报，恐有匪人混入该轮，故添派水师以备不虞，不能以捕获之例附会。换下旗章一节，当将前次来电之语，剖晰告知。嗣据裴署总税务司称：当时由关员会同水师查询时，关员本拟俟军械起卸后，将驳船扣留，现既将该轮扣留，论理自当照关章会讯。惟当初办法未免稍骤，以致日人有所借口，若日使坚不肯会讯，或将日船先行释放，只将军火扣留商议，似易结束"。[③]清廷想与张人骏商议"将日轮先行释放，只扣留军火，再议办法"。清政府似有息事宁人的态度。

这时使日代表李家驹传回日方态度：(1)该船所载军火确系运往澳门，领有神户税关及澳门进口准单，绝非私运；(2)该船停泊之处属葡国领海，经葡国声明；(3)华官谓该船长承认起卸，并无凭据。概括而言："清国主持之说全属无理，乃妄用兵舰拘船甚为不合，加之撤换船旗尤属侮辱。惟从速将船释放，赔偿损失，惩办华官。否则迁延愈久，责任愈重。恐有意外之嫌，务请贵公使将此意见电达政府。顾念邦交，照此迅结。"李家驹觉得日方"专持一面偏词，而置事实于不顾，甚至以我所举事实为无据，自非照章会讯不可。若不肯会讯，即系情

① 《清光绪朝中日交涉史料》卷七三，第9～10页。

② 《清光绪朝中日交涉史料》卷七三，第11～12页。

③ 《清光绪朝中日交涉史料》卷七三，第17～18页。

虚。且此案本应就地讯结，不得遽涉国际。当将要领提出依序说明：一、该船停处是否中国领海，自有中葡两国约章可据，不能由日本武断；二、该船长承认起卸，对证自明；三、既在中国海面卸货，而无承购凭照，即应照章扣留候讯。至彼谓决非私运各情，尽可申辩。然不得谓华官扣留之不法也。以上情节一经证明，曲直自见。至撤换船旗，是否侮辱，自有法律可援。现暂不必牵及此，驳斥之大略也。”李家驹在给外务部的电文中还分析了日本如此强词夺理的原因在于：“彼国近以对清外交不振，攻诋当局甚力。彼等以不安于位为虑，故近来反竞出强硬手段，以谢国民。观于此，必不肯会讯。径向北京交涉，并有遣舰赴粤夺还该船之说，其欲肆强权已可概见。”[①]

第二天（正月三十），粤督张人骏致电外务部，确证日船在中国海面停泊起卸，适用中国法律的“私运”情形。经查实，这些枪支“实系澳门广和店华人谭璧理等购以济匪，葡领来文，亦经声明该枪并非澳官所购，况辰丸吃水深不能到澳埠，约章关章经纬海界，通商各埠海线深浅，应该船主所稔知，是其由日起已蓄意由中国海面卸货图利济匪，毫无疑义。且汽笛鸣而葡军即出盘艇旋来，非预备接卸有意在中国水面运送违禁军火而何？当时将其原船连货带回，系由巡弁商允船主，曾经船上华日两国搭客哗责。该船主无词，始听九龙税司雇到引水英人带入虎门内斜西河面，实与强拿有别，至暂易龙旗系为抵制葡兵轮不测举动”[②]。这里提出了日本方面无法辩解的几方面证据，认定这批军火是试图走私给内地匪类的，事先已做好了一切铺垫，包括假借遇风，停泊九洲洋中国海面，乘便卸货，船鸣号即有葡军出动，也都是事先策划好的，加上船的吃水深度远远超过在澳门停泊的允许深度，可见日船的这次行动的非法性质。税务司的裴税司力图从中调解，但张人骏认为：日领事一味强词夺理，盛气凌人，让人不愿意对其通融，并认为“日人狡诈，不知大体，该船释后，恃无质证。又肆要索，恐意中之事”[③]。张人骏身在与日交涉的第一线，对日人的行径已有所认识。

到了二月初二，张人骏致电外务部，说日方的态度更加强硬，已采取了针锋相对的态度，强调“我国海关缉私权所及，向来澳关贩运烟膏出口在该处装载轮船必须中国拱北关核给准单，关权所至即我国领海铁证，况葡人驻澳本无领海界址，并未查定何有葡领之说”[④]，认为“在我占理已足，日使不应再有违言”。张人骏的强硬态度是建立在占理基础之上的，给日方无可辩驳的空间。

这一日，日使林权助与中堂那桐会见。双方商讨，那桐提出三点意见：(1)先将第二辰丸释放，另行具结候查；(2)军火先行扣存，俟查明后另行核办；

① 《清季外交史料》卷二一〇，第14～15页。

② 《清季外交史料》卷二一〇，第16页。

③ 《清季外交史料》卷二一〇，第16页。

④ 《清季外交史料》卷二一〇，第17页。

(3)下旗一节，俟查明究系何人错误，酌量办理，以表歉忱。但林权助仍然不予答应，且继续威胁那桐，并诡词狡辩，那桐认为：日方太过盛气凌人，我们已经做到了以最大诚意求得和平解决的最大让步。

三、张人骏的严正立场与清廷的被动应对

《清季外交史料》显示：道光季年葡人私占西隅之地，中国迄未认为葡属。按照粤省来图，绘入葡占界内者也，地段甚小，即以十三年约文言之，其所称现时情形不得改变一节，亦仅指过路湾西角一隅而言，日船系在过路湾迤东扣住。据海关洋图距葡占迤西之地相隔太远，其为中国领海无疑。[①]张人骏继续坚持强硬态度，希望清廷能挺起腰杆。

但清廷总是显出息事宁人的软弱，外务部要求张人骏将换旗和扣船分别处理，要求就换旗做出道歉，对办事失当员弁加以惩戒。[②]

第二天即二月初四，粤督张人骏便回电外务部，强调："二辰丸事应付将穷，两粤治匪益难着手。自西南盗案，西邻责言，英舰横来，捕权几失。钦防匪炽蔓草将滋，加以各属报劫，殆无虚日。查粤中盗匪专恃枪械，得械则张，失械则伏。寻常毛瑟、拗兰短枪值仅数元，购来资盗资匪，动值十余元、数十元不等，利市十倍，奸商设肆倚澳门以为薮，自改章整顿缉捕以来，特于私运私贩军火一节悬重赏，立严法，通饬文武尽力查缉。前查香港英督来督署晤谈，优礼敦言，与相晋接，幸得商允，由港严禁军火运澳，即法人于查匪搜械，亦竭力相助。即如驱逐孙汶，接章交犯等事是其明证。数月以来，所属各江劫掳之案虽未尽绝，已减少十之六七。钦防一带前往缉获军火两船以后，匪事渐就枚平，年内各处报纸遂有由东洋购济匪械之说。现在案经缉获，确系居澳华商私贩，征诸已事，证以探闻，显系遁饰。日本与国，理应秉公办理，乃出其强权，甘作野蛮举动。国势强弱异形骇，虽忧愤填膺，际此主忧臣辱之时，释彼船，惩员弁，鸣炮谢过各节，一纸文书，均即办到，原非难事，但此案失败，则条约关章均成废纸。查缉济匪军火之令立须收回。即不收回，亦通虚设。粤事诚不知所以善其后。此案于无可设法之中，应如何维持转圜，全仗钧部主持。无任盼祷。"[③]

张人骏在给外务部的电文中坚持"日人强词夺理，直欲破坏我条约关章，钳制我治内清匪之法，以利害所关，历上钧部电"。他对清政府忍气吞声、丧失民族气节深表无奈。同时他也深切感受到孙汶在香港无法购得枪械之后，转求澳门这个地方，他说："澳门水浅地僻，商务不旺，几通村落，恃娼寮赌馆为命脉。娼赌之薮，盗匪之窟，小者为劫贼之逋逃，大者即为匪党之外府。该处除制熟烟

① 《清季外交史料》卷二一一，第1页。

② 《清季外交史料》卷二一一，第1～2页。

③ 《清季外交史料》卷二一一，第2～3页。

膏出口外，别无出产，平时只有来往广州、香港轮渡数艘及大小轮出入捕鱼拖船，小船麇集，附泊内地，尤良少莠多。向无外海大轮到澳，与香港情形迥不相同，即以澳门属葡领地而论，只指澳门方围数十里而言，四面原皆中国地界。先时每年尚需纳租于我，本属租界。后因粤官漫不经心，致被任意占据，俨然视为属地。然于领海权初无所有也。又误于金登干分界之说，彼始占及十字门水面，然界址究未划定，且经声明未定界前，仍照旧址，广东官商士民现在仍不明认，即令澳门鸦片膏出口盘上商轮，亦须拱北关核给凭照，况枪支枪码进口乎？若因此案遂将九洲洋面认为彼界，将广州所属水口，东扼香港，西扼澳门，中国反无领海矣。矧该处入急水门口将二百里，两岸有沙田民业，实系内港。并无外海，何公海之可言！又查澳门葡兵不及二百人，卖枪之店皆是华人，华官订购枪械向在香港，与澳门华商从无交易。此二千余枪，四万余码，非贩以济匪而何。查察两粤匪情，澳门接济匪械之路不断，盗匪必无清日，揭竿蜂起，仓猝可成……桀黠生心，滋蔓将及于沿海各省，如大局何！忧虑及此，难容缄默。”[①]张人骏是从全局考虑澳门这个被利用为走私枪械的地方，一旦失去控制，将危及广东沿海乃至东南沿海，给清王朝的危害将是巨大的，在这个意义上，他认为二辰丸案绝不应该被纵容。

但是日本方面仍坚持四点，即(1)将第二辰丸及所载货物尽行释放；(2)侮辱日本国旗一事，中国政府须依适当方法，向日本帝国政府表明歉意；(3)中国政府应严惩所有关系不乏拿获第二辰丸之中国官员；(4)中国政府应赔偿为不法拿获第二辰丸所生之损失。日本方面竭力渲染广东水师之横暴，竭力申辩广东水师未行警告即行拿获且侮辱其国旗的过当，竭力强调停泊海域为葡国领海，竭力狡辩日本商人所行是正当商业行为，非私运军械。再次发出对清政府的威胁。

二月初五日，外务部依据相关法律、公理，做出了如下四点声明：(1)中国官吏查禁军火流入盗匪之手，出于维护国内外和平环境，便利治安，应得到各国支持。(2)海关会讯章程是各国共同遵守的，日方不肯照办，强索释放，不是公平解决问题的办法。(3)改轮只于英国太古洋行订立合同装煤至香港，载明非遇万不得已之事，不得驶往他处，并未订有运械合同，即使领有澳厅准单，只能直运赴澳门。乃该轮经过香港，并未入口，就该轮吃水之深，断不能驶入澳门，若非私运，自应预先通知中国海关，请在中国领海内起卸护照，断不能擅自停泊，着手起卸，既被粤省扣留。如有正当理由，会讯后自有相当之处置，断无只以一面之词要求释放之理。(4)中国海关曾在九洲洋面布告不得停泊起卸，过路湾一带海面亦为中国海关时常巡缉之处，实属中国之领水，凡货物不领关单，尚不能在通

① 《清季外交史料》(光绪朝)卷二一一，第3～4页。

商口岸以外起卸，军火为违禁之物，尤当扣留查办。外务部最后强调：我们是本着和平速了该案的宗旨，特别考虑到两国间的邦交关系，已经格外通融，日本政府既不愿照章会讯，复不愿请人公断。我方也不能放弃原则，一味迁就，此事只能等待事情查明后，秉公商结。[①]这表明外务部在二辰丸案中已逐渐树立起自己的权威，开始了据理力争的努力。

二月初七日，粤督张人骏向外务部提供了受葡人雇用前来驳运军火的船户梁亚池、冯亚一的供词，证实葡人雇用梁亚池、冯亚一驾驶的梁就利盘艇到日商船起卸军火的事实，尽管在起卸第一箱军火时就因缆绾忽断，盘艇飘至二辰丸船尾，致未接载。但这一事实本身就不容否定。[②]

二月初八日，日使再辩：(1)二辰丸停泊之处属中葡相争未定；(2)广东水师不顾二辰丸船主向澳运送的声明及证据逞威，强行将该轮拖去，且将日本国旗卸下，均属过当。另外，要求在辰丸释放后，中国兵舰对于该轮所升之日本国旗鸣炮若干响，以表谢意。对于下旗及当时拘获辰丸之指挥官最担责任，应将各官加以相当处分，并通知日本为要。外务部致电张人骏要求其对日使上说各点进行查证，找到应对之策。[③]

二月初八日，外务部致电葡使：中国在自己的领海处理日船停泊起卸军火事项，符合中国海面严禁济匪军械令，得到各国同意。中国官弁在中国领海具有巡缉禁货之权。[④]

二月初十日，张人骏将调查到的二辰丸货船船主报告神户辰马商会的信息汇报外务部，该船正月初四午前十一时到该处，鸣汽笛数次，午后二时半，始有从澳门来之广和店伙，即收货之主人乘小汽船并带驳船来，正将驶近本船停泊，忽有中国炮舰四只围绕本船。中国炮舰管带说：此船虽有澳门葡官执照，若系停泊澳门领海，当无异言。今既停泊中国领海，则不可不服从中国之命令。再根据吃水深度等信息可知，该轮徘徊觅地，欲在沿海私卸军火，毫无疑义。[⑤]

这时有粤商陈基建等贸然纷电外务部，指责政府将“海权领土断送外人”[⑥]，或许有商人不了解实情的原因，不过商民的爱国主义情绪确是值得嘉许的。

二月十一日，日使林权助致电外务部再度重申日本政府的所谓和平议结二辰丸案的五点条件：(1)中国政府对撤换国旗一事，应派兵舰升炮以表歉忱，乃解放第二辰丸时，令其兵舰近现在该轮停泊之处升炮，并先期知照日本国领事

① 《清季外交史料》(光绪朝)卷二一一，第25～27页。

② 《清季外交史料》(光绪朝)卷二一二，第3页。

③ 《清季外交史料》(光绪朝)卷二一二，第3～4页。

④ 《清季外交史料》(光绪朝)卷二一二，第5～6页。

⑤ 《清季外交史料》(光绪朝)卷二一二，第8页。

⑥ 《清季外交史料》(光绪朝)卷二一二，第6页。

阅视,实行撤换国旗一事,帝国政府必要求中国将此案应担其责之兵舰管驾官等从严加罚。其办法帝国政府应任中国政府自行秉公办理。(2)中国政府应即时将第二辰丸放行,不得立有条件。(3)第二辰丸拟运澳门之军火,知为中国官宪所挂念,帝国政府可竭力不令其再运该埠,唯中国政府应备价收买此项军火,订价日本金二万一千四百元。(4)中国政府应声明俟查核扣留第二辰丸实情,将应担其责之官员自行处置。(5)中国政府应将此案为扣留第二辰丸所生之损害赔偿,帝国政府俟查明后即行告知其数,应核实算定。①

二月十二日,张人骏致电外务部认为,主动释放日船将后患无穷,释船之后,日人势必要索愈多。如若日本恃强要挟,或有为我打抱不平者。②

二月十三日,外务部给日使林权助的电文却表达了接受日方全部条件的态度,只是在最后提道:"中国近来匪徒不靖,实有私行长济军火情事,迭经本部照商各国,严禁入口,治安所关,各国均表同意。贵国与中国密迩,邻交关系尤切。禁止私运军火,贵国政府既允设法协助,即须妥商认真严禁,以保公安,而昭睦谊。"③

张人骏继续致电外务部就海权发表了自己的见解。"据公法家言:海权不一其说。然于领海尽限外若干里始有公海。"二辰丸停泊地点是珠江西口,属香山县,是内港,非外洋。"业经测明经纬,凡各国商船在该处上落货物,必须先向拱北关请给准单,在中国海关缉私船范围之内,故当葡舰带驳艇前往起卸,巡轮弁等有权驱逐,葡人不能异议。"指明经纬度与辰丸船主查看,该船主亦不能狡辩,称系候潮入澳,是已默认该处系中国领海,不应运送违禁之军火。"故以候潮抵塞,即有日葡执照,无中国护照,我国自应有海关行其缉私之权,且辰丸吃水深,澳门口当潮涨时,亦不能驶入,岂非有意在中国该处海面运送军火。况该船往来香港、日本,此次为英商太古行订运煤斤合同法明非遇不得已之危险,不得他往。乃不入港起货,先行弋往九洲洋面,尤不得谓非私运澳门。葡兵不过二百人,澳商所运军火如是之多,非以销流内地,接济匪盗而何?至擅下日旗,亦不得不尔。当日马蛟仔所带拖驳船载有兵士,均带军装,志在挑衅,日船改悬龙旗,始不敢呈是。此举系属保护,并非侮辱。所陈各节但执定领海主义,其余不难解决。若虑日逞强权,将本案提出由各国公断,不宜迁就。"④张人骏的海权意识已经明晰,这成为他态度果决的重要前提。

张人骏还认为,即使中国答应价买这批扣留军火,系中国笃念邦交,格外通融的做法,并不因此抹杀日船私运之事实,故不能另索赔偿,不能惩究扣船员

① 《清季外交史料》(光绪朝)卷二一二,第6~7页。

② 《清季外交史料》(光绪朝)卷二一二,第8~9页。

③ 《清季外交史料》(光绪朝)卷二一二,第11~12页。

④ 《清季外交史料》(光绪朝)卷二一二,第12~13页。

弁，以后日本不得再运军火私往澳门。"凡军火由日船运入中国境内，必有驻日钦差或中国官许可之凭据，方准运入起卸。如再违禁私运，仍照约章缉拿、充公、罚办，明立专条，永远遵守。"[①]张人骏的原则立场更加坚决，坚持认为对日未可迁就。在当时的形势下，英国是在广州商务活动最多的国家，也不希望广州一带成为匪械不绝、匪党横行的地方，英人曾表态水师拘留日船"太骤"，张人骏做出解释："（辰丸）正月初四日驶至九洲洋中国内港停泊八点之久，葡船拖带驳艇已来两次，时将昏暮，深恐其乘夜私卸，中国员弁不能再候，势不得不上日船。次日葡船复来，执持军械，势将强夺，故不得不下旗抵御，将日船扣留似不得谓之太骤，若再迟延，即缓不及事。"[②]

张人骏的坚持逐渐得到西报的认可，日人亦屈于公论，已渐就和平。二月十五日，日使林权助对和平解决该案表示"甚为满意"，并强调日方不在意断定停泊区域是否为中国领海，显示出其狡黠的一面。[③]

张人骏对清廷外务部"顾全邦交，以速结为准"心存疑虑，觉得日本"恃其强权"，根本不顾该处为我国领海，不得贩运军火等各国公认的准则，因此，一味地认其凌辱恐有不妥。但清廷这时完全抱着自保的消极态度，这显然是令张人骏不能满意的地方。但清廷外务部还致电张人骏，检讨我方"当初失之太骤，操切从事，致本系正当之办法，转为他人所借口，使我情理虽足，不通适用法律"。这时"粤中士民不察，集合鼓噪，甚有罢市暴动之说"，让清廷觉得很难措手，"遇事献替，固为士民之责"。清廷希望张人骏"将此案情节与所以办结制故，剀切晓谕，以免误会"，避免"借词生事，故为反对"导致局面恶化。[④]

四、清廷迫于压力而生的主权维护

外务部于二月十九日致电葡使请商澳门政厅嗣后勿给军火执照，因为当时"中国内地匪徒时有蠢动，广东钦廉等处余孽未靖，西江劫案时出。现正整顿巡防稍有头绪。中国官吏有维持国内治安，保卫各国商民之责，若不绝私运军火接济之源，何以收切实严缉之效。英国于香港出入军火，已允严切查禁并不准军火运往澳门。贵国与中国睦谊素敦，自当顾念中国查禁军火之意，与通商条约第三款所规定禁止私运军火设法协助，相应照会贵署大臣，转达贵国政府，饬令澳门政厅，嗣后除澳官用军火由驻澳领事先期照会粤督查照，特饬海关查验，准其经由中国海面运往澳门外，此外不论何国商人向澳门政厅请领贩运军火执照，一概不得给发。其有奸商私购军火运往中国各处者，亦请澳门政厅设法协

① 《清季外交史料》（光绪朝）卷二一二，第12～13页。

② 《清季外交史料》（光绪朝）卷二一二，第12～13页。

③ 《清季外交史料》（光绪朝）卷二一二，第14～15页。

④ 《清季外交史料》（光绪朝）卷二一二，第15～16页。

查,以维公安。如有在中国境内被查缉获,即须按照条约一律充公"[①]。清廷希望与葡澳官厅取得相互的谅解,以维护好国内的社会秩序。

张人骏在案件处理过程中还从税司、调查官员李镇、魏道等处了解到日船上的军火编号混乱,"内四十箱均写有号数次第错杂,最多且数为二百号,是四十箱外,尚有一百六十箱,每箱廿四枝,系千八八四年式九响毛瑟,共九百六十枝,均新枪。每枝估值三元四仙,共值二千九百十八元四角。又五十箱无号数,每箱十枝,系千八七一式单响毛瑟,共五百枝,均旧枪,内有三枝配件不全,每枝估值三元四仙,共值一千五百二十元。又四箱,亦无号数,每箱十枝,系文褥士十三响马枪加刀,尚余四十四,系新枪,每枝估值二十元,共值八百元。另四十箱,每箱码一千粒,另有三十四箱系天津制造局制,余六箱,系欧制。均旧式,计失少六十一粒,实共三万九千九百三十九粒,每千码估值二十三元七角五仙,共值九百五十元。统计值番银六钱一百八十八元四角,系由礼和洋行会同税务司估计。遍查并无马枪合用之码,购枪断无配码之理。其枪码以及九响毛瑟,尚有一百六十箱,定系另行起运。现本案议结,日人复允协助禁运军火入华,应否照请日使转致彼国,询明是批军火承售之商,究竟此项马枪码子分运交付何处,以便设法查起"[②]。张人骏愈加认识到日本所做的承诺实际上是虚与委蛇,因为这次截获的军火相互并不配套,势必存在分运情况。

中国政府强调的避免将军火私运澳门卖给匪徒通过日使传达到日本。二月二十四日,外务部给日使林权助的电文提出禁止私运军火办法六款:"凡中国军营局所订购枪弹炮件一切爆烈品(下均统称军火),须由各该省详报陆军部核准,由该省督抚将军发给护照,始准向日本官厂或商店订购。如查无中国督抚将军印发护照者,无论官厂、商店,均不得擅与订卖;凡请领护照订购之军火,须由各该省将名色件数,由某处入口,运抵某处,电达陆军部,再行分别行知各该关监督税务司验明无误,方准起卸。其先运作样军火,须订购之营局等处行知该关监督,请领准运护照,俟货到口,凭照报关,查验后方准起卸;日本军火运往澳门者,除系澳门政厅官运得准其出口,一面由驻粤日本领事知照两广总督查照外,无论何国人,如向日本购运军火往澳门者,日本税关当禁其出口;日本商轮载运军火,无论往何处,不得在中国海面为中国巡洋舰或海关巡船巡缉所到之处起卸,及换船拨运等事。违即按约将船货扣留,分别充公;凡日本军火出口运往接近中国内地,或毗连中国内地各处,须先将该项军火名色件数通知中国政府,如中国政府认为不能准运之时,得商请日本政府阻止出口;日本商轮载有军火,无论运往何处,如需在中国海面为中国巡洋舰或海关巡船巡缉所到之处

① 《清季外交史料》(光绪朝)卷二一二,第16~17页。

② 《清季外交史料》(光绪朝)卷二一二,第20页。

暂时停泊。该巡洋舰巡船均得上该轮查询,如认为不能在该海面停泊之时,除遇万不得已,不能开行外,得命令该轮于若干时内开出该海面。如该轮抗不遵照,得由中国官行相当之处置。”[①]这些规定显示,清廷外务部尤其担心自己的政权遭到威胁,从此次事件中深刻认识到日本军火通过私运卖给匪徒可能给清朝政权产生的危害,因而特别要求日本能像英国、葡萄牙一样,承诺不私运军火卖给匪徒,以确保清朝政权的延续。

《外交报》中记录了该案件的处理结果。(1)政府允将卸下日旗之官员加以惩处,并向日政府谢罪,又允派一兵轮在二辰丸停泊处左近,于驻粤领事前鸣炮致谢;(2)二辰丸立即释放;(3)扣留之军火由政府买回,共价日金二万一千四百圆,并承日本政府共表同情,劝令该货主承允,免为革命党所得;(4)拘获二辰丸之官员,政府允为查明惩罚;(5)二辰丸被扣留后所受损失,中国允为赔偿,其数由粤督与日领公平酌核。又由日本应允将来如遇日本商轮装运军火来华,必为严密防范,故中国政府特表明感激之意。[②]

广西西江一度成为海盗猖獗之所,外国商船行驶其间,往往遭遇攻击劫掠,中方警察力量不足,难以弹压。尤其是英国船只遭遇劫掠者屡见报端,所以英国较早便要求清廷在这方面有所作为。此前英方曾要求两广地方政府建造巡船多艘,以英人担任船长,缉捕海盗,但地方官往往迁延时日,借口库帑匮乏,以为饰辞。于是英政府转而向清廷施加压力。清政府从平定地方的角度出发,同意英国提出的由中国海关拨银二十万两为建设巡船之用,以达到恢复西江治安之目的。两粤人民得知此情况后,开会集结,认为这明显是英人侵犯了中国主权,已产生抵制英货之思想。英国鉴于国人爱国情绪,转而提出英国自派炮舰至西江,以当巡察之任。这更让国人无法接受,攘英之呼声更高。清政府再次从自保角度出发,将关注点集中到南方流行的革命思想之传播。[③]

其实,南方处于与西方直接交锋的一线,各国间已经将海洋的划分纳入国家的长远战略之内,有了领海权的意识。《外交报》第二百十八期中说道:“凡独立国之国家无不有领土主张。此领土主权绝对不容他国之侵犯。然此犹仅指陆地言之,于海面更有所谓领海。领海者,由海岸至一定距离之间,因与陆地有紧要连接之关系,看作陆地之延长。凡在领土之主权,亦得及于领海。是领海权之有无,关系一国主权之存在于丧失也。”至于领海范围,历有变迁,有三海里、四海里、十海里等不同划定办法,该文作者认为:“自铁血主义之昌明,所谓公理者,不过一鲸吞蚕食之假面而已耳。”当列强肆意挥舞国际法大棒时,我们也要善用国际法武器维护自己的权利。所谓“现当国权伸张时代,我不速为抵

① 《清季外交史料》(光绪朝)卷二一二,第20～22页。

② 《外交报》第二百二期,戊申(1908)二月十五日,上海:商务印书馆。

③ 《外交报》第二百六期,戊申三月二十五日。

制，彼即蚕食无已”。“使政府早日勘定界线，明定领海之权限，则日政府亦何敢谓非我国领海，而葡国亦不敢妄指为己国领海。我国以国家自卫权之理由，有当然裁判辰丸之权限。无论其为是否私运接济匪类，我国由领海拘捕而置之裁判，于国际法甚为正当。领海权之关系独立国之主权行使，如此重要，今惟冀政府速制定海图，声明主张之学说，以杜后患，始可与列国争衡耳。”①

外务部出台规定：以粤海三洲、七洲、九洲各洋，均在中国领海权力范围内，可以实施中国之海界禁例，不得指为公海。“因即牒告驻华各使谓：嗣后各国兵商轮船在该海线内，如有私运军火，违犯禁例之事，中国当实行干涉，为正当之处置，并拟汇集沿海七省各近海界线，由部之测绘处统绘海界全图，作为中国领海定线，即向各国宣布，一律公认。”②清廷外务部在处理二辰丸案件中接受了教训，更加明确了海权维护的重要意义，这不妨可看成是整个案件处理过程之中的一个收获。

从此以后，中国政府海权意识也得以强化。《外交报》刊文指出：“吾国为东亚独立之邦，东南两面皆边巨海，北起吉林，南抵琼崖，经过八省，延袤万数千里，悉吾国独有之海线，而更无他国分其利权，天然之形势，本欧西诸国所未有也。然正惟以独立之故，乃拥有大好之形势而不自知，遂使诸国之兵舰商船悉得任意航行，如入无人之境，驯至反客为主。而我之航海船舶反寄于他人范围之下。不平之事盖莫有过于此者矣。人第知胶湾、濠镜之类为外人所占有，而不知稽天巨浸中，岛屿林立，我足迹所未尝至，舆图所未尝纪，而彼族已窟穴其间，为殖民之新地者，实止一二区而已哉！闻政府有测绘海图之举，此真今日之急务矣。故略举西儒辩论领海之学说，刺取其最要者，以告体国经野之君子。”③视野放宽之后，清廷积极顺应的姿态也是很明显的。

《清史稿》中提出：“水师有内河、外海之分。初沿海各省水师，仅为防守海口，缉捕海盗之用，辖境虽在海疆，官制同内地。至光绪间，南北洋铁舰制成，始别设专官以统率之。其内河水师，天聪十年，自宁古塔征瓦尔喀，以地多岛屿，初造战船……道光以后，海警狎至，木质旧船不敌外洋铁舰之坚利。同治五年，始仿欧洲兵轮船式，于福建省开厂制造轮船。江苏初设轮船四艘。十一年，广东、山东各设轮船一艘，奉天设小轮船一艘，咸配置水师。其后沿海各省购置兵轮，岁有增益，旧式水师战船分别淘汰。至光绪中叶，综各省外海、内河实存师船之数，奉天外海缯船十艘。直隶外海长龙船二艘，先锋舢板船四十八艘。山东外海拖缯船十四艘，内河哨船六艘。江苏外海轮船二艘，艇船八艘，内洋轮船二艘，舢板船六十艘，内河舢板船、艇船三百八十五艘，长江舢板船七十六艘，督

① 《外交报》第二八十八期，戊申七月二十五日。

② 《外交报》第二百十七期，戊申七月十五日。

③ 《外交报》第二百三十一期，戊申十二月初五日。

阵舢板船七艘,长龙船十艘,巡哨舢板船一百二十八艘。安徽舢板船二百八十二艘,长龙船十五艘,八团船一艘,枪划十艘,护卡巡船十五艘,督阵舢板船七艘,轮船二艘。江西长龙船十五艘,舢板船二百六十三艘,督阵舢板船六艘,轮船一艘。福建外海长龙船一艘,舢板船十九艘,小艇十四艘,哨船十四艘,龙艚船二艘,拖缯船一艘,内河炮船三十艘。浙江外海钓船二十七艘,艇船十二艘,龙艚船十七艘,哨船二艘,快船一艘,内河大舢板船五十八艘,中舢板船八十四艘,飞划船四十九艘,长龙船、座船二百十三艘,枪船八艘,炮船五艘。湖北督阵大舢板船八艘,长龙船十二艘,舢板船一百八十艘。湖南督阵大舢板船四艘,长龙船四艘,舢板船六十艘。广东外海大小轮船二十二艘,巡船十四艘,拖船十艘,长龙船一艘,扒船一艘,内河两橹桨船一艘,橹船一艘,桨船四十艘,巡船一百九十六艘,急跳船十五艘,平底桨船二艘,快哨船二艘,快船十四艘,快桨船七艘,舻船四艘,船二艘。"[①]海疆硬件设施有了长足的进展。

鸦片战争以后中国在西方资产阶级革命后先进武器武装起来的强力面前被动改变着自己的海权意识,这是一种对西方的屈从,却也没有被压垮。

① 《兵志六》,《清史稿》卷一三五,北京:中华书局,1998年,第4014～4028页。

古代文学与文本

“崇阳抑阴”，还是“崇阴抑阳”？
——《周易》中的阴阳观新论

张文智*

摘　要：《庄子·天下》曰“易以道阴阳”，由此可知，能否正确理解“阴”“阳”之间的关系会直接影响到人们能否把握《周易》经传之本义。历代学者多从“阴阳对待”“阴阳交错”“阴阳流转”“阴阳合和”等方面来理解阴阳之间的关系，但如果不明白《周易》经传本身是“崇阳抑阴”还是“崇阴抑阳”，就不可能对上述关系有一个贴切的认识。先儒多认为《周易》“崇阳抑阴”。通过综合分析《周易》经传所蕴含的本体生成论可知，从“先天”的角度来看，《周易》确实是“崇阳抑阴”；而从“后天”的角度来看，《周易》则更为“崇阴抑阳”。先儒没有厘清太极与两仪以及阴与阳之间的内在关联，故他们的阴阳说仍有未尽之处。

关键词：《周易》；崇阳抑阴；崇阴抑阳；先天；后天

《周易》由古经及《易传》两个部分组成。《庄子·天下》曰“易以道阴阳”；《周易·系辞上》曰“一阴一阳之谓道”；《周易·说卦》曰“立天之道曰阴与阳”。可见，“阴阳”及“阴”“阳”之间的关系是整部《周易》哲学的根底所在。《周易》古经没有明确谈到“阴”“阳”或“阴阳”，而《易传》却大谈“阴阳”及由“阴阳”衍生出的“刚柔”观念，用以揭示《周易》古经所蕴含的天人之道。近几十年来，随着与《周易》相关的出土文献的面世，“数字卦”研究也成为易学研究的一个热点。通过对“数字卦”的综合研究，有学者指出：“今本《周易》的阴阳爻画其实是由数字一（七）、八演变而来的……而数字一（七）、八其实又来源于大衍筮法。根据大衍之数（五十数）的揲蓍法，最终得出六、一（七）、八、九这四个数字，其中一（七）、

* 张文智，山东大学易学与中国古代哲学研究中心教授、博士师导师。

八两数出现的频率很高,作为静爻、体爻、常爻被安排为《周易》经文的爻画,而动爻、用爻、变爻被安排为爻题。”[①]尽管如此,在《周易》成书时一(七)、九等奇数为阳,六、八等偶数为阴的观念已经形成应该是没有问题的。因此,关于“数字卦”研究的这一结论并不影响我们在此讨论《周易》中的阴阳观。特别是前人的研究已经表明,“阴阳两个概念早就在殷商和西周时广泛流行”,“阴阳作为矛盾对立的概念连在一起使用,起码应当上推至周初”[②],“长安西仁村西周时期陶拍上的数字卦是西周存在《周易》经文的证明”[③],故《周易》“用‘—’表示阳爻,用‘--’表示阴爻”[④]仍然是成立的。

自《易传》成书之后,阴阳已成为《周易》最基本的符号。自汉代至明清,历代易学家对《易》之阴阳说多有发挥,主要包括孟喜、京房、虞翻易学中的阴阳消息说,周敦颐的“太极动而生阳……静而生阴”说,程颐的“离了阴阳便无道,所以阴阳者是道”[⑤]和“物极必反”[⑥]说,朱熹的“道是太极”[⑦]以及阴阳交错、阴阳对待与流行等观念,张载的“一物两体”说和“太和”说,以及王夫之提出的“太极者,无有不极”[⑧]、“乾坤并建”、“独阴不成,孤阳不生”[⑨]等说法。以上诸子对《周易》之阴阳说皆有独到见解,而通过整合《周易》经传之相关内容,笔者发现,他们的说法仍有许多未尽之处,故有必要对《周易》中的阴阳观予以更为全面、深入的挖掘。此本文之所由作也,不当之处,请方家不吝批评指正。

一、《周易》古经中的“阴阳并重”

要想明了《周易》中的阴阳观,我们首先要了解《周易》经传本身是“崇阳抑阴”还是“崇阴抑阳”。

众所周知,在《周易》卦爻符号体系中,“—”为阳爻,“--”为阴爻。而据《说卦传》可知,在由三个爻画组成的八卦符号中,与“天”“父”相对应的乾☰为阳卦,分别与长子、中子、少子相对应的震☳、坎☵、艮☶亦为阳卦;相应地,与“地”“母”相对应的坤☷为阴卦,分别与长女、中女、少女相对应的巽☴、离☲、兑☱亦为阴卦。另外,从卦德方面来讲,则乾健,坤顺,震动,巽入,坎陷,离丽,艮止,兑悦;而《杂卦传》又有“乾刚坤柔”“震起艮止”“离上坎下”“兑见巽伏”之说,当

① 丁四新:《数字卦研究的阶段、贡献及其终结》,《周易研究》2018年第5期。
② 赵士孝:《〈易传〉阴阳思想的来源》,《哲学研究》1996年第8期。
③ 李学勤:《新发现西周筮数的研究》,《周易研究》2003年第5期。
④ 刘大钧:《周易概论》,济南:齐鲁书社,1988年,第4页。
⑤ 程颢、程颐著,潘富恩导读:《二程遗书》,上海:上海古籍出版社,2000年,第208页。
⑥ 梁韦弦:《程氏易传导读》,济南:齐鲁书社,2003年,第111页。
⑦ 郭君铭:《易学阴阳观研究》,上海:上海科学技术文献出版社,2013年,第105页。
⑧ 王夫之:《周易内传》,北京:九州出版社,2004年,第305页。
⑨ 张载撰,王夫之注:《张子正蒙注》,上海:上海古籍出版社,2000年,第100页。

然这里所说的八个卦是就六画卦而言的。有了以上认识之后,我们就可以较为容易地看出《周易》经传本身是“崇阳抑阴”还是“崇阴抑阳”了。

《周易》“崇阳抑阴”的特点十分明显,这首先表现在《周易》六十四卦以纯阳爻[—]组成的乾卦[䷀]为首卦,而以纯阴爻[--]组成的坤卦[䷁]为第二卦。《周易》之“崇阳抑阴”还表现在泰[䷊]否[䷋]两卦及《彖传》对这两卦的解读中。泰卦的卦辞为:“小往大来,吉亨。”显然,《周易》古经的作者已经把“大”系于内卦之乾[☰],把“小”系于外卦之坤[☷],这就是所谓的“观象系辞”。《彖传》将该卦辞解读为:“……内阳而外阴,内健而外顺,内君子而外小人,君子道长,小人道消也。”而将否卦卦辞“否之匪人,不利君子贞,大往小来”解读为:“……内阴而外阳,内柔而外刚,内小人而外君子,小人道长,君子道消也。”可见,《彖传》已将“君子”“君子道”等褒义词与阳爻相配应,而将“小人”“小人道”等贬义词与阴爻相配应。在蒙卦[䷃]中,九二、上九两个阳爻为启蒙者,其他四个阴爻为被启蒙者,亦寓有“崇阳抑阴”之意。

《周易》这一“崇阳抑阴”的特点还体现在卦名上,主要表现在剥[䷖]、复[䷗]、夬[䷪]、姤[䷫]等卦之取名。复卦之所以取名为复卦,乃是因为该卦有“一阳来复”之象,而作为一阴初见之姤卦没有被命名为“复”,显然这些取名有“崇阳抑阴”之意。而群阴剥阳之卦被命名为剥[䷖],群阳决阴之卦被命名为[䷪],亦有此意,特别是《杂卦传》所说“夬,决也,刚决柔也,君子道长,小人道忧也”,更能够证明这一点。

《周易》之“崇阳抑阴”亦表现在大过[䷛]、小过[䷽]、颐[䷚]、中孚[䷼]等卦象及其取名等方面。众所周知,《周易》有尚“中”之思想,《易传》中仅对“中”的称谓就有“正中”“中正”“得中”“时中”等二十九种提法,而这些与“中”相关的卦爻都是吉卦、吉爻。①“过”与“不及”皆不能称“中”,故《周易》中的“大过”“小过”之称名是因为二卦未得中,即如孔子所说“过犹不及”(《论语·先进》)。之所以未得中,乃是因为“大过”卦为初、上二阴爻包着中间的四个阳爻,“小过”卦为外面的四个阴爻包着中间的两个阳爻,皆为“阴包阳”即“地包天”之象,故其象为“过”。而与它们相对的颐与中孚两卦则为“阳包阴”之象,故颐有“养正”(《杂卦》)之意,中孚有“信”(《杂卦》)而“化邦”(《中孚·彖》)即“化成天下”之意。特别是中孚所寓之“诚中”“诚信”之意与孟子所说的“诚者,天之道也;思诚者,人之道也”(《孟子·离娄上》)及《中庸》所说的“唯天下至诚为能化”有相通之处。故这几个卦之卦象与取名亦说明《周易》有“崇阳抑阴”之取向。

此“崇阳抑阴”之取向还体现在阴阳爻之间的“承”“乘”关系之中。“承”指在一个卦体中,如果阳爻在上,阴爻在下,则此阴爻被称为“承”上面的阳爻。如蛊

① 刘大钧:《周易概论》,济南:齐鲁书社,1988年,第29~31页。

卦[䷑]六五爻的爻辞为“干父之蛊，用誉”，其《象》曰：“‘干父用誉’，承以德也。”意思是说，六五爻之所以有荣誉，乃是因为其上承上九阳刚之德；节卦[䷻]六四爻辞为“安节，亨”，其《象》曰：“‘安节’之‘亨’，承上道也。”意思是说，此爻之所以亨通，是因为此阴爻上承九五阳爻。“乘”是指如果阴爻在阳爻上面，这种情形称为“阴乘阳”或“柔乘刚”。如屯卦[䷂]六二爻的爻辞为“屯如邅如，乘马班如……”，其《象》曰：“六二之难，乘刚也。”意谓六二阴爻之所以有如此屯难之象，乃是因其乘于初九阳爻之上；豫卦[䷏]六五爻的爻辞为“贞疾，恒不死”，其《象》曰：“‘六五贞疾’，乘刚也。”意谓六五阴爻之所以有疾病，乃因其“乘”于九四阳爻之上。由此可知，在大多数情势之下，“阴”承“阳”则吉，而“阴”乘“阳”则凶，由此亦可见《周易》经传“崇阳抑阴”之取向。

除了“崇阳抑阴”之取向之外，《周易》亦有明显地“崇阴抑阳”之取向。如前所述之泰卦[䷊]，纯阴之坤[☷]被置于纯阳之乾[☰]上面，而被系以“小往大来，吉亨”之顺吉之辞；而与之相反的否卦[䷋]卦辞为“否之匪人，不利君子贞，大往小来”之不吉之辞；益卦[䷩]上卦为巽[☴]、为长女、为阴，下卦为震[☳]、为长男、为阳，该卦卦辞为“利有攸往，利涉大川”，并寓有“损上益下，民悦无疆，自上下下，其道大光”(《益·彖》)之嘉美之意；咸卦[䷞]上卦为兑[☱]、为少女、为阴，下卦为艮[☶]、为少男、为阳，却被系以“亨，利贞，取女吉”之顺吉之辞，而其“吉”之原因则在于“柔上而刚下”“男下女”(《咸·彖》)即“阳来就阴”。其他如小畜[䷈]、随[䷐]等上为阴卦、下为阳卦之辞，皆为顺吉之辞。这就充分说明，《周易》古经的作者在“观象系辞”之时即有“崇阴抑阳”之意，而《易传》作者在此基础了又做出了进一步的发挥。

综上可知，《周易》即寓有“崇阳抑阴”之意，又有“崇阴抑阳”之取向，这就容易令人感到其有自相矛盾之处。而要弄清楚《周易》二者兼取之本旨，就要了解《周易》哲学所蕴含的本体生成论。

二、今本卦序中的“阴阳流转”与“阴阳交错”

要想深入了解《周易》中的阴阳观，就要挖掘《周易》经传所蕴含的宇宙生成论。《周易》所蕴含的宇宙生成论主要体现在今本六十四卦卦序(见图1)之中。此卦序与先天八卦图(见图2)及后天八卦图(见图3)有紧密联系。参照这三幅图将有利于我们对此进行理解。

1乾 ䷀	2坤 ䷁	3屯 ䷂	4蒙 ䷃	5需 ䷄	6讼 ䷅	7师 ䷆	8比 ䷇
9小畜 ䷈	10履 ䷉	11泰 ䷊	12否 ䷋	13同人 ䷌	14大有 ䷍	15谦 ䷎	16豫 ䷏
17随 ䷐	18蛊 ䷑	19临 ䷒	20观 ䷓	21噬嗑 ䷔	22贲 ䷕	23剥 ䷖	24复 ䷗
25无妄 ䷘	26大畜 ䷙	27颐 ䷚	28大过 ䷛	29坎 ䷜	30离 ䷝	31咸 ䷞	32恒 ䷟
33遁 ䷠	34大壮 ䷡	35晋 ䷢	36明夷 ䷣	37家人 ䷤	38睽 ䷥	39蹇 ䷦	40解 ䷧
41损 ䷨	42益 ䷩	43夬 ䷪	44姤 ䷫	45萃 ䷬	46升 ䷭	47困 ䷮	48井 ䷯
49革 ䷰	50鼎 ䷱	51震 ䷲	52艮 ䷳	53渐 ䷴	54归妹 ䷵	55丰 ䷶	56旅 ䷷
57巽 ䷸	58兑 ䷹	59涣 ䷺	60节 ䷻	61中孚 ䷼	62小过 ䷽	63既济 ䷾	64未济 ䷿

图1　今本六十四卦卦序

图2　先天八卦图

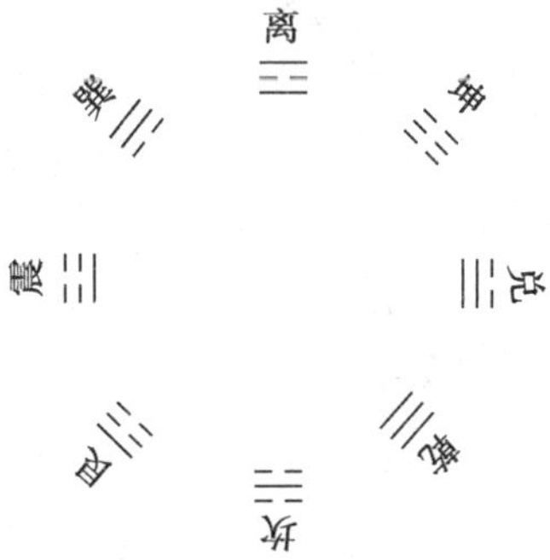

图3　后天八卦图

先天八卦卦序主常，表现的是阴阳二气分行及其循环往复之有序性，用古人的话说就是阴阳之间的对待与流行，体现的是阴阳二气的同在性与循环往复性，可用两仪图(☯)来符示之；后天八卦卦序主变，体现的是后天世界阴阳五行之间交错变化之复杂性。先天八卦之阴阳分列表现在：从震[☳]之一阳，至兑[☱]之二阳(离亦为二阳之卦，其所处位置象日出东方)，再至乾[☰]之三阳，为阳之列；从巽[☴]之一阴，至艮[☶]之二阴（坎亦二阴之卦，其所处位置象征月见于西方），再至坤[☷]之三阴，为阴之列。而在后天八卦图中，代表男性之乾[☰]、坎[☵]、艮[☶]、震[☳]四卦置于左下方之位，而代表女性之巽[☴]、离[☲]、坤[☷]、兑[☱]四卦则置于右上方。阳升而阴降，故整个后天八卦图有“男下女”（《咸·彖》）之阴阳交济、交错之象。

今本六十四卦的排序既反映了这种循环往复性，又反映了阴阳五行之间之交错复杂性。如屯卦[䷂，3]与蒙卦[䷃，4]为一循环，前者下卦震[☳]为雷，有奋迅上升之势，上卦坎[☵]为云，有云蒸之象，整个卦则有气之上行之象；后者上卦艮[☶]为止，下卦坎[☵]为水而下行，整个卦有气之下行之象。两个卦合起来的气行之象正好可以用两仪图（☯）来表征之，彰显出阴阳二气之间的循环往复性。其余的每两个相耦之卦所形成的气行之象皆可用两仪图（☯）来符示之。这种循环往复性即寓有“物极必反”之意，主要体现于“否泰反其类”（《杂卦传》）或“否极泰来”“盛极必衰”等说之中。

今本六十四卦卦序与先后天八卦图有紧密联系，而其交错之情，亦可按此两图，索而得之。上经以[䷀，1]、坤[䷁，2]为首，各卦多随乾坤变易分合而来，而坎[䷜，29]、离[䷝，30]纬之。“交错以对位为主，以旁行为辅。对位为交，旁行为错。如乾之坤，对位也，之坎，则旁行也”[①]，意思说，上经的泰[䷊，11]、否[䷋，12]为先天八卦图中的乾[☰]坤[☷]之交，需[䷄，5]、讼[䷅，6]、师[䷆，7]、比[䷇，8]、同人[䷌，13]、大有[䷍，14]等为乾[☰]坤[☷]与坎[☵]离[☲]之相错，其余的卦则多为乾坤与六子之相错，此亦可证上经象天道；下经的咸[䷞，31]损[䷨，41]为艮[☶]兑[☱]之交，恒[䷟，32]益[䷩，42]为震[☳]巽[☴]之交，既济[䷾，63]未济[䷿，64]为坎[☵]离[☲]之交，其余的卦则多为六子卦（乾坤为父母卦）之间之相错，此亦可证下经象人道与人事。乾[䷀，☰]、坤[䷁，☷]、坎[䷜，☵]、离[䷝，☲]为上篇主卦，震[☳，]、巽[☴，䷸]、艮[☶，䷳]、兑[☱，䷹]为下经主卦[②]，“其他（卦）则非主位之对或反，仅为升降往来之地”[③]。先天八卦图以乾[☰]坤[☷]为主、坎[☵]离[☲]为辅；后天八卦图以坎[☵]离[☲]为主，以震[☳]兑[☱]为日月之门，故上经始于乾[䷀]坤[䷁]、终于坎[䷜]离[䷝]即寓有由先天转向后天之意。终于上经的坎卦[䷜，29]之二、三、四爻可互出震卦[䷲]，三、四、五爻可以互出艮卦[☶]；离卦

① 列圣：《易经证释·图象·文王六十四卦讲义》第一部，台北：正一善书出版社，2005年，第119页。

② 在上经由60个经卦合成的30个别卦中，乾[☰]、坤[☷]各出现12次，坎[☵]卦出现8次，离[☲]卦出现6次，以上四个在先天八卦图中居于四正位位置的卦共出现38次之多，而震[☳]、巽[☴]、艮[☶]、兑[☱]四个在先天八卦图中处四隅位置的卦仅出现26次；在下经由68个经卦组成的34个别卦中，震[☳]、巽[☴]、艮[☶]、兑[☱]等四隅之卦共出现42次之多，乾[☰]、坤[☷]、坎[☵]、离[☲]等四正之卦仅出现26次。

③ 《易经证释·图象·文王六十四卦疏述》第一部，第128页。

[䷝,30]之二、三、四爻可以互出巽卦[☴],三、四、五爻可以互出兑卦[☱]。坎离两卦互出之卦为下经主卦。故上经终以坎[䷜]离[䷝],下经始于咸[䷞,31]恒[䷟,32],亦寓有由后天转向人道、人事之意。

"乾坤坎离如四柱,震巽艮兑如四隅,以共成一室,而人物在其中。上经仅及四柱,有方而未圆;下经始述明四隅,极规复有矩。"[1]上经乾[䷀]、坤[䷁]、坎[䷜]、离[䷝]阴阳分列,多体现阴阳分行之先天性;下经则以艮[☶,䷳]、兑[☱,䷹]、震[☳,䷲]、巽[☴,䷸]错综成用,多体现阴阳交错之后天性。

今本六十四卦"虽为一大环,其间或两卦,或四卦,或八卦,复为一小环"[2],而连接这些循环的是一些具有统领或引领作用的卦,这些统领之卦与这些循环之卦相连而形成由六十四卦连接而成的大循环,这一大的循环又以乾卦为总头领,即其他六十三卦皆由乾卦所生。这些统领之卦包括:(1)乾[䷀,1]、坤[䷁,2],它们引领下面从屯[䷂,3]至履[䷉,10]等相比邻的八个卦;(2)泰[䷊,11]、否[䷋,12],我们称它们为乾[☰]坤[☷]合成及三阴三阳之卦,引领从同人[䷌,13]至观[䷓,20]等相比邻的八个卦;(3)噬嗑[䷔,21]、贲[䷕,22](此两卦分别从否泰两卦变来,前者由否卦[䷋]之九五爻下交初六爻即五爻与初爻互换位置而来,后者由泰卦[䷊]二爻与上爻互换位置而来。我们称这两个卦为乾[☰]坤[☷]交合之卦,亦为三阴三阳之卦),它们引领从剥[䷖,23]至颐[䷚,27]等相比邻的六个卦;(4)坎[䷜,29]、离[䷝,30],它们虽然没再引领其它卦,但作为上经的结束之卦及后天八卦的主干,其统领总结之意义不言而喻;(5)咸[䷞,31]、恒[䷟,32],它们亦为乾坤交合及三阴三阳之卦,引领从遁[䷠,33]至解[䷧,40]等相比邻的八个卦;(6)损[䷨,41]、益[䷩,42],它们也是乾坤交合及三阴三阳之卦,引领从[䷪,43]至鼎[䷱,50]等相比邻的八个卦;(7)震[䷲,51]、艮[䷳,52],它们属于六子卦,引领从渐[䷴,53]至旅[䷷,56]等相比邻的四个卦;(8)巽[䷸,57]、兑[䷹,58],此二卦也属于六子卦,引领从涣[䷺,59]至小过[䷽,62]等相比邻的四个卦;9)既济[䷾,63]、未济[䷿,64],它们虽然没再引领其他卦,但作为后天主干之坎[☵]离[☲]合成之卦,其阴阳均衡及变化不息之义亦跃然图上。显然,乾坤父母卦或乾坤交合之卦引领的卦数为8或6,而六子卦引领的卦数为4。统领之卦所引领之卦数由8~6~4等说明,整个文王六十四卦卦序象征事物的变化是从天道到人道、从形上到形下、从抽象到具体的方式展开的,且这一变化愈变愈频,愈变愈快。由此可知,上面所说的循环或阴阳流转亦不是简单的重复,而是从乾卦[䷀,1]到未济卦[䷿,64]的螺旋式推进,而每一个卦又可以通过阴阳变易转化为其他六十三卦。故今本六十四卦又是一个内在相互关联的网络体系。

① 《易经证释·咸卦》第五部,第78~79页。

② 《易经证释·图象·六十四卦疏述》第一部,第129页。

据《系辞传》所说“易有太极，是生两仪，两仪生四象，四象生八卦”，上述循环性所寓示之两仪（☯）之关系，又可以上推至先天太极，可用“○”来符示之。综上可知，今本六十四卦卦序蕴含着从先天到后天、从简单到复杂、愈变愈频的内在相互关联的宇宙生成规律，是一幅气数推演模型，是“道”的一步步展开与显示，而其生生之源则是先天太极（○）。“易有太极，是生两仪”中的“是”乃指“自此而始”之意，亦即“易”从此先天太极而始；而未济[䷿,64]上九爻辞有“有孚失是”之语，即是指在此所失乃具有此始生功能之太极（○），代表这一轮循环的结束，并预示下一轮循环的开始。也就是说，先天太极作为宇宙的原动力一直贯穿于从乾[䷀,1]到未济[䷿,64]这一螺旋式推进的整个过程。这一一贯性主要体现在“剥极必复”之中。剥[䷖,23]为万物剥落而无有生机之象，剥后之复[䷗,24]则为生机重反之象，而其背后乃因有先天太极（○）及下文要谈及的“乾元”贯穿于这一流变之中。

这就是今本六十四卦卦序所蕴含的宇宙生成论，由此我们可以看出易道通过两仪图（☯）所寓示之一阴一阳由先天太极（○）推进之整个过程与节奏。《周易》中的宇宙生成论还寓于卦辞、卦象体系之中，我们将把此部分内容穿插于下文要谈的心性本体论之中。

三、阴阳两仪（☯）与先天太极（○）

《周易》经传还寓有一种心性本体论，这将有助于我们更为深入地了解《周易》中的阴阳观。

虽然文王六十四卦以乾坤为首，而《乾·彖》则曰：“大哉‘乾元’，万物资始，乃统天……御天。”《坤·彖》曰：“至哉‘坤元’，万物资生，乃顺承天。”故乾之上还有“统天”“御天”之“乾元”；坤之上还有“万物资生”之“坤元”，而“‘乾元’资始，独接先天”[①]太极（○）。《乾·文言》又曰：“‘乾元’用九。”故“乾元”与乾卦“用九”之辞“见群龙，无首吉”相对应；相应地，“坤元”用六，故“坤元”与坤卦“用六”之辞“利永贞”相对应。“‘乾元’用九”乃象外之象，意即“‘乾元’用九”之“见群龙，无首吉”之辞不是乾卦[䷀]中某一具体的爻辞，亦即不能用乾卦某一具体的爻画来对应其义。由此可知，“乾元”之体虽不可见，而其用可见，见于全易之阳爻—而称“九”者，凡阳爻皆为“乾元”之用。同理，“‘坤元’用六”亦为象外之象，意即“‘坤元’用六”之“利永贞”之辞不是坤卦[䷁]中某一具体的爻辞，亦即不能用坤卦某一具体的爻画来对应其义。与“乾元”相似，“坤元”之体虽不可见，而其用可见，见于全易之阴爻“--”而称“六”者，凡阴爻皆为“坤元”之用。

乾坤“二元即两仪（☯）也，二用即两仪之德”[②]。显然，这里的阳仪对应“乾

① 《易经证释·乾卦》第一部，第44页。

② 《易经证释·坤卦》第二部，第101页。

元”，阴仪对应“坤元”，“‘坤元’亦‘乾元’所出”[①]。乾坤二元乃“非随形物生灭者也”[②]，故为永恒的、超越的形上本体之存在。“乾元”与“坤元”之间的关系则表现为，“一为阳主施，一为阴主受；一为气（之）始，一为形（之）先”[③]。乾元主始，即《乾·象》所云：“大哉‘乾元’，万物资始。”坤元主终，即《坤·象》所云：“用六‘永贞’，以大终也。”

这里特别需要注意的是先天太极（○）与“乾元”即两仪（☯）中的阳仪之间的关系。由于“‘乾元’资始，独接先天”[④]太极（○），故“太极（○）生两仪（☯）”之后，纯阳之元气仍存在于阳仪之中。换言之，“乾元”虽然在两仪生成之后与阴仪互环互抱而共主生成，但只有“乾元”能够“独接先天”太极（○），“以太极之初，元气浑沦，独为阳也。而两仪既分，（乾元）仍为阳精”[⑤]；而作为阴仪的“坤元”则不能直接先天太极。因此，在两仪生成之后，“乾元”即可代表先天太极（○），故与“乾元”相对应的乾卦“用九”之辞“见群龙，无首吉”才有如此之寓意：“‘群龙’者，众善人也，在天界言，则出三界；在道德言，则太极之初也。”[⑥]亦如佛教净土宗所说的众佛菩萨所居之极乐世界，故可用“○”来符示之。由此亦可知，“太极动则阴生，静则阳复”[⑦]，而由周敦颐提出、朱熹等坚持的“太极动而生阳……静而生阴”的说法不符合《周易》中的宇宙生成论之本旨，并在后世引起了诸多混乱与争议。

如果进一步向下落实，乾坤亦分别对应于两仪（☯）中的阳仪与阴仪。而乾坤之间的关系则表现为，“乾知大始，坤作成物”（《周易·系辞上》）；乾主气，为道之全，坤主形而包于天。人在天地之间，为天地即乾坤之合体。乾为人之心性，坤为人之身命。与心性相对应的阳仪主施、主始，而与身命相对应的阴仪则主受、主终。只有“施”而没有“受”，则阴阳不协而万物不生；只有“始”而没有“终”亦不符合天地生成之旨。故如果只有“心性”而没有“身命”，则意味着有施无受、有始无终；如果只有“身命”之躯壳，而无“心性”之指导，则无始亦无终。

由于道“在天为神，在人为性”[⑧]，“性”为生生之本，可用“○”来符示之。在后天世界，性情皆居于心，在此“性”可用两仪（☯）中的阳仪来符示之；“情”可用

① 《易经证释·乾卦》第一部，第33页。
② 《易经证释·坤卦》第二部，第99页。
③ 《易经证释·坤卦》第二部，第34页。
④ 《易经证释·乾卦》第一部，第44页。
⑤ 《易经证释·乾卦》第一部，第44页。
⑥ 《易经证释·乾卦》第一部，第89页。
⑦ 《易经证释·图象·太极图讲义》第一部，第276页。
⑧ 列圣：《大学证释》，台北：若意出版社，1993年，第171页。

阴仪来符示之。而“情生于性”[1]，犹如“‘坤元’亦‘乾元’之所出”[2]，而后天之性、情可上推至先天太极(○)所符示之纯性。情生于性而往往偏离中正之道。人们如果一味地逐情徇物，就会蔽其聪明；如果能够明物顺性，就能充其智慧。情虽非性之正，而“成性”又离不开人情，但必须是“情之正”，“情之正”可以助人成道。《中庸》所云“发而皆中节”即是“情之正”，即由德返道、后天返先天之意。

《系辞上》曰：“一阴一阳之谓道，继之者善也，成之者性也。”这里的“之”指“道”而言，意即“继道者善，成道者性也”。故“‘成之’者，言成道也。道无可成，惟全其性，故曰‘成之者性也’”[3]。也就是说，“成道”即是“成性”。“成性”又是《中庸》所说的“成诚”，由“成己”“成物”两个环节组成。“诚言其中无物”[4]，故可用“○”来符示之。“成己”则对应于两仪(☯)中的阳仪，“成物”则对应阴仪。“成己”则能达“乾元”之境而独接先天太极(○)，“成物”则能达“坤元”之德而“顺承有终”。“成己”为《大学》所说的“内止至善”之功，与“格致诚正”相对应；“成物”则为《大学》所说的“外明明德”之行，与“修齐治平”相对应。《中庸》又说：“喜怒哀乐之未发谓之中，发而皆中节谓之和。中也者，天下之大本也；和也者，天下之达道也。”这里的“中”亦可用先天太极(○)之境来符示之，“和”则可用两仪(☯)来象征之，此阳仪即指王阳明所说的在生生不息的宇宙洪流中人们所应当坚持的“精诚恻怛”之“良知”，而先天太极(○)则对应“圣神之知”。

《大学》所说的“至善”之境即此先天太极(○)之境，可通过“定、静、安、虑、得”等次第工夫证得，而两仪中的阳仪与后天世界中的“善”相对应，阴仪则与“恶”相对应。由于只有阳仪“独接先天”太极(○)，故在后天世界只有积德行善才能上达先天至善之境。故《周易》哲学可以为孟子的“性善论”提供本体生成论依据。孟子之后出现的“善恶混”说所说的“善”只是后天世界中有善恶对待之善，而非此先天“至善”之“善”。[5]由此亦可知，程颐所主张的“离了阴阳便无道，所以阴阳者是道”、朱熹所提出的“道是太极”以及张载的“一物两体”说、王夫之所强调的“乾坤并建”“独阴不成，孤阳不生”说，看起来似乎有其道理，但他们皆未阐明太极与阳仪之内在关联，以及阳仪与阴仪之间的施受、始终之关系。

---

① 列圣：《大学证释》，第39页。

② 《易经证释·乾卦》第一部，第33页。

③ 列圣：《中庸证释》，台北：圆成出版社，2004年，第107页。

④ 《易经证释·系辞讲义》第八部，第225页。

⑤ 关于对以上诸观点之论证，详见张文智：《从〈易经证释〉之本体生成论看“继善成性”说》，《周易研究》2018年第5期；《〈周易〉哲学视野下的“内圣外王”之道——兼论“内圣开出新外王”说之相关问题》，《中国哲学史》2019年第5期。

四、“阴阳合和”与“感而遂通”

《系辞上》曰：“圣人设卦、观象、系辞焉，而明吉凶，刚柔相推而生变化。”意即卦爻辞乃圣人通过观象而来，卦爻辞的背后皆有卦象为其依据。今本《周易》首于乾坤，其他六十二卦乃由乾坤交合而生出，故乾坤两卦乃整个六十四卦生成之缩影。故通过分析乾坤两卦象、辞之义亦可了解整部《周易》中的象、辞关系及其寓意之大概。

乾卦卦辞为“元亨利贞”，为天象之全、天象之圆，为天道之展开。从时间的角度来看，这四个字分别对应春夏秋冬；从空间上看，此四字分别对应东南西北，而又无远弗届。乾主气，故无时不有，无处不在；坤主形，故受时空等条件之限制，故坤卦卦辞虽亦有“元亨利贞”四德，但必须做到如“牝马之贞”才会有“利”，去西南方向才会有友朋帮携，而去东北方则会有“丧朋”之险阻。乾坤即天地既奠之后，则乾主元亨，坤主利贞。“贞”乃坤道之本德。“贞，正也”（《师·彖》），“止于一”为“正”（“正”字下为“止”，上为“一”）。除了尚中思想之外，《周易》亦十分重视艮止之意，主要体现在：六十四卦中每一卦的上爻爻辞多为凶危之辞，而以艮卦[☶]为上卦的别卦如大畜[䷙]、剥[䷖]等卦的上爻爻辞皆为顺吉之辞。显然，《周易》强调止而后行，而反对躁动，这与前文所说“太极动则阴生，静则阳复”的寓意是一致的，与《大学》强调“知止”的内在精神亦别无二致。

“止于一”即是止于先天太极（○）之境，即“贞固足以干事”（《乾·文言》）之意。由于人离地近而距天远，且《易》为人道立，故讲坤道即是讲人道。天道之展开为“元亨利贞”，而坤道即人道则必须通过返修即由“贞利”才能上返“亨元”。上经主要展现天道，故上经之卦爻辞多有“元亨”之辞，下经主要彰显人道，故下经之卦爻辞多“利”“贞”之辞。天道变而不失其常，而人道变而易失其常，故人必须通过自修即“贞利”才能常葆“元亨”。这就是“乾道变化，各正性命，保合太和乃利贞”之寓意，而非如张载所理解的“‘乾道变化，各正性命’，此谓六爻。言天道变化趋时者，六爻各随时自正其性命”[①]，亦非如朱熹所理解的“乾道变化，无所不利，而万物各得其性命以自全”[②]，二者皆未阐明，人必须通过“贞利”之自修才能上达天道之“元亨”。这里的“保合太和”乃以人道之“中和”上合天道之“中和”之意。[③]“太极之气，正在一 -- 之中”，“苟不克见此极，徒逐于一 -- 之象而求其变化，是将陷于徇情逐物之弊，而不能自正性命也。故习易者

① 张载：《张载集》，北京：中华书局，1978年，第70页。

② 朱熹：《周易本义》，北京：中华书局，2009年，第88页。

③ 关于对此说之论证，见张文智：《从〈易经证释〉看易辞、易象中的以人合天之道》，《周易研究》2017年第6期。

必时时求见其太极焉”[①]。此即“止于一”之意。做到这一点，就可以避免程颐所说的“物极必反”及人们常说的“盛极必衰”。由此可知，张载以及后来的王夫之等对“太和”的理解并不符合《周易》“保合太和”说之本意。

乾卦[䷀]虽然表面上看起来是纯阳之卦，但处于阴位的二、四、上爻背后却隐含着与坤相对应的阴爻，乾卦九二爻辞“见龙在田”之“田”及九四爻辞“或跃在渊”之“渊”皆有坤阴之象即可证明这一点。这就寓有“阳中有阴”之意。坤卦[䷁]虽然表面上看起来是纯阴之卦，而其初、三、五爻背后却隐含着阳爻，坤卦初六爻辞“履霜坚冰”之“坚冰”及六三爻辞“含章可贞”之“章”皆有乾阳之象即可证明这一点。这就寓有“阴中有阳”之意。如果我们把乾卦与两仪(☯)中的阳仪相配应，那么阳仪中的黑点即对应“阳中之阴”；如果我们把坤卦与阴仪相配应，那么阴仪中的白点即对应“阴中之阳”。

瑞士心理学家荣格(C. G. Jung)发现，在每一位男性的无意识里，皆存在一个女性人格(anima)，而在每一位女性的无意识里，皆存在一个男性人格(animus)。[②]这一发现正好与《周易》“阳中有阴”“阴中有阳”的说法一致。

如果我们把男性与阳仪相配应，anima即与阳仪中的黑点相对应，与阳仪相对待的阴仪可以说是此黑点的现实化、具体化。当此女性人格(anima)之原型意象(archetypal image)被投射到现实中的某一具体人物身上时，就会对此男性产生强大的吸引力并激起其无穷的创造力。同样，如果我们把女性与阴仪相对应，animus即与阴仪中的白点相对应，与阴仪相对待的阳仪可以说是此白点的现实化、具体化。当此男性人格(animus)之原型意象被投射到现实中的某一具体人物身上时，就会对此女性产生强大的吸引力并显现其无穷的包容性。这就是异性之间相互吸引的内在机制。我们在上文所述《周易》中“崇阴抑阳”的例子皆属此例。还有一些卦虽然不是由一个阳卦一个阴卦组成，但其上下卦所行之气有相交合、交感之势，这些卦亦属于吉卦。如需卦[䷄]之上坎[☵]为雨，有下降之势，下乾[☰]之阳有上升之势，二气相协，故有“有孚，光亨，贞吉，利涉大川”之吉顺之辞；大畜卦[䷙]之上艮[☶]为止，其气回返，下之乾[☰]阳上升，二气交感，故有“不家食吉，利涉大川”之吉顺之辞；升卦[䷭]下卦巽[☴]气上升，坤[☷]气下降，二气交感，故其辞曰“元亨”；履卦[䷉]上乾[☰]之天光下照，下兑[☱]之泽水之气上蒸，二气相感、上下交孚，故有“视履考祥，其旋元吉”之辞，亦为圣人制礼之依据。[③]这些都体现了阴阳相吸、阴阳交感之性质。

这种阴阳相吸、阴阳互补的性质还体现在一些卦象及其所系之辞上。如坤

① 《易经证释·全易大旨及习易要例》第一部，第82～83页。

② C. G. Jung, *Memories Dreams Reflections*, New York: Random House, 1961, pp.210-213.

③ 关于对此说之论证，见张文智：《论圣人制礼之依据及其旨归——以〈易经证释〉释履卦为中心》，《周易研究》2019年第4期。

卦[䷁]为至阴之卦，喜好西南之燥热之方，故有“西南得朋”之辞；不喜欢东北寒湿之地，故又有“东北丧朋”之辞。蹇卦[䷦]之“利西南，不利东北”，解卦[䷧]之“利西南”，皆寓有此意。而离卦[䷝]处极热之地，喜好阴寒来调剂之，故其卦辞为“畜牝牛，吉”，“牝”“牛”为坤阴之象；其六二爻辞“黄离，元吉”中的“黄”亦为坤卦之象，意即离卦[☲]所象征之日光普照大地则大吉，否则就会出现九四爻所说“突如其来如，焚如，死如，弃如”之凶象。

但当此两仪图中的黑点或白点具体化、有形化之后即变成阴仪或阳仪之后，总是会受时空之条件限制而与其先前的理想之态或原型意象有出入，这又会使阴阳二气产生分离之势。如柔顺守贞乃坤阴之本德，故《周易》卦爻辞中的“贞吉”“利贞”乃当然之理，而一旦具体化之后就有可能违反此本德。因为坤阴成形之后就会形成巨大的势能，故曰“地势坤”（《坤·象》），《坤·文言》亦曰“坤至柔而动也刚”。如果此“势”不顺承天即阴不顺阳，就会有损于天道，坤卦上六爻辞“龙战于野，其血玄黄”寓示的“阴疑于阳必战”，即是此意。这也就导致了为什么有些爻辞是“贞凶”“贞吝”而不是“贞吉”或“利贞”了。如节卦[䷻]上六爻辞为“苦节，贞凶”，意为固执地、不分时地地、过分苛刻地坚持节制、节约，其后果一定会“凶”，这里的“贞”为固执己见之意；解卦[䷧]六三爻辞之“贞吝”，乃因其在蹇难得以解决的过程中中饱私囊且固执己见所致。又如乾卦及阳爻的本德为刚健，但在后天世界的具体情势中，“过刚则折”。如乾卦九三爻辞为“君子终日乾乾，夕惕若厉，无咎”，九三为阳爻，又居于阳位，有过刚之嫌，故爻辞乃有如此之告诫，否则就会有咎错；而上九由于阳气之积累已过九五之中，故曰“亢龙有悔”，亦有“过刚则折”之意；又如大过卦[䷛]九三爻亦因其为阳爻，又在阳位，过刚则折，故有“栋桡”之“凶”。也就是说，《周易》讲求阴阳平衡、协调，如上文所提到的泰卦[䷊]为三阴三阳之卦且上下交感，最符合“一阴一阳”之道，故其卦辞为“小往大来，吉亨”；大壮卦[䷡]则阳多阴少，故其卦辞诫之以具有收敛、含藏之义的“利贞”之辞；夬卦[䷪]阳更多、阴更少，虽为阳来决阴、“君子道长，小人道消”（《杂卦》）之时，卦辞仍诫之以“不利即戎”。这些皆寓有“过刚则折”之意。

泰卦[䷊]为阴阳交合、上下相济之吉顺之卦，与之相反的否卦[䷋]则为阴阳分离之卦，故为凶卦。这种阴阳不相协合之情更多地表现在上下卦之气相互分离的卦象之中。如讼卦[䷅]之“终凶”“不利涉大川”乃因“天与水违行”（《讼·象》）之故；未济卦[䷿]之“无攸利”，乃因“火在水上”（《未济·象》）、二气分离所致；睽卦[䷥]之乖离，乃因“火动而上，泽动而下”（《睽·象》）之故。而对于性质不同之事物，《周易》又注重异中求同，体现在《睽·彖》所说的“天地睽而其事同也，男女睽而其志通也，万物睽而其事类也”，寓有多样性之中存在着统一性之意，亦即《中庸》所说“万物并育而不相害，道并行而不相悖”之意。

阴阳之间的不协调还体现在阴阳之相互胶着，这主要体现在困卦[䷮]阳刚被阴柔所揜、君子被小人所困(小人亦被君子所困)之卦爻象之中,在这种情势之下,君子应该守持正固而“致命遂志”(《困·象》),故卦辞勉之以“贞,大人吉,无咎”。而在明夷[䷣]这种光明被阴暗所覆盖、君子蒙难之时,卦辞则勉之以“利艰贞”,即利于在艰难中守正。

要想从精微处了解《周易》中的阴阳观,还需要了解《周易》中的感通思想及“神道设教”观。感通基于感应,阴阳交感、上下交济是感通之内在运行机制。观与感相辅相成,通过外观神天之道、内观心性本体可以明了感通之源动力。[①]《系辞传》有云:“君子居其室,出其言善,则千里之外应之,况其迩者乎?居其室,出其言不善,则千里之外违之,况其迩者乎?”“善不积不足以成名;恶不积不足以灭身。”“情伪相感而利害生”以及《坤·文言》所云“积善之家必有余庆,积不善之家必有余殃”等说法,皆说明善念、善言、善行必有善果。这亦是《周易》中的“神道设教”观所寓之意。善为阳,恶为阴,《系辞传》所说“阴阳不测之谓神”中的“神”除了指神妙莫测之外,亦有外在主宰之义,具有奖善惩恶之功能,意谓之所以“阴阳不测”乃因阴阳二气一直随着人的念头及言行的变化而变化,故其结果不可测度。因此,张载“一故神”“两在故不测”的说法只是从哲学或天道的角度来说的,而忽略了《周易》中的“神道设教”,故其说并不全面,因为在《周易》经传那里神道、天道、性道是合一的。[②]因为“神”乃“聪明正直而一者也”(《左传·庄公三十二年》),人若通过自修达到“诚”“一”之境就可以通于神明,故这里所说的“神”与强调“因信称义”的基督教中的外在的“上帝”还是有根本的区别的。《周易》注重“神道设教”,旨在让人们生起诚敬、敬畏之心。占筮是《周易》的有机组成部分,而占筮的理论基础是“取类比象”说及宇宙生成论,只是在《周易》这里,宇宙生成论及神道思想被巧妙地转化成了心性修养论。[③]故《周易》的作者主张人们通过修养心性来安身立命乃至改变命运。

结语

综上可知,阴阳之间最理想的关系是阳施阴受、阳始阴终、阴阳交感、阴阳相济,否则就会阴阳分离、阴阳胶着或阴阳相互羁绊。阴阳无处不在,无时不有,人与自然之间、人与人之间皆存在于阴阳关系之中,重要的是我们要明白在各种情势下自己是属于阳的方面,还是属于阴的方面。《周易》之“崇阳抑阴”乃是从先天本体的角度来讲的,是为了强调在任何情势下都不要失却道之本体大

① 关于对此说之论证,见张文智:《感而遂通、化成天下——〈周易〉中的感通思想探微》,《孔子研究》2020年第2期。

② 关于对此说之论证,见张文智:《从观卦[䷓]看〈周易〉中的“神道设教”观——兼论儒学的宗教性问题》,《东南大学学报》(哲学社会科学版)2019年第4期。

③ 关于对此说之论证,见张文智:《〈周易〉的占筮理论及其旨归》,《南通大学学报》(社会科学版)2019年第4期。

源。而在后天世界就需要“崇阴抑阳”“裒多益寡”(《谦·象》)、“损上益下”(《益·象》),如此才能实现“天地交而万物通”“上下交而其志同”(《泰·象》)的化成天下之阴阳合和状态,如此才能常保中和。

自西汉以来,历代易学家多从“一阴一阳之谓道”“阴阳不测之谓神”“保合太和乃利贞”等具体的词句,而不是通过统合《周易》经传、从《周易》中的本体生成论出发来理解《周易》中的阴阳观,故他们的说法易于偏离《周易》经传之本旨。

《周易》的忧患意识*

韩子奇** 著　王露晗*** 译

摘　要：本文从“忧患”的角度解读《周易》，旨在探讨《周易》在中国古代从六十四卦发展到《十翼》，再延伸出多种注解的发展脉络。循此，我们会看到不一样的《周易》。《周易》基于阴阳学说，展现宇宙中两大此消彼长的元素。《周易》除了描述稳定的宇宙结构、颂扬人类发挥宇宙和自身力量外，还关注混乱、灾祸和偶然性。在《周易》中，变化是永恒的。因此，人类必须生活在不确定性、不可预测性和偶然性之中。

关键词：焦虑；勇气；恐惧；自我认知；《周易》

众所周知，《周易》包含三个不同部分：卦象、卦爻辞与《十翼》。用朱熹的话，《周易》混合了伏羲《易》（图像）、文王《易》（文字）和孔子《易》（哲学）。[①]三个部分虽然前后呼应，但各有特色。过去多个世纪，不少易学家曾尝试利用三个部分去解释宇宙的结构、人类与自然界之间的关系、以及人类面对困境时的态度和立场。他们借用了占星术、命理学和道德形上学，进一步增强了文本的连贯性。[②]这个连贯性，可以称为“占卜的哲学”（the philosophy of divination）。

所谓“占卜的哲学”，意在承认人的认知能力有限，不能仅靠自己的力量去

---

*　本文为广东省教育厅高等教育“冲一流、补短板、强特色”提升计划专项资金：“传播粤港澳大湾区”研究计划（UICR0400028－21）的阶段性成果。

**　韩子奇，北京师范大学（珠海）历史文化研究所教授，北京师范大学—香港浸会大学联合国际学院人文社科学院院长。

***　王露晗，山东大学儒学高等研究院在读博士研究生。

①　黎靖德编：《朱子语类》卷六六，北京：中华书局，1986年，第1622～1630页。

②　有关易学发展的概况，参见朱伯崑：《易学哲学史》，北京：北京大学出版社，1986年。

了解世界，必须向外寻求新的知识泉源，去改变自己的命运。[①]这种“占卜的哲学”可以是纯宗教性的占卜仪式（例如西周时的龟甲卜问），也可以是纯哲理性的推论（例如《十翼》中的《系辞传》）。故此，《周易》成书曾经经历过从占卜转变为哲学的过程。[②]这个转变也证明了《周易》离不开两个重点：人认知能力的局限（human finitude）和人的主体性（human subjectivity）。前者凸显了人的被动性，后者强调了人的主动性。

换句话说，在《周易》里，人总是介于被动与主动之间，从被动中找寻主动权，或从主动中了解自己的被动性。这种主动与被动的张力，我称之为“忧患意识”。它指人生于世，总是不断居安思危，又能够处变不惊。这种忧患意识在今天看来似乎是老生常谈，尽人皆知。但是，当我们细心阅读《周易》原文和众多《周易》注解时，便会发现这种忧患意识其实包含了“人认知能力的局限”和“人的主体性”两大元素。这两大元素，既彼此矛盾又相辅相成。它们的哲学和神学意义，到今天依然非常重要。

本文将分两个部分讨论《周易》的忧患意识。第一部分将集中分析《系辞传》中的一个矛盾，即《系辞传》的作者一方面力图证明宇宙按照“一阴一阳之谓道”的定律而发展开来，有其稳定节奏和恒常规律，所以人类必须遵从这个定律而生活。另一方面《系辞传》的作者强调我们人生中充满着“吉、凶、悔、吝”，不断警告我们注意生活中的不确定性和不可预测性，好像世界充满着危机，宇宙不久将要分崩离析。这个矛盾在《乾凿度》“易有三义”（变易、不易、易简）中表露无遗。一方面，《周易》承认宇宙是一个生生不息又前后一贯的宏大系统。另一方面，《周易》强调人类在宇宙系统中是渺小的，但同时也起着重要的作用。《周易》的忧患意识，就是提醒我们既不能自大，也无需自卑。我们总是在乐观与悲观交集中，寻找我们的道路。

第二部分，我选择了四个卦去阐释《周易》的忧患意识。这四卦是：“蛊”“大过”“睽”和“蹇”。不约而同，这四卦把我们注意力引到日常生活中不愿见到的四种情况：疾病（“蛊”）、衰败（“大过”）、背离（“睽”）和障碍（“蹇”）。这四种情况常常在我们身边发生，但常常被我们忽视。为了阐明这四卦的复杂性，我将比较虞翻（164～233）和王弼（226～249）的注解。选择这两位经学家是因为他们具有独特的释易风格。虞翻基于宇宙论和命理学来解释卦义，而王弼则从人的决策技巧去解释卦义。尽管两位经学家都没有缓解“宇宙稳定性”（cosmic

---

① 有关“the philosophy of divination”的内容，笔者曾在斯坦福哲学百科词条里详细讨论。见 Tze－ki Hon，“Chinese Philosophy of Change（Yijing）”，Stanford Encyclopedia of Philosophy，May 2019.（https://plato.stanford.edu/entries/chinese－change/）

② 朱伯崑对《周易》从占卜神学演变为理性哲学的过程，有独到看法。见《易学哲学史》上卷，第51～105页。

stability)与“人生偶然性”(human serendipity)之间的紧张关系，但他们给《周易》的忧患意识赋予了新的含义，也给我们不少新的思想泉源。

一、人的局限性

《周易》认为宇宙无始无终，又不断地自我更新。从哲学的角度来说，《周易》的宇宙观属于“自然宇宙论”(natural cosmology)，与基督教的“一神论”(monotheism)有根本的区别：《周易》将宇宙理解为一种宏大的有机体，犹如洪洪大海或涛涛大江，整天川流不息，日新月异。宇宙在不断变化中，是一个活泼、充满生机的庞大系统，它不单包含天地万物，同时让天地万物不断地互相渗透、互相影响、互为因果。[①]故此，宇宙是连续的、完整的和动态的。它是连续的，因为它永远不会停止自我更新；它是整体，因为它无所不包，渗入到天地万物之中，影响着每一个生命的每一个小环节；它是动态的，因为它不断运转，不断推陈出新，不断产生能量和力量。[②]在这个宇宙洪流中，一切区别也不再有意义。自然界和人类社会，主体和客体，观察者和被观察物，内在世界和外在世界，理性和感性，这些区别其实都是宇宙流转的一部分，不分彼此。

在《周易》中，宇宙的洪流用八卦和六十四卦显现出来。例如，八卦(☰、☱、☲、☳、☴、☵、☶、☷)是宇宙阴阳力量(或炁/气、能量)的混合。每一个卦是由直线(阳)和虚线(阴)组成，象征着宇宙在“一阴一阳之谓道”的规律下，不断地更新和自我创造。而六十四卦又是八卦的延伸。例如，一个六画卦可以分为上下两个三画卦：上卦(四爻到上爻)、下卦(从初爻到三爻)。一个六画卦中也可分作“天地人”三个部分，下方两爻代表地，中间两爻代表人，上方两爻代表天，成为“三才”的符号。

在《系辞传》的第一章里，作者通过阐释八卦的形象思维，告诉我们宇宙的宏大和它的威力：

> 天尊地卑，乾坤定矣。卑高以陈，贵贱位矣。动静有常，刚柔断矣。方以类聚，物以群分，吉凶生矣。在天成象，在地成形，变化见矣。是故刚柔相摩，八卦相荡。鼓之以雷霆，润之以风雨。日月运行，一寒一暑。乾道成男，坤道成女。乾知大始，坤作成物。乾以易知，坤以简能。易则易知，简则易从。易知则有亲，易从则有功。有亲则可久，有功则可大。可久则贤

---

① 有关《周易》中的“自然宇宙论”，参见 Roger Ames, “The Great Commentary (*Dazhuan* 大传) and Chinese Natural Cosmology”, *International Communication of Chinese Culture*, Vol. 2, (2015), pp.1-18.

② 有关中国古代“自然宇宙论”的哲学意义，见 Tu Wei-ming, *Confucian Thought: Selfhood as Creative Transformation*. Albany, NY: State University of New York, 1985, p.35.

人之德,可大则贤人之业。易简而天下之理得矣!天下之理得,而成位乎其中矣。[1]

但是宇宙川流不息,并不意味着天下太平,无忧无虑。引文中,《系辞传》的作者指出,“方以类聚,物以群分,吉凶生矣。在天成象,在地成形,变化见矣”。也就是说,人类对掌控自己生命有局限性,面对宇宙洪流,人类总是手忙脚乱。故此,《系辞传》不断讨论卦爻辞中的“吉、凶、悔、吝”。这些讨论凸显了人类生存的挑战。在某些情况下,我们鸿福齐天,一切事情都得心应手,万事大吉。但有些时候,我们显然在行厄运,无论我们多么努力都总是失败,路子越走越窄。《系辞传》的作者在字里行间流露出对人生悲凉惨淡的体会,也深深表达对处于厄运中的人的同情。

圣人设卦观象,系辞焉而明吉凶,刚柔相推而生变化。是故吉凶者,失得之象也。悔吝者,忧虞之象也。变化者,进退之象也。刚柔者,昼夜之象也。六爻之动,三极之道也。是故君子所居而安者,易之序也。所乐而玩者,爻之辞也。是故君子居则观其象而玩其辞,动则观其变而玩其占,是以自天佑之,吉无不利。

《系辞传》的作者指出,我们观察卦象、探究卦爻辞有两个目的。一是明白宇宙洪流生生不息的定律,能够达到“所居而安者,易之序也”。二是了解人生总是不断受到冲击,有得有失、有进有退,能够达到“所乐而玩者,爻之辞也”。总而言之,人的命运就是危中有安,安中有危。《周易》里千言万语都在说明这一点。所以,《系辞传》的作者说道:

彖者,言乎象者也。爻者,言乎变者也。吉凶者,言乎其失得也。悔吝者,言乎其小疵也。无咎者,善补过也。是故列贵贱者存乎位,齐小大者存乎卦,辨吉凶者存乎辞,忧悔吝者存乎介,震无咎者存乎悔。是故卦有小大,辞有险易。辞也者,各指其所之。

《系辞传》的作者从宇宙洪流的滔滔不绝证明了人类命运充满“吉、凶、悔、吝”;同时从历史事件中找到证据,证明人的命运充满着忧患。在中国的历史事件里,《系辞传》的作者特别重视商、周交替的“中古”时代。

易之兴也,其于中古乎?作易者,其有忧患乎?

易之兴也,其当殷之末世,周之盛德邪?当文王与纣之事邪?是故其辞危,危者使平,易者使倾。其道甚大,百物不废,惧以终始,其要无咎,此之谓易之道也。

---

① 本文《系辞传》引文根据王弼著,楼宇烈校释:《王弼集校释》,北京:中华书局,1980年。

《系辞传》的作者对"中古"尤其感兴趣，除了因为商末周初是《周易》六十四卦结集成书的时代背景之外，也因为"中古"这段历史正好说明在商、周更迭之中，当时的人（包括周文王）深深体会到生活在离乱之世的悲苦。他们利用占卜探问前程，表达他们对未来的焦虑及对天命无常的恐惧。不论焦虑抑或恐惧，占卜的效果都是一样的。它迫使占卜者反思自己的傲慢和自满，寻求新的思想资源去了解周围的情况，重新规划一套应变的方案，解决面前的困惑。换句话说，《系辞传》的作者强调忧患，目的并不是要我们怨天尤人、自怨自艾；而是培养我们"危者使平，易者使倾"的警惕心，从而达到"百物不废，惧以终始，其要无咎"的理想状态。

对于《系辞传》的作者来说，危险和衰败不仅发生于政权交替的大动荡时代，也发生于每个普通人的日常生活之中。事情不论大或小，问题不论复杂或简单，人类总是无法完全控制自己的命运。同时《系辞传》的作者也安慰我们，如果细心学习卦象及卦爻辞的深意，必能在困惑中找到解决办法。他们写道：

> 易与天地准，故能弥纶天地之道。仰以观于天文，俯以察于地理，是故知幽明之故，原始反终，故知死生之说。精气为物，游魂为变，是故知鬼神之情状，与天地相似，故不违。知周乎万物，而道济天下，故不过。旁行而不流，乐天知命，故不忧。安土敦乎仁，故能爱。范围天地之化而不过，曲成万物而不遗，通乎昼夜之道而知，故神无方而易无体。

引文中最重要的两句话："知周乎万物，而道济天下，故不过。旁行而不流，乐天知命，故不忧。"这两句话深深表达了《系辞传》的作者对忧患的了解。对他们来说，忧患是一种双重体验。一方面是自我控制，顺应外在环境而做出适当的反应（"知周乎万物，而道济天下，故不过"）；另一方面是自我发挥，在深入了解周围环境之后，尽量找办法去解决面前的困难（"旁行而不流，乐天知命，故不忧"）。这两种体验，一个是向内收敛，一个是向外延伸。两者表面上是矛盾的，但实质上是相辅相成的。两者都在考验我们对外在世界的观察力和判断力，使我们能屈能伸，进退有道。

但《系辞传》的作者只说明忧患的双重性，他们没有更进一步解释忧患的来源。忧患究竟源于宇宙系统本身的误差，对人造成的误导，还是人类的认知能力不完备，出现了认知误差？前者是宇宙系统本身的问题，人没法解决，只能求教苍天，求救神灵。后者是认识论（epistemology）的问题，认为人有办法去改变自己的认知方式和方法，找出真相。综观整篇《系辞传》，似乎重点在后者。《系辞传》的作者三番五次说明八卦六十四卦是面对忧患的有效工具，其用意是鼓励读者建立一套新的认知系统。在他们手里，八卦六十四卦不再是占卜的符号，而是宇宙不断运动和生命不断变化的符号。通过卦象，我们可以从点到线，从线再到面，不断外延，把我们身边发生的事，连接到家庭、社会、族群、自然界等等，从近到远，从简单到复杂，从可见到不可见，一直贯通到天地万物。这种阔达的胸怀，飘逸的情操，就是前面引文所说："范围天地之化而不过，曲成万物而不遗，通乎昼夜之道而知，故神无方而易无体。"如此，《系辞传》的作者便巧妙地把人类放到宏大的宇宙系统中。在宇宙洪流中，人类既是主体也是客体，既主动地创造世界，也被动地适应世界。

二、以宇宙秩序化解忧患

汉代易学一般被归为"象数"派，即通过对卦象和数字的演绎，去阐释《周易》卦爻辞的意义。其中名家辈出，包括孟喜、京房、郑玄、荀爽和虞翻等。[①]从易学史的角度而言，汉代易学家的贡献在于采用不同的方法重新安排六十四卦的卦序，把六十四卦改变为宇宙周期性运行的符号。换句话说，汉代易学家的出发点，是不满通行本六十四卦的次序，觉得它呆滞死板，于是试图建立新的卦序，打通自然界与人类界的隔膜。

通行本六十四卦卦序根据的是《十翼》的《序卦》。它的次序从天地初开，到建立人类社会，之后再延伸到家庭制度的产生和人类社会中的种种问题。《序卦》开篇写道：

> 有天地，然后万物生焉。盈天地之间者唯万物，故受之以《屯》。《屯》者，盈也；物之始生也。物生必蒙，故受之以《蒙》。《蒙》者，蒙也；物之稚也。物稚不可不养也，故受之以《需》。《需》者，饮食之道也。饮食必有讼，故受之以《讼》。讼必有众起，故受之以《师》。《师》者，众也……

这种线性的发展图式是单向的、单调的，远远不能表达宇宙庞大系统的灵活性和多变性。

而汉代易学家除了要改造《周易》六十四卦的次序之外，他们更重要的任务是利用《周易》为汉朝卜命，证明汉朝是奉天承运，获得天命而建立的永恒帝国。故此，汉代易学家尽量以《周易》六十四卦附会阴阳起伏，把宇宙的庞大系统搬到人间来，融合自然界和人类界，使二者达至天人合一的和谐境界。

所谓"天人合一"或"天人感应"，基于两种假设。首先，宇宙的秩序是稳定的。它的稳定性体现在时间上，例如四季，十二个月，$365\frac{1}{4}$天。其次，人类的生命周期，工作和休息的节奏以及家族兴衰，都与自然界的秩序相吻合。尽管经历沧海桑田，自然界和人类界仍能保持平衡，具有系统性，并且可以预测。更重

① 关于汉代易学，参见林忠军：《象数易学发展史》卷二，济南：齐鲁书社，1998年。

要的是两者之间的互相配合、互相呼应。[①]

新的卦序给汉代易学家带来不少便利。其一,新的卦序与阴阳五行配套,直接建立起“天人感应”的卦象模式。例如,孟喜发明的“十二消息卦”选出十二卦,代表阴气和阳气的起伏。“十二消息卦”的次序如下(图1):

䷗ 复	䷒ 临	䷊ 泰	䷡ 大壮	䷪ 夬	䷀ 乾	䷫ 姤	䷠ 遁	䷋ 否	䷓ 观	䷖ 剥	䷁ 坤

图1 “十二消息卦”

其二,新的卦序也可以与天干地支和每日时辰挂钩,直接把六十四卦放到历法和时序里,用卦象规范人的作息习惯。例如,“十二消息卦”可以代表一年的十二个月。故此,“复”是十一月,“临”是十二月,“泰”是一月,“大壮”是二月,“夬”是三月,“乾”是四月,表示阳气的回升。另一方,“姤”是五月,“遯”是六月,“否”是七月,“观”是八月,“剥”是九月,“坤”是十月,代表阴气的回升。十二个月刚好一半是阳消阴息,一半是阴息阳消,构成一个稳定的循环系统。

其三,新的卦序加强了卦象的变化弹性,不单可以“奇偶相应”,还有“飞伏”“世应”“爻变”“卦变”,尽量发挥一卦六爻的无穷可能性。对汉代易学家来说,解释一个卦时,必须把该卦与其他卦连结起来。假使碰到不利的卦也不要紧,阳爻可以变为阴爻,阴爻可以变为阳爻。爻变不成,便来个卦变。一卦之内亦可以分为互卦,例如二、三、四爻互为一个三画卦,三、四、五爻 为另一个三画卦,两个互卦合成一个新的六画卦。总之“穷则变,变则通,通则久”,一定有办法把表面是坏的卦变为好的卦,好的卦变为更好的卦。

在《周易》六十四卦之中,“蛊”“大过”“睽”和“蹇”格外不祥。“蛊”字指器皿中的毒虫,代表食物腐烂后而产生的疾病传染。“大过”䷛的卦象看起来像是一栋已损坏的房屋,基础薄弱(初六阴爻),没有屋顶保护(上六阴爻)。“睽”代表上下背离,犹如《彖传》所说:“二女同室,其志不同。”(家中有两女,心意不相同)“蹇”是指发现了危险迹象后,应该放弃原定出行计划。这四个卦让我们关注日常生活中不愿见到的四种情况:疾病(“蛊”)、衰败(“大过”)、背离(“睽”)和障碍(“蹇”)。

虞翻像其他的汉易学家一样,也将《周易》的卦爻灵活利用,实现“天人合一”和“天人感应”。因此,他并不认为“蛊”“大过”“睽”和“蹇”一定是疾病、衰败、背离和障碍的警号。相反,他将这四卦视为象征宇宙发展的象征。以“睽”䷥为例,尽管《序卦传》把“睽”解释为家庭发生了背离情况(“家道穷必怪”),但虞翻认为它只是上卦“离”☲和下卦“兑”☱的象征。对他来说,“睽”须与“大

① 关于汉代易学的特色,详见余敦康:《易学今昔》,桂林:广西师范大学出版社,2005年,第169～202页。

壮”和“无妄”两卦联系起来理解(“大壮”上之三,在《系》盖取“无妄”二之五也)。[1]在“大壮”䷡卦中,当上六阴爻与九三阳爻互换位置后,“大壮”便变成“睽”䷥。同样,在“无妄”䷘卦中,当六二阴爻与九五阳爻互换位置后,“无妄”便变成“睽”䷥。这种阴阳换位,结果是“睽”䷥的六五爻“得中应刚,故吉”。[2]虞翻把这三卦联系起来,提醒读者,六十四卦的关系其实错综复杂,揭示了宇宙令人惊叹的威力。

同样,“大过”的意义并不能单靠表面来判断。对虞翻来说,读者的眼光应该落在“大过”卦辞上。“大过”卦辞明明说:“大过,栋桡,利有攸往,亨。”就是说,即使“大过”卦象有房屋倒塌的现象,但是这种危险的情况反而可以产生“亨”的结果。为什么呢?虞翻的回答是,“亨”来自“大壮”变卦为“大过”卦。在“大壮”卦䷡中,当六五阴爻与初九阳爻互换位置时(“大壮”五之初),卦便变成“大过”䷛。[3]或“大壮”三、四、五爻互为“兑”☱卦,当六三阴爻与初九爻阳互换位置时,卦也变为“大过”(或“兑”三之初)。[4]更重要的是,虞翻认为,“大过”的“亨”源于九二爻与九五爻两阳不应。九二必须改变自己,以达至“利变应五”。[5]“大过”的“亨”是指九二的勇毅,敢于改变自己,与九五联通,创造了和谐气氛。

同样,“蛊”并不一定是腐朽。对虞翻而言,“蛊”䷑来自“泰”䷊。当“泰”的初九阳爻与上六阴爻交换位置时(“泰”初之上),“泰”便变为“蛊”。同时“蛊”䷑与“随”䷐的卦象刚刚相反(与“随”旁通),[6]当我们分析“蛊”卦时,务必参考“随”卦的卦义。因此,“蛊”并不像汉字“蛊”所表现的那样,意味着腐朽。相反,“蛊,刚上而柔下,乾坤交”[7],代表了刚柔相济的好境况。

总体而言,汉代易学家面对忧患时,从宇宙定律入手。他们通过“天人合一”和“天人感应”把自然界的定律注入人类社会里,尽量把人类的作息习惯与自然界的时序(例如四季、时辰、干支)配合,形成一种内外、主客的和谐情况。这样,他们利用宇宙自然界的有序性、稳定性和可预测性,化解忧患。他们认为,只有顺着自然界的定律才可以消除忧患。但是,人是不是可以完全了解自然界定律?是不是可以有效地把自然界定律融入人类生活里?是不是有能力通过“天人合一”和“天人感应”建立一个永恒王朝?这些问题,汉代易学家没办

① 李道平:《周易集解纂疏》,北京:中华书局,1994年,第355页。

② 李道平:《周易集解纂疏》,第355页。

③ 李道平:《周易集解纂疏》,第289页。

④ 李道平:《周易集解纂疏》,第289页。

⑤ 李道平:《周易集解纂疏》,第290页。

⑥ 李道平:《周易集解纂疏》,第216页。

⑦ 李道平:《周易集解纂疏》,第216页。

法解答。原因无它,他们陶醉于“天人合一”和“天人感应”理论,以为已经找到自然定律,从此天下太平,国泰民安。

三、人的主观能动性

公元220年,汉朝灭亡,暴露了“天人合一”和“天人感应”理论的弱点。无论多么精密和细致,人类都无法完全掌握宇宙规律,更无法将其完全应用于人事上。即使人试图模仿宇宙规律去统治人类社会,社会的复杂程度也远在他们的掌控之外。随着汉朝的灭亡,易学家们不再幻想彻底了解宇宙定律。相反,他们将注意力转向人类社会,并探求其深层结构。在易学领域里,王弼首先将目光投向人类社会。他出生于汉朝灭亡6年后,当时魏蜀吴三足鼎立,时局混乱,动荡不安。王弼生活在这样的时局下,亲身经历了忧患。故此,他并不要求消灭所有忧患,他只想找出应对忧患的方法,与忧患共存。

王弼的易学理论,全写在《周易略例》里。《周易略例》包括《明彖》《明爻通变》《明卦适变通爻》《明象》《辩位》《略例下》《卦略》七篇文章。余敦康先生已经对这七篇文章作过仔细分析,这里不用重述。[①]但就《周易》的忧患意识,我们可以对《明彖》《明爻通变》《明卦适变通爻》三篇文章,再作一些阐释。

首先,王弼读《周易》,不是将六十四卦看作一个严密系统,按照线性次序从头读到尾,或把几个卦合为一个系列(例如十二消息卦)来读。他主张一卦一卦来读。这种读法,显明与汉代《易》学家的读法不同。这种读法的优点,是重视读《易》者的个人体验。先从“点”入手,弄清楚读《易》者身处的环境和内心世界,然后才往外推,扩展到读《易》者身旁的人际网络,以一卦六爻去显示人际网络的复杂性和多样性。

在《明彖》中,王弼强调读一卦时,必须先读该卦的《彖传》,原因是《彖传》总结了该卦的中心要点,使读者对该卦的组合和面对的问题,一目了然。

> 夫彖者,何也?统论一卦之体,明其所由之主者也。夫众不能治众,治众者,至寡者F也。夫动不能制动,制天下之动者,贞夫一者也。故众之所以得咸存者,主必致一也;动之所以得咸运者,原必无二也。物无妄然,必由其理。统之有宗,会之有元,故繁而不乱,众而不惑。故六爻相错,可举一以明也;刚柔相乘,可立主以定也。是故杂物撰德,辩是与非,则非其中爻,莫之备矣![②]

对王弼来说,《彖传》不单总结一卦的特点,同时也教导我们如何更深、更广地察看事物。

---

① 余敦康:《易学今昔》,第203~239页。

② 王弼著,楼宇烈校释:《王弼集校释》,第591页。

> 故自统而寻之，物虽众，则知可以执一御也；由本以观之，义虽博，则知可以一名举也。故处璇玑以观大运，则天地之动未足怪也；据会要以观方来，则六合辐辏未足多也。故举卦之名，义有主矣；观其彖辞，则思过半矣！夫古今虽殊，运国异容，中之为用，故未可远也。品制万变，宗主存焉；彖之所尚，斯为盛矣。[①]

王弼提倡从《彖传》出发去读卦，用他自己的话就是“崇本息末、守母存子”的方法(《老子指略》)。[②]这个方法也可以称为“抓住纲领的哲学”，目的是从繁杂凌乱的人际事务中抽身出来，从更高、更广、更深的层次去观察周围事物，避免“见木不见林”，只看一面而看不到另一面，或只看到表面而看不到事情的深层结构。

“抓住纲领的哲学”优点在于见微知著，举一反三。从日常生活的细目小节，可以推扩到更广更深的事理。推论的基础，就是人群网络里错综复杂的关系。在《明爻通变》里，王弼指出一卦的六爻正好表达了人际网络里的复杂关系：

> 夫爻者，何也？言乎变者也。变者何也？情伪之所为也。夫情伪之动，非数之所求也；故合散屈伸，与体相乖。形躁好静，质柔爱刚，体与情反，质与愿违。巧历不能定其算数，圣明不能为之典要；法制所不能齐，度量所不能均也。为之乎岂在夫大哉！陵三军者，或惧于朝廷之仪；暴威武者，或困于酒色之娱。[③]

既然单单一个卦就有这么大的效用，我们需要仔细研究它，看清楚它的六爻关系，在哪些情况会有利，哪些情况会不利，在哪些情况应立即采取行动，哪些情况需要隐退。如此，六爻所显示的，是一个特定情况下的不同可能性。从一卦的结构来说，每一爻都是被动的，它受制于整个卦的关系；但从一爻的角度出发，每一爻都有它的功能和发挥效应的机会。在决定行动之前，祸福得失，尽在一念之差；在行动之际，吉凶悔吝，尽在个人的取舍。故此，在《明爻通变》里，王弼接着说：

> 近不必比，远不必乖。同声相应，高下不必均也；同气相求，体质不必齐也。召云者龙，命吕者律。故二女相违，而刚柔合体。隆墀永叹，远壑必盈。投戈散地，则六亲不能相保；同舟而济，则吴越何患乎异心。故苟识其情，不忧乖远；苟明其趣，不烦强武。能说诸心，能研诸虑，睽而知其类，异而知其通，其唯明爻者乎？故有善迩而远至，命宫而商应；修下而高者降，

① 王弼著，楼宇烈校释：《王弼集校释》，第591页。

② 王弼著，楼宇烈校释：《王弼集校释》，第196页。

③ 王弼著，楼宇烈校释：《王弼集校释》，第597页。

与彼而取此者服矣！[①]

可见，王弼"抓住纲领的哲学"有另一个优点，即证明忧患是好事。既然祸福得失、吉凶悔吝，都是一念之差和个人取舍，那么忧患就是个人发挥主观能动性的最好机会。当站在十字路口，前路茫茫，看起来是充满着危机，但想深一层，这正是我们了解自我、发挥自我、完成自我的契机。在《明卦适变通爻》里，王弼一锤定音，认定"适变"是个人反客为主的机遇：

> 夫卦者，时也；爻者，适时之变者也。夫时有否泰，故用有行藏；卦有小大，故辞有险易。一时之制，可反而用也；一时之吉，可反而凶也。故卦以反对，而爻亦皆变。是故用无常道，事无轨度，动静屈伸，唯变所适。故名其卦，则吉凶从其类；存其时，则动静应其用。寻名以观其吉凶，举时以观其动静，则一体之变，由斯见矣。[②]

从"适变"的角度而言，"蛊""大过""睽"和"蹇"并不可怕。对于"蛊"，王弼不认为是有关疾病的卦。相反，他按照《序卦》的说法，将"蛊"解作"事"，劝告人们"蛊"卦是"有事而待能之时也"。[③]如此，"蛊"卦的内容变得简单，即处理"父之蛊"和"母之蛊"，都是在帮助父母解决问题的不同策略，例如"干父之蛊""干母之蛊""裕父之蛊"。因此，他总结道："物已说随，则待夫作制以定其事也。"[④]

同样，王弼认为"大过"并不意味是犯大错误；相反，它意味着"大者乃能过也"。[⑤]

虽然"大过"九二爻和九五爻的爻辞都提到了"枯杨"。九二爻是"枯杨生稊"；九五爻是"枯杨生华"。表面上，这两句爻辞都像是描述一些不寻常的男女关系。九二爻出现"老夫得其女妻"，九五爻则"老妇得其士夫"。对王弼来说，反常的出生和有违传统的配对都传达了同样的信息：他们强调必须采取严厉的行动来解决严峻的局势。"大过"其实"是君子有为之时也"。[⑥]

王弼在解释"睽"和"蹇"时，采用了一种稍有不同的策略。在注解中，他承认二者都代表面临困境。"睽"是"事皆相违，害之道也"[⑦]。"蹇"是"蹇难之时，非小人之所能用也"[⑧]。但他同时指出，人们可以将困境转变为机遇。例如，在"睽"中，他承认"二女同室，其志不同行"是一个困局。但他强调《彖传》提到了

---

① 王弼著，楼宇烈校释：《王弼集校释》，第597页。
② 王弼著，楼宇烈校释：《王弼集校释》，第604页。
③ 王弼著，楼宇烈校释：《王弼集校释》，第308页。
④ 王弼著，楼宇烈校释：《王弼集校释》，第308页。
⑤ 王弼著，楼宇烈校释：《王弼集校释》，第356页。
⑥ 王弼著，楼宇烈校释：《王弼集校释》，第357页。
⑦ 王弼著，楼宇烈校释：《王弼集校释》，第405页。
⑧ 王弼著，楼宇烈校释：《王弼集校释》，第411页。

三种美德："说而丽乎明，柔进而上行，得中而应乎刚。"三种美德包含了清晰的思维能力、谨慎的态度和勇往直前的勇气。因此，他认为，如果一个人具备这三种美德，就会"是以小事吉"[①]，虽然做大事不一定顺利，但做小事则可以成功。同样，在"蹇"这种险境中，王弼看到了成长的机会。他告诫读者要充分了解困境之由，也鼓励他们不要灰心丧气。王弼特别注意到"蹇"䷦的六爻是代表了"各履其正，居难履正，正邦之道也"[②]。

结语

有人会质疑，王弼易学是不是过分将《周易》局限于具体的人事上？与虞翻相反，王弼对宇宙自然定律不感兴趣。他谈阴阳匹配，但不谈阴阳起伏，也不把卦象比附天干地支。从范围来说，王弼易学的确比汉代易学狭隘，全然集中于人事上。但从深度来说，王弼易学比汉代易学更能面对人类认知的局限。人之为人，必然有其限制。他不完全了解天意，更没办法完全领悟自然界的定律，更不用说替天行道，建立一套"天人合一"和"天人感应"的庞大系统。所以王弼鼓励我们"明卦适变通爻"。这种思维其实更实事求是。而且，在面对忧患时，我们应不慌不忙、不卑不亢，在被动中找寻主动权，在主动中了解自己的局限。

而王弼把《周易》化约为一套"抓住纲领的哲学"，目的不是要我们逃避忧患。正相反，他是告诉我们忧患一定存在，只要天地存在，便会有忧患。而面对忧患的最佳办法，是迎接它、活用它，把它转化为我们成长的契机。从这个角度出发，我们可以说王弼不仅把《周易》的忧患意识从天上带到人类社会，也把《周易》的忧患意识变为我们每个人了解自我、发挥自我的开端。他鼓励我们从一卦六爻里看到自己，看到周遭环境，看到自然界，看到全宇宙。在《明爻通变》的最后一段，王弼留给我们最亲切、最坦诚的忠告：

> 是故，情伪相感，远近相追；爱恶相攻，屈伸相推；见情者获，直往则违。故拟议以成其变化，语成器而后有格。不知其所以为主，鼓舞而天下从，见乎其情者也。

这样，我们不用害怕忧患，也不用担心忧患所带来的生理或心理代价。没有付出，哪有收获？让我们坦然迎接忧患吧！

---

① 王弼著，楼宇烈校释：《王弼集校释》，第405页。

② 王弼著，楼宇烈校释：《王弼集校释》，第410页。

《穆天子传》疑难字释读数则*

雷晋豪**

摘　要:《穆天子传》保留了众多隶古定的疑难字,历代学者多加释读,然尚余待考之字。本文针对其中的筃、㲋、侸、儀四字,首先比较字形的版本之别,再整理前贤诸说,最后运用古文字资料加以释读。一方面增进对《穆天子传》文意的理解;另一方面也能对该书的情节安排、历史地理、版本流传以及八骏的命名等,取得新的认识。

关键词:《穆天子传》;疑难字;古文字学

前言

《穆天子传》保存了众多以隶古定保存的奇字(疑难字),自晋代郭璞以来,多有学者加以释读。至近代孙诒让、于省吾开始运用古文字资料解读《穆传》中的疑难字。[①]20世纪90年代,陈炜湛延续这种方法,针对《穆传》疑难字作了一次较为全面的释读,但尚有三十余个待考之字(图1)[②]。近年杨蒙生更列举出《穆传》的隶定古文九十九个,从古文字学的视角加以检视,提出不少新见。[③]尽管如此,《穆传》之中尚有待释之字,而新出古文字材料或有助于其解读。兹就管见所及,提出疑难字释读四则如下。

*　本研究为香港大学教育资助委员会"青年学者计划"资助之"史实与想象之间:《穆天子传》与中国早期小说的兴起"研究计划(ECS 28601717)的阶段性成果。

**　雷晋豪,香港教育大学文学及文化学系助理教授。

①　孙诒让:《札迻》卷一一,济南:齐鲁书社,1989年,第359~362页;于省吾:《〈穆天子传〉新证》,《考古学社社刊》1937年第6期。

②　陈炜湛:《〈穆天子传〉疑难字句研究》,《中山大学学报》(社会科学版)1996年第3期。

③　杨蒙生:《〈穆天子传〉隶定古文辑证》,中国文学编辑委员会编:《中国文字》新43期,台北:艺文印书馆,2017年。

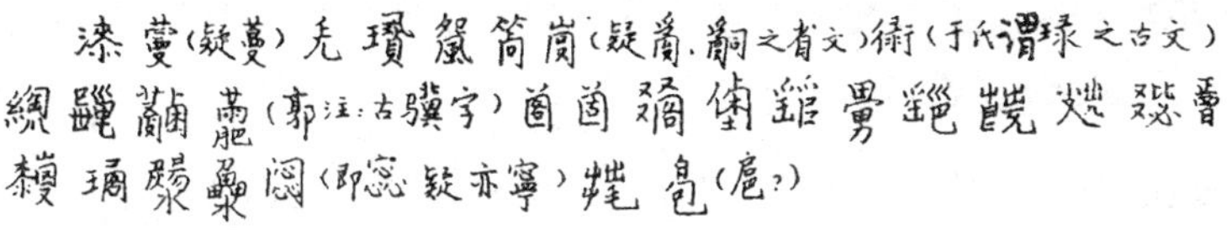

图1 《穆传》待考释之字

以下以奇字为单位,首先列举疑难字的版本之别,其次整理前贤诸说,最后依据新出古文字材料进行释读,并讨论相关议题。并需说明,本文引用之原典均出自王贻樑、陈建敏校释《穆天子传汇校集释》(中华书局,2019年),故引文后仅以括号加注《汇释》与页码,不再一一加当页注,以清眉目。

一、筒

"筒"字见于《穆传》卷四。穆王在归途中赏赐"重䚋之人"的物品有"筒箭"一项(《汇释》,第177页)。该字各本均作"筒",仅有郝懿行疑其原作"笛",然并无实据,且亦不可解。今从众本。

该字檀萃以为"古筍字",洪颐煊读为"筱",以为箭头之意。王贻樑从之,但以为其意当从《说文》"筱,箭属,小竹也"。(《汇释》,第204~205页)。

前贤诸说多可商榷。按穆王对"重䚋之人"的赏赐物为:

> 黄金之罂二九、银乌一只、贝带五十、朱七百裹、筒箭。(《汇释》,第177页)

金、银、朱、贝均为名贵之物,不可能夹有筍子或小竹子。诸说中以洪颐煊的箭头说较为合理,然该字也不应读为"筱"。

本文认为"筒"应读为"箇"。后者楚简作:

《望山》1.3

字形上竹下周,下半或误为似"卣"之形。按古音周、寿相近,"箇"字即为"筹"字。[①]《说文》"筹,壶矢也。从竹,寿声"。故"筒箭"实即"筹箭",也就是箭矢之意。穆王在赏赐了"重䚋之人"金银珠贝之后,赐之以箭矢是合理的。

值得思考的是,周代天子赐诸侯以弓矢往往有授予军事权力的象征意义,而"重䚋之人"是《穆传》之中唯一受赐箭矢的部族,或有其特殊性。循此思路检视穆王在"重䚋"的旅程,《穆传》载:

> 丙戌,至于长淞,重䚋氏之西疆。丁亥,天子升于长淞。乃遂东征。庚

① 湖北省文物考古研究所、北京大学中文系:《望山楚简》,北京:中华书局,1995年,第88页。

> 寅，至于重䚃氏黑水之阿……爰有采石之山，重䚃氏之所守……凡好石之器于是出。(《汇释》第171页)

关于“凡好石之器于是出”，郭璞注“尽出此山”(《汇释》，第171页)，见“重䚃”据守西方玉石之源。

引文呈现了“重䚃”在《穆传》情节之中的特殊性。其有疆界，且由西疆至其中心为四日旅程，见其疆域甚大。“重䚃”拥有采石之山，为西方玉石之源。《穆传》续云“重䚃氏共食天子之属”，且天子在此休息一个月，为其旅途之中驻扎最久之部族，其间得到“重䚃之民”铸石成器，获得珍宝无数。也许正因“重䚃”在西方国族中的特殊地位，及其对穆王的丰富贡献，故得到赐弓矢的殊荣。

《穆传》的西行之旅杂糅了许多神话传说性质的部族，过去以西王母最受注目，却鲜有关于“重䚃”氏的讨论。实则“重䚃”亦应有其特殊地位，但究系对应于神话传说中的哪一个部族，或系其他史料失载的部族，值得探索。

二、⿱⿰刀昜⿰火水

“⿱⿰刀昜⿰火水”字见于《穆传》卷四。穆王归途已接近中原时抵达“𩁹璃”一地，该地处“河水之北阿”，且“爰有⿱⿰刀昜⿰火水溲之□，河伯之孙，事皇天子之山”(《汇释》，第191页)。

“⿱⿰刀昜⿰火水”字诸本皆同。郭璞以为“⿱⿰刀昜⿰火水溲”即《穆传》同卷先前出现的“巨蒐氏”，并疑“⿱⿰刀昜⿰火水”即“渠”字(《汇释》，第191页)。

诸家多不同意郭璞之说，然亦众说纷纭。檀萃将“⿱⿰刀昜⿰火水”读为“汤”，以为是“汤泉之口”。吕调阳读为“燙”，顾实以为不可识，但“必非渠搜”，王贻樑从之(《汇释》，第193页)。

此字应参考中山国金文《好蚉壶》“逢燕亡道燙上”(《集成》09734)，“燙”字铭文中作：

从火从水从易，与《穆传》“⿱⿰刀昜⿰火水”字形似。按战国文字“易”字的下半似“勿”，如：

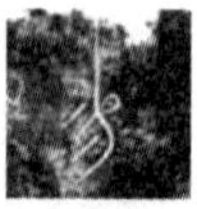

《中山王鼎》，《集成》02840

而“勿”字从“刀”，或成为“⿱⿰刀昜⿰火水”字左上“刀”部件的来源。若书写较为分离，将使“易”字被割裂为“刀”“易”二部。推测该字本即“燙”字，读作“易”。[①]

① 马承源：《商周青铜器铭文选》第4卷，北京：文物出版社，1990年，第580页。

按易为支部字，渠为鱼部字，二字韵部很近，可以旁转。《诗经》“民胥效矣”，“胥（鱼部）”一作“斯（支部）”。《论语》“五十以学易（支部）”，《释文》“鲁读易为亦（鱼部）”。[①]推测“易溲”就是“巨搜”，郭璞说是。对照《汉书·地理志》朔方郡有“渠搜县”，属今内蒙古乌拉特前旗。

查《穆传》穆王甲戌日在巨蒐氏，乙亥日抵达“𥡴㺯”，距离巨蒐只有一天的路程。该地有“巨蒐之某”，即巨搜氏的相关部族是合理的。再后天子东征，抵达“河水之所南还”，即今内蒙古呼和浩特市托克托县地带。[②]可见周穆王大致系由乌拉特前旗东行，经包头抵达托克托县，再循着黄河返回中原。以巨蒐作为起点，经过“𥡴溲之□”而抵达托克托县，其交通地理十分清楚。

三、𡏹

“𡏹”字见于《穆传》卷四，是巨蒐之人所献的玉石之名。别本木部件或作“大”。然“大”在“土”上更不可解，王贻樑本采从木之字，今从之（《汇释》，第186页）。

此字檀萃释之云“古僮字”（《汇释》，第190页），未详何据。从今日的古文字知识而言，字形差异太大，不可采。小川琢治读为“华”（《汇释》，第191页），亦不详其所据。

今按此字或与三晋官玺常见之“府”字有关，后者作：

从付从土[③]，土部件或作贝，隶定作“坿”。

推测“𡏹”右上方从“卜”从“勹”的疑难部件可能是“坿”字“”部件的误释。按晋系文字中“又”部件一形于手部下方加一饰笔，如“”（《集成》10478）和“”（《集成》02840）。饰笔有时甚至与主体相接，如“”（《中国玺印集粹》181）。又晋系文字的“卜”恒作“”形[④]，不加《说文》古文的折画（）。故若“又”字书写得较为线条化如“”，结合饰笔后将形成如“”的字形，其上半与下半分割隶定为“卜”与“勹”，形成《穆传》中的疑难部件。

推测“𡏹”字下方从土从木的部件，是战国文字增繁的象形标义偏旁。中山

① 高亨纂，董治安整理：《古字通假会典》，济南：齐鲁书社，1997年，第467、476页。

② 关于“河水之所南还”的位置，通行的说法是位于内蒙古托克托，但尚有可商榷之处，此处暂采用通行的说法。关于“河水之所南还”最新的讨论，详见雷晋豪：《〈穆天子传〉卷四校勘一则：兼论所谓“河水之南还”》，《出土文献研究视野与方法》第八辑，台北：政治大学中国文学系，2022年。

③ 陈光田：《战国玺印分域研究》，长沙：岳麓书社，2009年，第199页。

④ 黄德宽、徐在国等编：《战国文字字形表》，上海：上海古籍出版社，2017年，第462页。

国出土的《妤螸壶》(《集成》09734)的“土”书作“[illegible]”,并不改变土字本义。[①]故《穆传》的“[illegible]”应理解为“坿”字,读作“府”。

此字为三晋文字特有的书写风格,且其增繁象形标义偏旁的方式也可在中山国文字找到对映。若再连系本文前节讨论的“[illegible]”字,同样是在中山国铜器铭文中找到印证,可知出土《穆传》原简的文字与三晋文字相互呼应。

关于《穆传》作者的国别有中山国人、秦、赵人,以及魏人多种说法。笔者曾经从历史地理的角度论证,支持魏人说,并指其成书年代约在公元350～330年之间[②],与本文所见的古文字现象相符。

现在虽然无法知道随葬于汲冢的《穆传》是原著作或抄本,但从其下葬年(前298)距成书年代有数十年的落差,应以后者的可能性较大。这份抄本保存的疑难字中,本文所论及的“[illegible]”与“[illegible]”均对映于战国时期晋系文字独有的书风,说明抄手应是三晋人士。特别是后一字乃玉石之专名,抄手保存原字的机率较高,这就说明《穆传》的原作者应是三晋人士,成书之后也在三晋地区抄写流传。

四、俄

“俄”字见于《穆传》卷四,诸本均作“白俄”,独范钦抄本作“白莪”[③],与今本有别,值得重视。

此字郭璞注“古義字”,当系比对卷一、卷四后所作推测。郭注实误。盖“義”字已见于甲骨(《合集》2456)、西周金文(《麦方尊》《集成》06015),而无论“俄”或“莪”均未见于出土文献,并无早于“義”之证据“俄”与“莪”应是因隶写以及传抄而形成的讹字。

今按此字其它版本写法不同。《列子》作“粱”[④],别本作“粱”[⑤],张湛《列子注》引古本《史记》作“犠”。[⑥]加以《穆传》的“義”“俄”与“莪”,共有六种写法。尽管异写众多,其共通点是包含“戊”形,暗示应有共通字源。

就字形结构而言,“粱”字最不可解,亦从未见于字书和典籍,显为误字。误字最能保存古形,说明本字应为上下结构。推测其本字就是《列子注》中的“犠”字。

---

① 何琳仪:《战国文字通论》,南京:江苏教育出版社,2003年,第200页;张守中:《中山王𰯼器文字编》,北京:中华书局,1981年,第32页。

② 雷晋豪:《〈穆天子传〉“晋南”段的交通地理重建及其相关问题》,《出土文献》2021年第2期。

③ 宋志英、晁岳佩选编:《〈穆天子传〉研究文献辑刊》第1册,北京:国家图书馆出版社,2014年,第140页。

④ 《列子》,《诸子集成》第5册,石家庄:河北人民出版社,1992年,第32页。

⑤ 杨伯峻:《列子集释》,台北:成文出版社,1982年,第95页。

⑥ 《列子》,《诸子集成》第5册,第32页。引文书作“犧”,非古字,应正为“犠”。《汇释》,第185页。

按“犠”字战国文字中有繁、简二型。繁体作“□”(《包山》2.248),从我从牛从羊,隶定为“犠”。简体一作“□”(《新蔡》乙一15),从我从羊,隶定为“⿱我羊”。另作“□”(《上博》五,《鲍》3),从我从牛,隶定为“⿱我牛”。诸异写均自此繁、简字形而生,以下申论。

(1)⿱减木。此字应源自“犠”字简体写法中的“⿱我牛”,古文书作“□”。“牛”部件因形近而讹为“木”,其上方“减”的“冫”盖由“我”的左方上部的两点讹化,而其右半部则被误释为“咸”,隶古定成为“⿱减木”字。此字显不可释,推测在版本传抄过程中,“冫”又被改写为“氵”,形成“⿱減木”字。

由此可知,“⿱減木”字源自隶写之际对原简字迹的误解。今应依繁体正读为“犠”。

(2)義。此字源于“犠”字简体写法中的“⿱我羊”,古文书作“□”。按古文字部件位置可变化,故亦可书作“□”,隶定为“義”字。

(3)犠。张湛《列子注》引用古本《史记》的“犠”字,直接反映了该字的繁体写法,古文书作“□”。原先属上下结构的“牛”偏旁隶定之后变为左右结构,成为“犠”字。

(4)俄与⿱艹⿰亻戉。二字均应源自“□”字。二字之中,“⿱艹⿰亻戉”字尤不可解,应系古形讹写。

按“艹”部件在战国文字中,已经出现了笔划趋于平直的“□”写法,例如“□”(《包山》2.42)、“□”(《曾侯乙》143)和“□”(《郭店》穷13)。另一方面,“羊”部件的羊角若写得紧密一些,就形成了如“□”(《郭店》语1.16)和“□”(《郭店》语1.33)的形体。有时羊角相交的两画出头,例如“□”(《包山》2.243)字,也就更可能与“□”形近而讹。

推测“⿱艹⿰亻戉”的“艹”即“羊”角之讹,而“我”(□)的左半部上方被理解为“人”,右半则隶定为“戉”,形成“⿱艹⿰亻戉”字。此字显不可解,故在版本传抄中,又因音近关系(“我”与“義”双声叠韵)而将“戉”部件改写为“我”,形成了通行本中的“俄”字。(变化如下图1)

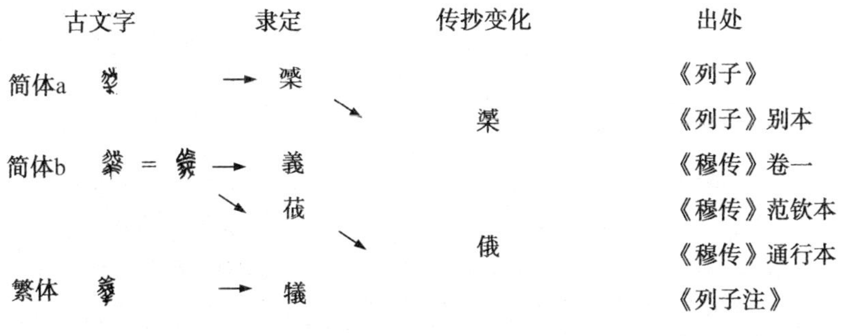

图1　古文字隶定与传抄变化

综上所述，六种异写实均源自“犧”字繁、简二体，又加以传抄讹写而成，究其本字当作“犧”。故《穆传》的“白義”“白儀(蓑)”均应作“白犧”。“犧”亦即“犧”字。按《尚书》伪孔传“色纯曰犧”[①]，又《诗经》“骍犧”，《毛传》曰“骍，赤。犧，纯也”，孔疏“纯毛牲”[②]，故“白犧”当是一只毛色纯白的马。

古代每以毛色描述马匹的特征。《召卣》：

伯懋父锡召白马，每黄发敳。(《集成》06004)

即拥有黄背黑鬃的白色马匹。[③]《穆传》八骏：赤骥、盗骊、白義、渠黄、俞轮、山子、华骝、绿耳。(《汇释》第70页)

赤骥是红马。盗骊是黑马。渠黄是黄马。华骝亦是红毛马。踰轮一说是紫马，一说是杂色马。绿耳或许是指其耳朵有绿毛。据本文则白義之名亦是得自其纯白的毛色。八骏之中，只有山子似与毛色无关，但《博物志》山子作“飞黄”，则或许亦是黄马。故郭璞云八骏“皆因其毛色以为名号”(《汇释》，第70～72页)是也。

近代以来关于八骏之名出现了一种流行的学说，即在东西交通史的脉络之下，将八骏之名比拟作土耳其语的音译。[④]今知白義即“白犧”，亦即纯白色的马，连系其余七骏之名，知郭璞之说为是。其实，八骏之名就好像今日常人称狗为小黑、小白、小花、小黄等，以毛色特征称呼动物，自古皆然。

---

① 《尚书·微子》，李学勤主编：《尚书正义》，北京：北京大学出版社，1999年，第264页。

② 《诗经·閟宫》，李学勤主编：《毛诗正义》，北京：北京大学出版社，2000年，第1412页。

③ 马承源：《商周青铜器铭文选》(三)，北京：文物出版社，1986年，第71页。

④ [日]小川琢治：《穆天子传考》，江侠庵编译：《先秦经籍考》下册，上海：上海文艺出版社，1990年，第235～236页。

用绘本激活中国古代经典：一个文图学研究的实例

衣若芬*

摘　要：文图学(text and image studies)研究文本与图像，探索从古代书画到当代电子艺术的观看之道，其中包括文学作品的图像化现象。本文从文图学的角度，研究古代文学经典如何被当代绘本(picture book)激活，促进从小培养的文化认知。

关键词：文图学；绘本；经典文学；图像化；视觉文化

一、文图学概述

文图学研究文本(text)和图像(image)，是融会文学、美术、历史、文献学、图像学、社会学、心理学、符号学[①]等等学科的一种学术视角和诠释思路。[②]

过去我们谈"文本"，偏重于文字或文学，有时也称"作品"；文图学谈的"文本"，着重的是"被赋予意义"的开放状态，是动态，而且可能因时、因地、因人变异。文图学的"图"，强调的是视觉性，指文本经由感官或想象被看见、被意识。

文本用以表达、沟通和记录，依其生发的途径，可分为三种类型。

(1)肢体：文本身体(textual body)，包括姿态、眼神、表情、手势、动作、服装仪容、舞蹈等等。

---

* 衣若芬，新加坡南洋理工大学人文学院副教授。"文图学会"创始人兼荣誉主席。

① Sean Hall, *This Means This, This Means That: A User's Guide to Semiotics*, London: Laurence King Publishing. Ltd., 2007. 此书有中译本，[英]尚恩·霍尔：《这就是符号学！探索日常用品、图像、文本，76个人人都能读懂的符号学概念》，吕奕欣译，台北：积木文化股份有限公司，2015年。

② 衣若芬：《文图学：学术升级新视界》，《当代文坛》2018年第4期。

(2) 声音:声音/语言文本(sound/voice/language text),包括无意或刻意发出的声音,比如兴奋时欢呼呐喊;跌倒时惊慌唉叫;婴儿的啼哭;战士的怒吼……乃至于音乐歌唱和语言。

(3) 图绘:文字/文学文本(word /literary text)和图像文本(image text)。文字尚未被发明之前,人类便懂得绘画和创造符号。结绳记事、甲骨占卜、拼音文字或是像汉字一样的语素文字(logogram),都是线条构成的符号,呈现为图串或图块。文字被有意识地排列组合为句子,联织句子为篇章,即近乎文学。

图像文本依其形态,也可以分成三种类型。

(1)图:所有具可视性(visible)的视觉形式,例如符号、图标、商标、绘画、图画、图案、图形、标志、照相、摄影、影像、线条、地图、色彩、印刷物等视觉语言。

(2)形象、印象:审美主体对客体的整体观察、归纳、总结、凝练而成的认知和观念、评价。

(3)想象、意象:抽象的心灵图景。具有互文关系的各阶段文本累进迭加所展现的审美结果。

"文图学"不称"图文学"。文图学强调的是文本的开放性、多元性和歧义性,图像是文本的外观,由于"文学"一词在中文语境里已经有专指,所以叫"文图学"比"图文学"更准确。

文图学的文本概念包括肢体、声音、图绘/书写,这些都是人类的行为,源于《诗大序》说的"情动于中"。"情"之所生,乃《文心雕龙》所谓的"应物斯感",文学艺术创作即为"感物吟志"的结果。"物"可以指所有人为和天然的对象/物象。

以山水为例,南朝刘宋画家宗炳(375~443)《画山水序》说:"圣人含道暎物,贤者澄怀味像。至于山水,质有而趣灵。"山水天然的形质是圣人贤者观想的对象,山水的灵性与趣味,有赖于体察品味。换言之,山水是需要被诠释、被赋予意义的文本,这就扩大了文图学预设的文本指涉,朝向容纳肢体、声音、图绘/书写的空间发展。

世界的运转需要动能,存在于世界的对象/物象都是"文本",人既是文本,也生活于文本中。个人的肢体、声音、图绘/书写文本会和他人产生的文本形成互动,如果是艺文创作,我们会说那互动的力量互为文本,简称"互文性"。

肢体、声音、图绘——"文本"的生发彼此叠加、会合的组建关系,显示了文图学研究的广阔范围,可从史前考古到当代制造。文字书写构成语词和文句,艺术化的语词和文句组织为文学。声音旋律表现如音乐。舞蹈是文本身体与音乐/节奏的结合。书法的内容是有意义的文字,外在则展现如图像的笔墨线条。结合文字、音乐和图像的情形更多,动画、影视、互联网,乃至于我们日常使用的手机信息，都值得我们探究。[①]

二、绘本的界义

“绘本”就是图画书，取用日文汉字“絵本(えほん)”，絵(え)指绘画，本(ほん)则是书本。有的人以为绘本是英语picture book的翻译，说绘本起源于17世纪的欧洲。有的人说绘本既然语词来自日本，起源就在日本，是8世纪的佛教图卷。见解的分歧在于如何定义绘本。

说绘本最早出现于欧洲，是把绘本定位为“有图画的儿童读物”。1658年，捷克哲学家兼教育家夸美纽斯(John Amos Comenius, 1592～1670)出版拉丁文和德文Orbis Pictus的《世界图绘》(*Visible World in Pictures*)，第二年英国教育家查尔斯·胡尔(Charles Hoole)(1610～1667)将此书翻译成英文版。《世界图绘》是插图本的儿童教科书，用图画教授字母和知识。

德国心理学家海因里希·奥夫曼(Heinrich Hoffmann, 1809～1894)于1845为自己三岁的儿子编写和图绘的《披头散发的彼得》(*Struwwelpeter*)，被认为比《世界图绘》还接近现在儿童绘本的概念。《披头散发的彼得》用幽默的笔触教导儿童保持个人良好的卫生习惯和注意行为举止。

说绘本最早见于日本，是把绘本定位为“有图画的书”，举的是日本摹本《绘因果经》的例子。《绘因果经》是将5世纪中刘宋求那跋陀罗翻译的《过去现在因果经》绘成上图下文的图卷，内容讲述释迦牟尼佛出生到成道的故事。根据《正仓院文书》，《绘因果经》制作于8世纪中期的天平胜宝年间，其原件来自中国，时代约7世纪初。目前在日本有数件《绘因果经》，以奈良国立博物馆藏的藏本为例，图卷设色鲜丽，人物造型质朴，带有初唐的风格。这种构图视点移动，文图相配的形式，是日本绘卷的先驱。目前所见较早的《源氏物语绘卷》绘制于12世纪，文图相配，以图像链接叙事。后来有插图的绣像小说也继承了《绘因果经》上图下文的结构，例如日本内阁文库藏，元代至治年间(1321～1323)建安虞氏刊本《至治新刊全相平话三国志》。

绘本是“有图画的书”，还是“有图画的儿童读物”呢？从日本使用“绘本”一词的情形观察，在20世纪中叶，绘本才指为儿童出版的图画书，在那之前，绘本可以指图画书和画稿、画册等等。[②]图画书形态的绘本，内容包罗万象，有的是插图本故事书，有的是百姓生活的日常图志，有的是名所风景，有的是美女风俗画，有如浮世绘的线描本。

---

① 衣若芬：《春光秋波：看见文图学》，南京：南京大学出版社，2020年；衣若芬主编：《东张西望：文图学与亚洲视界》，新加坡：八方文化创作室，2019年；衣若芬：《南洋风华：艺文·广告·跨界新加坡》，新加坡：八方文化创作室，2016年。

② 仲田勝之助：《繪本の研究》，東京：美術出版社，1950年。

以《西游记》例，19世纪到20世纪初的《西游记绘本》，在故事里穿插了图画，而到了1949年讲谈社出版的《孙悟空》，明显画风和叙事都转向儿童读者。1950年出版的上中下三册《绘本西游记》的图像比例大于文字，也是朝儿童读物的方向发展。

日本在19世纪便有专设“儿童学”的教学及研究，出版适合幼年到青少年的读物，而“绘本”一词从大众图画书转向偏于儿童读物，则大约在20世纪中叶。1939年，日本儿童绘本出版协会于东京神田学士会馆主办了第一次关于漫画绘本的座谈会，从座谈会记录得知，优良的“儿童绘本”和漫画被期许为教育的阅读书籍。1940年，儿童心理学家关宽之(1890～1962)在《玩具、绘本及读物》[①]书里谈的“绘本”，就完全指儿童读物。或许就在如此的思潮之中，日本出版品“绘本”专指为儿童创作的图画书。

至此，我们可以说，绘本有广义和狭义两种界说，广义的绘本是有图画的书；狭义的绘本是为儿童创制的图画书。那么，采取广义解释的话，《绘因果经》会是最早的绘本吗?

三、绘本的中国源流

湖南长沙出土的战国楚帛书文字叙述伏羲、女娲和日月星辰及十二个月的神灵，周围彩绘树木及神像，是距今2300年前的文图结合文物。东汉桓帝建和年间(147～149)山东嘉祥武梁祠石刻画，画荆轲刺秦王和专诸刺吴王图等，在人物旁边题注姓名，使观者明了画意。河南安阳的画像石许阿瞿墓志铭，记录卒于170年，五岁就夭折的许阿瞿短暂的人生和父母的哀伤，旁边刻画了他和鸠车等玩具，是现今所见最早的文图结合墓志铭。

史料记载东汉桓帝(146～168年在位)时，刘褒取《诗经·大雅·云汉》和《邶风·北风》画《云汉图》及《北风图》。[②]晋明帝司马绍(299～325)曾绘曹植(192～232)《洛神赋》。[③]至今存世的《洛神赋图》有九个版本，分别收藏于辽宁省博物馆、北京故宫博物院、台北“故宫”博物院、美国弗利尔美术馆(Freer Gallery of Art)等。这几本《洛神赋图》传为晋朝顾恺之(346～407)所绘的宋代摹本，有的文图相随;有的只有图像。[④]另一件传为顾恺之的《女史箴图》(大英博物馆藏)，描绘张华(232～300)劝诫宫中妇女注意德行的《女史箴》，12段场景今存9段，文图参照，文字有如图解，绘画则如同插图。学者对这本《女史箴图》的创作年

① 関寛之:《玩具·絵本及読物》，東京:厚生閣，1940年。

② 张彦远:《历代名画记》卷四，《景印文渊阁四库全书》第349册，台北:台湾商务印书馆，1983年，第315页。

③ 张彦远:《历代名画记》卷五，第317页。

④ 陈葆真:《洛神赋图与中国古代故事画》，台北:石头出版社，2011年。

代见解不一，判断最早为唐代摹本。[①]

带有女诫性质的文图结合[②]例子还有山西大同北魏司马金龙墓（葬于484年）中，根据刘向（约前77～前6）《列女传》所绘的木板漆画，其中较完整的五块木板共保存了18幅画面，每幅有文字题记和榜题，如《汉成帝班婕妤图》，旁书班婕妤的生平事迹。再如敦煌和新疆的石窟壁画也有墨书榜题。这些材质和形态不一的文字与图像互为文本例子，都显示“文学图像化”在中国的悠远历史传统，值得个别细细探讨。

以上和《绘因果经》一样，是非印刷品文图结合的早期例子。现存大英图书馆的敦煌《金刚般若波罗蜜经》，起首刻画释迦牟尼说法，后缀经文，卷尾有“咸通九年四月十五日王玠为二亲敬造普施”文字。唐懿宗咸通九年为公元868年。这件纪年明确的《金刚般若波罗蜜经》是存世最早、文图结合的木雕板佛经，原来应该是经折装，就是“有图画的书”。

随着印刷术进步和版画制作成熟，一些题为“纂图”“图说”“图谱”的书籍在宋代兴起，用图像辅助解释文字意涵和作为示例。例如学习《诗经》并与《左传》和《礼记》等典籍相参照的《纂图互注毛诗二十卷附举要图一卷》；脉学重要著作《脉经十卷附人元脉影归指图说》；南宋淳熙年间龙大渊奉敕编的《古玉图谱五十卷》等。

明代的《养正图解》是焦竑（1540～1620）任皇子朱常洛（后即位为明光宗，1582～1620）讲官时编的图文书籍。“养正”源于《易经》蒙卦“蒙以养正”，意谓启蒙之学以培养正道为先。此书选辑周文王至宋朝的60则教化故事，强调孝顺修德，勤政爱民，每则先图后文，共60幅图。《养正图解》有数个刊刻本，其中万历二十二年（1594）吴怀让刊本的画家为丁云鹏（1547～1628），刻工为黄奇，具有徽州版画风格。[③]

《养正图解》不是第一部为教育皇太子而编选的图文并茂教材，在此之前，张居正（1525～1582）为辅导时年10岁的万历皇帝，于隆庆六年（1572）编纂自尧舜到唐宋117则帝王故事，每则故事附图的书《帝鉴图说》。[④]和《养正图解》不同的是，《帝鉴图说》本来是手抄手绘，进呈皇帝之后，才进行刊刻。[⑤]而《养正图解》

① 陈葆真：《图画如历史》，台北：石头出版社，2015年；王耀庭：《书画管见集》，台北：石头出版社，2017年。

② 李征宇：《语图关系视野下的〈列女传〉文本及其图像》，《贵州文史丛刊》2012年第1期。

③ 林丽江：《明代版画〈养正图解〉之研究》，《国立台湾大学美术史研究集刊》2012年第33期，第163～224、345页；庄慧敏：《〈帝鉴图说〉与〈养正图解〉之研究》，台北市立师范学院硕士论文，2004年。

④ 另一个此前图文并茂的皇子读物是元代王恽（1227～1304）于至元十八年（1281）所著《承华事略》，《承华事略》本来没有插图，到清代光绪二十二年（1896）才有徐郙、李文田等奉敕重编补图。

⑤ 林丽江：《晚明规谏版画〈帝鉴图说〉之研究》，《故宫学术季刊》2015年第2期。

由于不受万历皇帝重视，在敬呈之前的三年先于坊间刊刻，也就是能够流传于宫廷之外。

如果我们采取狭义的绘本定义，专指以儿童为读者的图文书籍，《帝鉴图说》和《养正图解》的出版都早于1658年夸美纽斯的《世界图绘》。更何况带有童蒙书性质的二十四孝图文书，比如元末郭居敬编纂的《全相二十四孝诗选》，现存最古版本为北京图书馆藏的明初洪武刊本。[①]

以上的材料证明“绘本”无论从广义还是狭义的解释，都绝非舶来品，也不是有些绘本研究者和创作者以为的，古代中国不重视儿童的图文书籍，受海外影响才有了本国的绘本。

此外，有的研究者区分插图本和绘本，指出前者只是文字的解说，不能称为绘本。从前述文学图像化的发展历史看来，插画和诗意图固然各有侧重，插画必须依赖文字，作为文字的“第二文本”；但是阅读体验过程中，可能插画对一些读者，尤其是尚未识字的读者而言，才是“第一文本”。近年有插画家主张：插画虽然依赖文字而设计，在图文书籍的篇幅空间比例不一定小于文字，脱离了文字，插画或许难以被辨识所传达的文字意义，还是能够作为艺术呈现。总之，我的想法是：绘本可以没有文字叙述，全凭图像呈现旨意；插图本则一定有文字，否则不能称插图。如果图文兼备，插图本和绘本的界线模糊，都能统称绘本。

花了很多的功夫谈绘本的定义和身份，我的目的绝非强调“中国第一”，而是希望梳理史料，看文学图像化的历程，中外文明孰先孰后不重要，重要的是印刷术进步带动知识普及，为普及知识，图像占有一席之地。文明的资产是全人类共享，中国的文学经典是全人类的宝藏。

四、中国创作者的中国经典文学绘本示例：图现花木兰

湖南女画家蔡皋（1946～ ）于2006年画《花木兰》[②]。《花木兰》用水粉彩画北朝民歌《木兰辞》的全文，后附画者的话《回应自然》和苏叔阳的赏析《一位永世传扬的女英雄》。

我曾经分析诗意图的基本类型，按照画家选取文学文本的情况，有描绘全部文本的“全景式诗意图”、刻画部分内容的“取义式诗意图”。“全景式”和“取义式”的诗意图上，有的书写所描绘的全部文本内容；有的选题部分文句；有的则有图无文。[③]蔡皋画的这本《花木兰》把《木兰辞》分为四句一组，一组一个画面，

① 《北京图书馆古籍全本书目》集部·元别集类，第2301页。郑振铎《中国版画史图录》日本也有不少抄本，最有名的是龙谷大学所藏《新刊全相二十四孝诗选》抄本（据嘉靖二十五年刊本）。

② 蔡皋：《花木兰》，济南：明天出版社，2013年。

③ 衣若芬：《宋代题“诗意图”诗析论——以题“归去来图”“憩寂图”“阳关图”为例》，《观看·叙述·审美——唐宋题画文学论集》，台北：“中央研究院”中国文哲研究所，2004年，第266～329页。

画面下方写《木兰辞》原文，是十分遵守传统全景式图文并置诗意图的作法。

由于没有白话翻译，读《花木兰》的读者需要有一定的背景知识，或是由人从旁引导解说，这本绘本比较合适作为欣赏《木兰辞》的图像辅佐。也就是说，读者只看图画虽然也能拼凑出全书故事梗概，但是含有比喻性质的部分，便难以单凭画面领略。例如最后一幕，“雄兔脚扑朔，雌兔眼迷离；双兔傍地走，安能辨我是雄雌”，有如瓷器“开片”的圈景里是花开似锦的田园春光，两只兔子一只跃进了圈景里，另一只尾随其后。楼舍里的人物暗示木兰回到从前的生活形态，呼应全诗的开篇。画者蔡皋自述她的绘制构思：

> 《木兰辞》讲述的是南北朝时期，少女木兰替父从军的传奇故事——很厚重，历史的、战争年代的厚重和人物情感的厚重，所以，我就画这种厚重，画厚重的丰富，厚重的美丽。
>
> 厚重与丰富的表现手法之一是媒材的使用。我选择用纸本水粉做媒介。水粉是一种很厚实的、覆盖力很强的颜色。厚实不难，难的是厚重而晶莹，这就要求高，基本上落笔不改，水分控制要“刚刚好”。
>
> 厚重和丰富更通过构成和色调的安排来体现。它们各处在不同的明明灭灭重重叠叠的对比关系中，形成一种与原诗和谐的关系和韵致，体现视觉上的丰富和厚重，从而抵达心灵感觉上的丰富与厚重。
>
> 在色彩使用上，我使用的是一系列灰黄、灰绿、灰红和灰蓝，用接近泥土、江河的色调来营造故事的氛围，使晶莹的、美丽的色彩在种种对比关系中放出光泽。
>
> 在构图方面，我强调了两相对照的手法，使内容与形式产生有趣味的对比。
>
> 篇尾，同样的场景出现，木兰回到家中，一切归于平静的自然状态，不同的是时间已远，故事也渐远，场景已推远。
>
> 又如战争场面，我设计的是激战与战后两个场面的对比，让读者在激烈与悲凉中体会“将军百战死，壮士十年归”的况味。这种设计在本书以三联页的方式呈现，场面显得更大，希望借此产生一种视觉和心灵上的震撼。
>
> 开我东阁门，坐我西阁床。脱我战时袍，着我旧时裳。当窗理云鬓，对镜贴花黄。
>
> 我非常喜欢这段诗。它将劫后余生、回归家乡的女儿情怀写得那样温情，那样可爱，使我们的眼光跟着木兰走进家，想象她开门、上楼，看她穿上旧时裳。纺车还是那架纺车，东阁还是东阁，闺房还是闺房，偷偷跟进来的娃娃都是谁家的娃？握了十二年刀枪的手很久没有拿过梳子梳旧时的发髻了，姐姐呀，就请你来替我梳回原来的样子吧……

从军之前,木兰是在完全不同的心情中脱下女儿装,穿上父亲战袍的,那是一种有意味的对照呀。这么一思考,两个互相关联又互相对比的场面出现了。相同的背景,不同的内容,对照之下产生一种类似回旋、重迭、变化的韵律。

图画的世界是由视觉的语言展示的世界,它应当烘云托月一样呈现内容所在的精神世界。

《木兰辞》是月光,希望《花木兰》的插画能像一个标识或是一个手势,通过这个标识或是手势,读者们用心去注意天边的那一轮月亮。

这些自述清楚交代了几个创作的问题,值得我们萃取为阅读和研究绘本的要项,我归纳成以下五点:

(1)感官:文学文本具有的视觉倾向。

(2)媒介:绘画媒材与色彩。

(3)构图:图像设计(单页、跨页、三联页等)与文学文本的对应与反差。

(4)改编:画家增减的人物/场景/情节等。

(5)诗意:从文学文本的可视化回归诗意感知。

五、西方创作者的中国经典文学绘本示例:动手玩唐诗

《明月光》,由何雷洛(Javier Zabala Herrero,1962~)绘制。何雷洛出生于西班牙,从他在个人网页上自称"illustrator"(插画家),可以呼应前文提到的,对于有些艺术家而言,"插画家"和"绘本画家"并没有很大的区分。这本绘本可能改编于何雷洛2010年的《中国古典诗歌》(*Ancient Chinese Doetry*),后文我们比较原画和改编本,这里先介绍全书。

《明月光》的书名对略知唐诗的读者非常亲切,来自李白的《静夜思》。《明月光》包括《静夜思》和孟浩然的《春晓》、王之涣《登鹳雀楼》、柳宗元《江雪》,四首经典而精小的唐诗,很合适当幼儿的启蒙读物。四首诗先用线条和图样引导读者触玩或模拟,然后归纳出全诗诗句,便于诵读。书的最后附诗歌赏析,便于家长或老师讲述。

书的导购文字结合"动作"和"动作的想象结果",让这本书有如玩具,既可以玩,还能让孩子记住诗句,符合了大人的期待:

翻开书的第一页,手指头就开始忙碌:圆点单击,太阳升上天;曲线摇一下,江水浪滔滔;圆点吹一下,小花朵朵开;曲线转一下,白云轻轻飘。唐诗玩出大惊奇,孩子轻松记住永不忘!

《明月光》这样的绘本适合亲子共读,训练孩子的视觉、听觉和触觉,家长照着书上的文字带动孩子,比如第一首《静夜思》,每个画面都是跨页,依序是七段景:

1.绿色的圆点自右上向左下排列。文字:“这一片片的是什么东西呢?吹一吹。”

2.同方向绿色的圆点具象为带有叶脉的树叶,绿、茶、褐等颜色层次较丰富。画面下方简化如多刺箭头的线条表示四株自左而右递增高度的枯树。文字:“哇!原来是一片片的树叶。天气变凉了,夜晚来临。”

3.全黑。右页上方有一个白点。文字:“这白色的圆点是什么呢?单击。”

4.由下而上从白、灰到全黑渐层,黑色约80%。左页一张古代折叠胡床,胡床左下角一株和2一样的枯树。右页正中三分之二高度一个黄色圆点。文字:“哇,月亮出现了。月光洒到地上,看起来像是一层细细的霜。”

5.全白。上方大小不一黑圆点。文字:“这些小点点是什么呢?数一数。”

6.橘色为底,前页黑圆点发散为大小不一星星。右页黑色圆点呼应景4的黄色圆点,高度相近但面积较大,表示月亮。全跨页下方白色高低不一三角形区块,区块左侧稍现阴影,区块里有烟囱、十字窗格和窗内人家。文字:“哇,满天的星星和高高的月亮。”

7.全白。延续前页的大小不一星星。和前页位置相近的月亮转为黄色。左页是和景4同造型而略小的胡床,周边装饰和景2一样的枯树和绿色三角形的树。一个身躯庞大的人抬起他的长下巴,望向天空。两页中间是黑色团块,上面三株三角形的树。文字:“床前明月光,疑是地上霜。举头望明月,低头思故乡。”

归纳这七个跨页画面,我们可以知道这本绘本的创制特色:

(1)线条简约,构图简洁。

(2)各景连续,前后呼应。

(3)阅读时先图像后文字,文字带引导读者触碰图像,达到眼、口、手的动作循环。

可能你已经注意到,画家表现“床前明月光”的“床”,采取的是胡床(交椅)的解释。我们现在读的《静夜思》,是明代的版本。宋代版本的《静夜思》内容:

> 床前看月光,疑是地上霜。抬头望山月,低头思故乡。

学者研究这首诗里的“床”,有多种解释,除了眠床、胡床,还有通“窗”字、井栏等等。目前我读过的《静夜思》的翻译,都将床译为Bed,不知道画成胡床是画家本意?还是改编者的诠释?

前文提到,《明月光》改编自何雷洛的《中国古典诗歌》(*Ancient Chinese Doetry*),我一直没有找到他的原书,只在他的网页上看到一幅和《明月光》里相似的画面。画以三角形为主要山和树的造型,带着重叠拓印般效果,在《明月光》里,这个画面被截取分割成带框线的三片,中央一片跨页,三片加上了如正反写英文字母“e”的图样，是抽象化的飞鸟，表示《春晓》的“春眠不觉晓”。

结语

本文从文图学的角度梳理了绘本的中国源流，指出“绘本”一词虽然先见于日本，绘本概念的图文书则早于日本和欧美产生于中国。比如明代的《帝鉴图说》和《养正图解》，出版都早于1658年夸美纽斯的《世界图绘》。若包括带有童蒙书性质的图文书，则可上推到元末郭居敬编纂的《全相二十四孝诗选》。

中国绘本创作者蔡皋的《花木兰》，以及西班牙画家何雷洛的唐诗绘本《明月光》，各自从展现诗意和玩转文字的方式，激活了中国古代文学经典。对于传承文化艺术，绘本易于被读者接受。未识字的孩童可经由长者带领，进入丰富的经典宝藏，潜移默化，形塑素养。已经能自行阅读的读者，则因图文相辅相成，加强理解和记忆。

教育目的之外，绘本还在传播知识、心灵安抚、亲子关系等等方面，都具有相当大的潜力。本文抛砖引玉，期待更多研究文图学的同好，一起持续关注和开发新的见解。[①]

① 本文部分内容以及更多相关研究，参见衣若芬：《春光秋波：看见文图学》，南京：南京大学出版社，2020年。

古代性别与家庭

虚实相生:明清图绘文本中所见之园林与性别空间(16～19世纪)

赵　橙*

摘　要:明清时期私家园林内外交叠、公私含混的“第三空间”属性深刻影响是时女性的日常生活空间。本文通过对明清女性题材绘画中有关园林配景与女性活动的细致剖析,揭示其时男性以既定性别权力观玩女性与女性努力自觉建立主体意识两者并存、多元交织的性别实践。一方面男性画者/观者沿袭闺怨诗的传统创作/观看仕女画,或以梧桐、湖石彰显女性的依附人格,或将她们描摹/想象成弱柳扶风之状、情色挑逗之态,如是的女性命运与作为衬景的园林景观一样,皆属承载男性视觉欲望的客体物象。另一方面部分男性画者亦成功塑造了深具自主性、文人化的“新”女性形象,赋予她们在园中读书、赋诗、题字、作画、雅集、博古等权力,此时的园隅一角已不再是闺闱空间的简单延伸,而俨然成为一自足自适的女性空间。借图像学、符号学的角度对这些图像文本进行阐发,将有助于学人深度了解潜藏在明清园林中的多重性别话语与两性互动,进一步反思“内外有别”的秩序理念在物理空间层面所具的实效性。

关键词:图绘;园林;性别;第三空间

明中叶以降,江南地区财富的日渐丰盈与奢靡风气的蔓延,促使私家园邸、宅园如雨后春笋般大量涌现,各式游园、赏园、题园、绘园活动不绝如缕。作为其时社会身份地位象征的园林,既见证士商阶层间的角力与融合,亦改写世俗

*　赵橙,香港浸会大学博士,加拿大麦吉尔大学访问学者。

大众日常生活的空间形态。[①]然是股兴筑园邸、观览名园的风尚是否渐及女性？作为一新型空间场域，园林在多大程度上影响是时女性的生命经验与生活实践？对以上问题，学界虽已取得一定的研究成果[②]，但所涉材料往往限于文字文本，这不免在探求历史全貌的过程中限制了考察视域。如所周知，有关女性题材的绘画在明清时期层出不穷且迎来新的发展高度[③]，其中大量作品是以园林景观而非传统意义上女性所属的内室闺闱为设景，此一现象似暗示是时女性与园林关系的非比寻常。[④]本文即以这些图绘文本为考察对象，试析其背后潜藏

① 有关明清园林的社会史研究，学界成果颇丰。其中英国史家柯律格(Craig Clunas)*Fruitful Sites: Garden Culture in Ming Dynasty China* (Durham: Duke University Press, 1996)一书一方面对园林的经济价值予以再发现，另一方面又对园林的社会意涵给予肯定，在园林史的研究范式中可谓具有开拓性、典范性。再如韩德琳(Joanna F. Handlin Smith)的研究同样具有开拓意义，指出园林是士绅精英强化身份认同、提高社会声望的媒介，兴造园林既可被视为奢侈享乐的行径，亦可被解读为行善惠民的举措。[Joanna F. Handlin Smith, "Gardens in Chi Piao-chia's Social World: Wealth and Values in Late-Ming Kiangnan", *The Journal of Asian Studies*, Vol. 51, No.1, (2011), pp.55-81]中文学界园林史的考察以王鸿泰、巫仁恕等人的研究成果为代表，大抵因循柯、韩二人的研究框架，聚焦园林的社会价值与士商互动的大背景，详见王鸿泰：《流动与互动——由明清间城市生活的特性探测公众场域的开展》，"国立"台湾大学历史学研究所博士论文，1998年；《美感空间的经营——明、清间的城市园林与文人文化》，收入《李永炽教授六秩华诞祝寿论文集：东亚近代思想与社会》，台北：月旦出版社，1999年，第127～186页；巫仁恕：《明清江南市镇志的园第书写与文化建构》，《九州学林》2007年第4期；《江南园林与城市社会——明清苏州园林的社会史分析》，《"中央研究院"近代史研究所集刊》2008年第61期。

② 事实上，柯律格于20世纪末即已注意到园林中的女性空间是一值得深入思考和探究的课题。进入21世纪，学界已不乏前贤时彦在这一领域取得拓荒式的研究进展，如台湾学者曹淑娟剖析晚明才女商景兰如何在亡国丧夫的情形下依据寓山园重建家园、维持家业于不坠，详见曹淑娟：《寓山园林的女性空间》，《台大中文学报》2005年第23期。又如英国学者Alison Hardie则具体检视以商景兰、归有光妻王氏为代表的大家闺秀和以柳如是、顾媚为代表的青楼名妓，她们在园林文化中所扮演之角色、身份认同之差异。(Alison Hardie, "Washing the Wutong Tree: Garden Culture as an Expression of Women's Gentility in the Late Ming", in *The Quest for Gentility in China: Negotiations beyond Gender and Class*, eds. Daria Berg and Chloe Starr, London: Routledge, 2007, pp.45-57)另外，胡晓真教授利用弹词小说阐发"后花园"这一意象之于女作家及其笔下的女性角色所具有的特殊意涵，详见胡晓真：《才女彻夜未眠——近代中国女性叙事文学的兴起》，北京：北京大学出版社，2008年，第140～175页。

③ 本文借用巫鸿教授提出的"女性题材绘画"这一术语代替传统艺术史中"仕女画""美人画"的表述，较之通常作于纸、绢上的仕女画、美人画，女性题材绘画的物质载体更为广泛，囊括一切围绕女性产生的绘画作品，并意图把被孤立抽离的女性形象还原到"她"所属的整体图像、建筑和社会环境中去加以理解。有关这类题材绘画在明清时期在风格、内容、构图上的创新论述，详见巫鸿：《中国绘画中的"女性空间"》，北京：生活·读书·新知三联书店，2019年，第327～388页。

④ 事实上，艺术史家高居翰(James Cahill)在初涉中国仕女画时曾论言："园林中的女性特征是研究中国园林文化不容小觑的一大事实。"详见高居翰、黄晓、刘珊珊：《不朽的林泉：中国古代园林绘画》，北京：生活·读书·新知三联书店，2012年，第228页。

的或为观念意义上的、或为实际生活中的多重性别空间[①]:女性在庭园内享有怎样的活动空间?她们是怎样参与园林文化及这一新型空间载体的建构过程的?传统的性别规范是如何在是一场域内发生调适与转机?又是如何体现在绘画作品中?

在正式展开论述前,本文须作两点交代。其一是将女性题材绘画作为一种史料的可能性。新文化史家彼得·伯克(Peter Burke)曾将画像视作一符号系统加以研究,认为被画者的姿势、手势以及他们身边的附加物品皆遵循一定套式,而套式本身又具象征意涵。[②]同理,对明清时期高度的仕女画、美人图而言,图像的构型、仕女的神情、动作、服饰、妆容以至人物背景的选择亦或多或少承载着个体的、社会的某种讯息,笔者以为对这些讯息的挖掘、梳理、诠释或可成为当下遭遇瓶颈的性别史研究的潜在出路。其二,关于图像的诠释问题,笔者认为对图绘文本的解读仍须辅以文字文本,这不仅在于图像证词介于虚实之间的模糊性,还在于本文焦点——仕女画的创作因袭有浓厚的闺怨诗传统[③],故两者在意象选择与把握方面的共通性尤值得注意。

一、园林:第三空间

崇祯年间杭州书坊刊刻的绣像本《金瓶梅》第十三回写李瓶儿在丫鬟迎春的帮助下许西门庆逾墙而入、暗通款曲之事云:

> 只见丫鬟迎春黑影里扒着墙,推叫猫,看见西门庆坐在亭子上,递了话。这西门庆就掇过一张桌凳来踏着,暗暗扒过墙来,这边已安下梯子。李瓶儿……已是摘了冠儿,乱挽乌云,素体浓妆,立在穿廊下。看见西门庆过来,欢喜无尽,忙迎接进房中。[④]

以上,亭、墙、穿廊、房是西门庆与李瓶儿偷情需依次穿越的四重物理屏障/空间。是回版画插图(图1)更清晰展示与男女私通相绾合的空间上的是种逾越关系:外宅的西门庆借墙垣、高枝、云梯、桌得以进入园内,而立于穿廊的李瓶儿则在帘后焦急注视着情人进入园中的一举一动,在此园林作为内外之间的隙地又

---

① 本文所谓的"性别空间"涵盖多重维度,既是画像中女性在园林中的物理活动空间,也是男性画者/观者与画像互动的视觉感知空间,同时还是现实生活中女性实际参与的、型塑建构的主体性空间。

② [英]彼得·伯克:《图像证史》,杨豫译,北京:北京大学出版社,2018年,第29页。

③ 艺术史家梁庄爱伦(Ellen Laing)早在20世纪90年代即注意到自唐五代以降,仕女画与闺怨诗间的紧密联系,呼吁学人加强对诗歌文学作品中典型意象及常用典故的理解,这将有助于更好品鉴、解读仕女画作。[Ellen Johnston Laing, "Chinese Palace-Style Poetry and the Depiction of a Palace Beauty", *The Art Bulletin*, Vol. 72, No. 2,(1990), pp.284-295]

④ 闫昭典、王汝梅、孙言诚、赵炳南校点:《新刻绣像批评金瓶梅》会校本,香港:三联书店,2009年,第164~165页。

起到沟通内外的介质作用。类似情景/图版亦见金圣叹(1608～1661)批点的《第六才子书西厢记》卷四“酬韵”章(图2),只不过视线替换了上图中的身体在物理空间内完成穿越:崔莺莺在红娘陪同下踏出闺帏至太湖石畔赏月游园、倚栏焚香,是幕恰巧被立于花墙外的张生窥见,情愫暗生。事实上,置身园内的女性不仅可能受到来自园外的视线窥探,园林内错落有致的景观装置亦为视觉活动在内部发生提供契机:王骥德(? ～1623)《新校注古本西厢记》第一折第三出版画中(图3),张生由外至内、由显及隐,躲在蕉丛与太湖石后偷窥莺莺与红娘漫步花园;而莺莺则由内至外,由隐于园内转变为暴露于园内的空旷之地——两方视觉空间的相对方位较之图2发生明显置换。

图1　李瓶姐隔墙密约
(引自《新刻绣像批评金瓶梅》,
崇祯年间杭州书坊刊本)

图2　酬韵
(引自《成裕堂绘像第六才子书》,
清雍正年间金阊函三堂刊本)

图3 赓句

(引自《新校注古本西厢记》,明万历四十二年王氏香雪居刻本)

经由上述三幅图版分析并借用爱德华·索亚(Edward Soja)“第三空间”理论[①],本文认为明清时期的园林在空间属性上处于跨越内外、交叠显隐、含混公私边界的中间地带:较之闺帏的密闭,园林独立在外,具有敞开性;但又因墙垣、栏杆、湖石、草木等存在,人为区隔出更为复杂的空间单元,形成一既具开放性又具私密性的多重关系交错幻化的空间场域。正是基于这一特征,晚期帝制中

① 爱德华·索亚(Edward W. Soja)的“第三空间”理论认为我们很难用二元认识论去定义空间,如果说“第一空间”是“真实的地方”,“第二空间”是“想象的地方”,那么“第三空间”就是在真实和想象之外、又融构了真实和想象的差异空间。它既可以具体的物质形式被感知、分析、解析,同时也是精神的建构,是关于空间本身及其生活意义的表征的观念形态。(Edward W. Soja, *Thirdspace: The Journey to Los Angeles and Other Real－And－Imagined Places*, Malden, MA: Blackwell Publishers, 1996, pp.60-70)

国的园林之于女性的日常生活实践意义尤深,它为囿于阃内的女子[①]制造身体的、情感的、物质的、文化的新可能。

卫泳(约活跃于17世纪中叶)《悦容编》有言,"美人所居,如种花之槛,插枝之瓶。沉香亭北,百宝栏中,自是天葩故居。儒生寒士,纵无金屋以贮,亦须为美人营一靓妆地,或高楼,或曲房,或别馆村庄。清楚一室,屏去一切俗物。中置精雅器具,及与闺房相宜书画,室外须有曲栏纡径,名花掩映。如无隙地,盆盎景玩,断不可少",道出女性居所与园林的密切关系。特别是上层女性,她们的细腻敏感与阴柔气质使其面对流转变换的四季景物勾惹起的伤春悲秋之叹并不亚于男性,以赏花、弄花、惜花、葬花为题者占明清闺秀诗词创作之大宗。因此以园林作为女性题材绘画背景顺理成章。问题是在图像文本中怎样的花木泉石才与闺阁情趣相适?美人闺秀在园中的赏心乐事有几多?取样女性题材绘画,笔者发现图绘文本中常见的阴性设景植物包括梧桐、芭蕉、垂柳、修竹、雪梅、幽兰、春杏、金桂等,而其中女性活动常见有赏花、斗草、凝思、扑蝶、对镜、吹箫、下棋、读书、作画、习书等。这些园中景致与人物活动并非一种简单点缀与自由组合的关系,而是深具象征意涵。以下本文将着重围绕仕女画/美人画中的园林布景、女性姿态以及画幅主题,阐发明清绘本背后所蕴含的性别权力关系与社会文化嬗递。

二、作为客体的人与物:传统性别权力机制的复刻

自唐以降,梧桐便时常作为一个指涉离情别绪的符号出现在诗文中。白居易(772~846)描写唐玄宗与杨贵妃阴阳两隔时就借梧桐渲染离人的相思之苦,"春风桃李花开日,秋雨梧桐叶落时"[②]。其后,元人白朴(1226~1306)作杂剧

---

① 白馥兰(Francesca Bray)在其著 *Technology and Gender: Fabrics of Power in Late Imperial China* 中虽质疑了内外界限划分的绝对性,认为内外界限存在于有机统一体中(inner-outer continuum),但其论证多集中在女性的实践活动层面,即居于阃内的女性可以通过女红、纺织参与到国家税收与社会秩序的建设中,然在物理空间层面,她仍认为居家建筑空间的布局仍严格遵照内外有别的秩序理念,这一点有待商榷。(*Technology and Gender: Fabrics of Power in Late Imperial China*, Berkeley: University of California Press, 1997, p.136)另外,性别史家高彦颐(Dorothy Ko)及女性文学研究领域的前辈学者如方秀洁(Grace Fong)、王燕宁(Yanning Wang)等皆指出晚期帝制中国的闺阁女子在实际生活中拥有更为广阔的活动空间,可以是赏心游、朝圣游、随宦游,归宁省亲、归葬族亲,甚至是为了生计在外奔波劳顿。详见高彦颐:《"空间"与"家"——论明末清初妇女的生活空间》,《近代中国妇女史研究》(台北)1995年第3期。Grace Fong, *Herself an Author: Gender, Agency, and Writing in Late Imperial China*, Honolulu: University of Hawaii Press, 2008, pp.85-120; Yanning Wang, *Reverie and Reality: Poetry on Travel by Late Imperial Chinese Women*, Lanham, MD.: Lexington Books, 2014, pp.3-30, 69-114.

② 白居易著,朱金城笺注:《白居易集笺校》第2册,上海:上海古籍出版社,1988年,第659~661页。

《唐明皇秋夜梧桐雨》更是以梧桐作为李、杨二人悲欢离合的线索，将“秋雨梧桐”意象阐发到极致。①基于以上意涵，明清时期许多展现闺情幽思的女性题材绘画频现梧桐树的身影。譬如北京故宫博物院藏雍正“十二美人”屏风或绘美人于闺闱之内，或绘美人于庭室之间，被艺术史家解读为是一带有情色意味和政治色彩的阴性空间。②其中一扇即以梧桐表现女子的被动性、从属性人格（图4）：该嫔妃一手执纨扇，一手端茶盏，静心品咂的同时目光却向画外逃离，似在等待良人归来。在十二扇屏中，此是唯一一幅表现憩于庭院内的女性形象。桐荫掩映下，透过月门，女子身后依次呈现陈列书架的内室、红色栏杆的回廊以及回廊外栽植青竹的庭院三重空间，经由这种空间纵深感的营造反衬出该女子活动空间之局促，只能在靠近内室的户外偶作憩留。除描绘单一女性与梧桐关系外，笔者发现表现闺中女子群像的作品亦不乏有以梧桐为设景者，陈枚（约18世纪）的《月曼清游图册》即是一例。该画册以宫廷妃嫔在不同岁时月令的游赏活动为主题，其中七月活动为“桐荫乞巧”。③画幅（图5）展现七夕晌午若干女子围在一盛水的碗盏前投针验巧、议论纷纷的情景，后方是呈“Z”字形分布的建筑群及台基，隐现于遮天蔽日、高大浓密的梧桐树影中，与前部的涓涓溪流④共同暗示儿女闺情的隐秘婉曲、细腻柔长。

---

① 王文才校注：《白朴戏曲集校注》，北京：北京人民文学出版社，1984年，第3～44页。

② 有关这扇屏风的功用，高居翰在指出，在室内陈设等身大的十二美人图像实则是为男性观赏者（雍正）提供一放松休憩的空间。[“The Three Zhangs, Yangzhou Beauties and the Manchu Court”, *Orientation Magazine*, Vol. 27 (1996), pp. 63-65]而巫鸿则认为雍正的这扇屏风是一异族统治者对汉地美人的幻想、爱慕、占有乃至征服；画中十二位女子的被动性、从属性和忍受着相思煎熬都具有明显的政治色彩。（Wu Hong, *The Double Screen: Medium and Representation in Chinese Painting* , Chicago: The University of Chicago Press, 1996, p.221; “Beyond Stereotypes: ‘The Twelve Beauties’ in Early Qing Court Art and the Dream of Red Chamber”, in *Writing Women in Late Imperial China*, eds. by Ellen Widmer and Kang－i Sun Chang, Stanford: Stanford University Press, 1997, pp.306-365）关于这组屏风的成画年代，巫鸿、吴美凤、高居翰等人皆认为应是雍正得到圆明园宅邸的1709年至他继承皇位的1722～1723年之间，详见吴美凤：《盛清家具形制流变研究》，北京：紫禁城出版社，2007年，第14～69页；高居翰：《〈十二美人图〉产生脉络》，《故宫文物月刊》第321期，2009年，第16～24页。

③ 该习俗在明清之际的京城内颇流行，《帝京景物略》即有记载：“七月七日之午丢巧针。妇女曝盎水日中，顷之，水膜生面，绣针投之则浮，看水底针影。有成云物花头鸟兽影者，有成鞋及剪刀水茄影者，谓乞得巧；其影粗如锤、细如丝、直如轴蜡，此拙征也。”（刘侗、余奕正：《帝京景物略》卷二，孙小力校注，上海：上海古籍出版社，2001年，第104页）

④ 巫鸿认为在和女性一道出现时，水波纹常影射她们受压抑的情欲。*The Double Screen: Medium and Representation in chinese Painting*, pp.22. 这一观点多被当代学人采用，如郑文惠在解读晚明版画图谱时也称云海翻叠、浪涛涌生的图式多与人性欲求相关，详见郑文惠：《身体、欲望与空间疆界——晚明〈唐诗画谱〉女性意象版图的文化展演》，《政大中文学报》第2期。

图4　雍正十二美人屏之桐荫品茶
（北京故宫博物院藏）

图5　清陈枚　月曼清游图册之桐荫乞巧
（北京故宫博物院藏）

文震亨（1585～1645）《长物志》在言及书画品评时有论不同岁时节令文人挂画的标准：

> 岁朝宜宋画福神及古名贤像，元宵前后宜看灯傀儡，正、二月宜春游仕女、梅、杏、山茶、玉兰、桃、李之属，三月三日宜宋画真武像，清明前后宜牡丹、芍药，四月八日宜宋元人画佛及宋绣佛像，十四宜宋画纯阳像，端午宜真人玉符及宋元名笔端阳景、龙舟、艾虎、五毒之类，六月宜宋元大楼阁、大幅山水、蒙密树石、大幅云山、采莲、避暑等图，七夕宜穿针乞巧、天孙织女、楼阁、芭蕉仕女等图，八月宜古桂或天香书屋等图，九十月宜菊花、芙蓉、秋江、秋山、枫林等图，十一月宜雪景、腊梅、水仙、醉杨妃等图，十二月宜钟馗迎福、驱魅、嫁妹，腊月廿五宜玉帝、五色云车等图……[①]

其中将“穿针乞巧”与“芭蕉仕女”图并置于七夕条下，那么依此我们可否将“桐荫乞巧”图中的梧桐换作芭蕉呢？

先看芭蕉在文学作品中的象征意涵。李商隐（约813～858）有诗云，“芭蕉不展丁香结，同向春风各自愁”[②]，以难展的芭蕉叶代指心中无法舒展排遣的忧思愁结。另，蕉叶卷曲柔嫩的特性也被经常用来比拟柔情娇嫩的女性气质，白居易的“绿桂为佳客，红蕉当美人”一诗即以芭蕉美人互喻。[③]至晚期帝制中国，

① 文震亨：《长物志》卷五，北京：中华书局，1985年，第39页。

② 李商隐著，叶葱奇疏注：《李商隐诗集疏注》上，北京：人民文学出版社，1985年，第256页。

③ 白居易著，朱金城笺注：《白居易集笺校》第2册，第1166页。

“芭蕉美人”成为女性题材绘画中常见的一类主题。[①]现藏台北“故宫”博物院的文徵明(1470～1559)《蕉荫仕女图》即是一例(图6)。该画中心是一身着红衫白裙、手执纨扇的仕女,在身后高大嵌空的太湖石和繁茂卷曲的蕉叶映衬下显得尤为娇小,她与蕉石间若即若离的关系与整幅画面的空旷格调似在透露该女子孤寂落寞的心绪。画面上方文徵明自题可证实这一猜测:

图6　明文徵明　蕉荫仕女图
(台北“故宫”博物院藏)

依依落日平西,正池上晚凉初足。看太湖石畔,疏雨过,芭蕉簇簇。院落深沉,帘栊静悄,画栏环曲。猛然间,何处玉箫声起,满地月明人独。风约轻纱透肉,掩流苏、盈盈新浴。一段风情,满身娇怯,恍然寒玉。青团扇子,欲举还垂,几番虚扑。夜阑独啸,还又凄凉,自打灭银屏烛。右调《水龙吟》。嘉靖己亥春日,偶阅赵松雪《芭蕉士女》,戏临一过。

此画系文氏阅览赵孟頫(1254～1322,号松雪)《芭蕉仕女图》后的即兴戏作,画

① 如文徵明(1470～1559)、禹之鼎(1647～1716)、闵贞(1730～1788)、改琦(1773～1828)、沙馥(1831～1906)等一众擅长仕女画的画家皆绘有“芭蕉美人”图,半卷半舒的蕉叶与欲语还休的美人相映成趣,“芭蕉仕女”至此已然成为高度的女性形象之一。

面空疏,欲表达之意境在题跋中和盘托出。其中"猛然间,何处玉箫声起。满地月明人独"与"青团扇子,欲举还垂,几番虚扑。夜阑独啸,还又凄凉,自打灭银屏烛"分别化用了杜牧(约803~852)"二十四桥明月夜,玉人何处教吹箫"[①]与"红烛秋光冷画屏,轻罗小扇扑流萤"[②]两句诗,点明画面表现的正是秋夕时分,晚凉天气。出浴美人换上轻薄透肉的衣衫,在庭院内徘徊踱步、轻扑团扇,娇羞等待着良人到来。画幅中的红衫与芭蕉将跋诗中的情色意蕴具象化,芭蕉的"蕉"与性交的"交"同音[③],这无疑是男性画家/观者依据自身情色幻想完成的一次性别霸权的操弄。

再如清吕彤(约19世纪)的《蕉荫读书图》(图7),位于画面焦点的是一纤柔绮丽女子倚坐在一方玲珑有致的太湖石上,一手托腮[④],一手执书。该作虽名《读书图》,但显然画中丽人的目光并未注视书本,暗示其思绪业已游离书卷外而进入另一重世界。较之文徵明的《蕉荫仕女图》,该幅画作的香艳浮佻色彩更明显:两株芭蕉蕉叶硕大,层层交叠;轻透的罗衫下是她艳红的抹胸、香肌、玉臂和皓腕——在裸露与遮蔽之间,如是处理方式似在有意引发观者遐想。时隔三世纪,唯不同的是文氏画作中仕女手里的纨扇置换成了书卷。[⑤]但这一置换并未改变该女子作为观赏对象的客体命运,至少在这幅作品中读书识字反唤起她的幽情春思,与她妩媚曼妙的姿容一同激发男性审视、赏玩的感官欲望。

---

① 杜牧撰,何锡光校注:《樊川文集校注》(上),成都:巴蜀书社,2007年,第425~426页。

② 杜牧撰,何锡光校注:《樊川文集校注》(下),第1399页。

③ 梁庄爱伦是最早作这一解读之人,参"Chinese Palace-Style Poetry and the Depiction of a Palace Beauty," p.295。

④ 轻抚香腮是古代女性题材绘画中表现美人春思的基本图式。详见Ellen Johnston Laing, "Erotic Themes and Romantic Heroines Depicted by Ch'iu Ying", *Archives of Asian Art*, Vol. 49(1996), pp.68-91;石守谦:《从风格到画意:反思中国美术史》,北京:生活·读书·新知三联书店,2015年,第81页。

⑤ 有关吕彤《蕉荫读书图》,学者李晓愚率先发现一幅与其在内容和构图上都极其相似的画作,即明黄石符的《仙媛幽憩图》。详见李晓愚:《〈蕉荫图书图〉的图像学解读》,《江苏社会科学》2017年第2期。

图7　清吕彤　蕉荫读书图
（清华大学美术学院藏）

女性题材绘画除借梧桐、芭蕉以观照女子之被动外，另一种常见的配景植木是垂柳。柳条柔弱纤细，柳絮轻薄无根，故具有浓厚的阴性特质，借以比附美人恰如其分。清人费丹旭（1802～1850）便作有多幅柳下佳人图传世，其中一幅绘曲桥上、柳荫下一体态婀娜、步履轻柔的女子一手执纨扇，一手作拈花之态（图8）。据费氏自题“小红桥畔春如诗，吹满一池杨柳花”断定佳人拈的正是杨花。一阵熏风拂来，随柳枝一起浮动摇曳的还有少女飘动的裙带和难掩的春心。垂柳、杨花、曲桥、春水，费氏借这四个元素衬照出美人身世及其复杂心曲：杨花既有温柔多情之意，又有伤春惜逝之叹，落入水中则又化为浮萍，暗示女子无处寄托的情感。文震亨《长物志》言垂柳“须临池种植之，柔条拂水，弄绿搓黄，大有逸致”[①]。柳与水的结合实非偶然，无论是江岸还是渡口，皆系离别的发生之所，而“柳”又谐音“留”，故以柳借指儿女间的离情、缠绵依恋恐再合适不过。譬如“绿丝低拂鸳鸯浦。想桃叶，当时唤渡。”[②]“章台柳，章台柳，往日依依今在否？”[③]而元稹（779～831）的一句“曾经沧海难为水，除却巫山不是云”[④]，将沧海之水与巫山之云并置，看似无情的一泓水至此又成为有情男女间情事的代称，与柳有着异曲同工之妙。

① 文震亨：《长物志》卷二，第13页。

② 刘乃昌：《姜夔词新释辑评》，北京：中国书店，2001年，第37页。

③ 彭定求等编：《全唐诗》卷八九〇，郑州：中州古籍出版社，1996年，第5421页。

④ 元稹撰，冀勤校点：《元稹集》下册，北京：中华书局，1982年，第640页。

图8　清费丹旭　柳下佳人图
（广东省博物馆藏）

再看费以耕（？～1870）《扑蝶图》（图9），一株春柳同样傍生水边，一仕女立于桥头，一手提袖，一手以团扇戏弄一双翩跹飞舞的蝴蝶。整幅画面构图虽与其父费丹旭《柳下佳人图》相近，却因添置了一双蝴蝶，使原本冷清哀怨的仕女形象变得活泼可人。[①]类似处理手法还见于王学浩（1754～1832）《弄莺图》中（图10）。王作据唐人金昌绪（约唐大中以前在世，847～860）的一首诗“打起黄莺儿，莫教枝上啼。啼时惊妾梦，不得到辽西”[②]而绘，画中仕女被柳梢上嘤嘤啼唤的二三黄莺干扰了清梦，故借枝条作驱赶之状。又或如尤求（约活跃于16世纪

① 其父费丹旭所作的《十二金钗图册》（北京故宫博物院藏），其中再现《红楼梦》“宝钗扑蝶”是回经典的作品便已经把美人与柳荫、曲桥、池水、蝴蝶等几大元素组合在一起。费以耕此幅《扑蝶图》很可能也是对“宝钗扑蝶”这一母题的再制。

② 彭定求等编：《全唐诗》卷七六八，第4723页。

后半叶)《人物山水画》其中一册页所绘(图11),丽人倚靠在粗壮苍遒的柳枝干上,双手托腮,出神般望向远方。兴许是柳荫下上下翻飞的双燕和沙州上共栖相偎的鸳鸯唤起了她对邂逅潋滟春情之渴望,不过她的外在表现依旧是温婉娴静的,或可理解为是丽人经心烦意乱、思而不得后所陷的另一种凝思状态。在表现少女怀春的明清女性题材画作中,除常用杨柳布景外,另惯点缀成双入对的蝶、莺、燕、鸯,反衬少女在现实生活中的形单影只和孤独落寞。但事实上,女性在园内的消遣闲赏是否时时触景生情、流露闺情春思值得反思,至少检视明清闺秀遗留下的众多游园诗作,大胆言及春情及闺房秘闻者寥寥无几。由此观之,作为他者,男性笔下作弱柳扶风、缠绵依恋的女性形象磨灭了她之主体意志,沦为男性观者的视觉与性别权力之投射焦点。

图9　清费以耕　扑蝶图

(浙江省博物馆藏)

图10　清王学浩　弄莺图

(无锡市博物馆藏)

图11 明尤求 人物山水画册之一
（上海博物馆藏）

值得注意的是，几乎所有上文提及的女性题材绘画中皆绘有或大或小、或玲珑剔透或嶙峋兀立的奇石作为佳人的配景，使我们不禁思索石与女性的关系。磐石坚固、强硬，能抵挡岁月的侵蚀，水则柔韧、温润，随时间流转万化，故石与水在园中的并置实则是阳/阴、男/女观念的呈现。[①]明清时期画作中的丽人多作娇媚纤弱、慵懒婀娜之状，如此体态既惹人堪怜，又凸显她们需要借助外物、依附男性，而坚实可靠的石头正是男/阳的象征。当丽人倚石，或坐或立，她们的身体因多了一个支点而呈现倾斜之姿，这样的构型衬出女子袅娜娉婷的身段，由此更能愉悦男性消费者的视觉感知。

据学者王正华研究，男性作者以第一人称的立场描写女人与物品时，两者具有共同性：女人和物品被编处于被动位置而男性的观看权力得到充分彰显。[②]晚期帝制中国，男性文人编订有一系列欣赏美人的指南，如卫泳《悦容编》、徐震（约活跃于17世纪中叶）《美人谱》，又如曹大章（1520～1575）《莲台仙会品》《秦淮士女表》、为霖子（约活跃于16世纪末～17世纪初）《金陵百媚》、周之标（约活跃于17世纪上半叶）《吴姬百媚》等则模仿科考功名来品评艺妓花榜。[③]同时，为形塑有别于商人和一般民众的闲赏品味，[④]他们也编有一系列鉴赏奇石的石谱，如17世纪林有麟的《素园石谱》，文震亨《长物志》亦辟专卷论各

① Maggie Keswick, *The Chinese Garden: History, Art and Architecture*, Cambridge, MA: Harvard University Press, 2003, p.170.

② 王正华：《艺术、权力与消费：中国艺术史研究的一个面向》，北京：中国美术学院出版社，2011年，第215页。

③ 有关明清时期的花案、花榜，日本学者合山究做过详尽研究。详见合山究：《明清时代的女性与文学》，萧燕婉译，台北：联经出版社，2016年，第103～136页；毛文芳：《物、性别、观看——明末清初文化书写新探》，台北：台湾学生书局，2001年，第375～484页。

④ 柯律格借皮埃尔·布迪厄（Pierre Bourdieu）的文化资本理论研究晚明围绕品物消费、鉴赏所产生的阶级焦虑及身份认同问题。详见柯律格：《长物：早期现代中国的物质文化与社会状况》，高昕丹、陈恒译，北京：生活·读书·新知三联书店，2015年，第126～42页。

式奇石怪卵，品分等第，而以营园构园为要旨的《园冶》亦有《掇山》《选石》两卷。女子与奇石险峰，在男性目光的凝视下并没有本质区别，共同构成园内一处可赏可品、细细耽玩的景观，成为承载他者欲望的客体化、物化对象。

三、君子品性与文人才情：园林内“她空间”的成长

当然并非所有女性题材绘画承载的皆是上述性别观看机制，亦非所有配景植木皆旨在强调女子的依附性人格。譬如竹，其挺拔、常青、中空、有节的物理特质常用以比德，象征刚直、坚守、谦虚、贞节的君子风范。[①]若以竹映衬仕女，这样的套式背后蕴涵的性别话语自是不同。仍以雍正“十二美人”屏为例，该屏共十二开，每开虽表现不同美人之活动及空间陈设，但无一例外都点缀有竹的身影——如此高频呈现不禁令人追问以修竹为配景之于仕女画的意义。鉴于整扇屏风的使用者是彼时身为亲王的胤禛，画工既需满足他的浪漫幻想又不可过于狎邪而失体统，其中的办法之一便是将这些美人雅化，以达到只可远观不可亵玩的视觉效果。衬景中的绿竹即是起此番作用，表现宫廷妃嫔所具有的君子般的品性人格，同时借她们的高洁操行讽谕观者，警醒明志。

再如薛素素（约活跃于16世纪末～17世纪上半叶）《吹箫仕女图》（图12），图绘一仕女端坐圆凳上正漫不经心地吹箫自娱，身后曲栏环绕，栏外立有瘦透的太湖石和疏旷的翠竹，意境清幽。画面前方点缀数株水仙，既借凌波仙子喻画中仕女清丽之质卓尔不凡[②]，又与飘逸的裙带共同暗示仕女所处盖仙境而非人间。画幅右侧自题：“玉箫堪弄处，人在凤凰楼。薛氏素君戏笔。”知该作品是薛素素对《列仙传》“萧史弄玉”故事的诠释[③]，后者常喻彼此倾慕、琴瑟和鸣的神仙眷侣。又，据薛氏另一幅图卷《兰竹图》尾纸处文士张燕昌题注，“二十年前得《吹箫仕女》小幅，盖素素自写真，上有白文印曰‘沈薛氏’，素素殆归沈孝廉德符

---

① 譬如白居易《养竹记》即言：“竹似贤，何哉？竹本固，固以树德，君子见其本，则思善建不拔者。竹性直，直以立身，君子见其性，则思中立不倚者。竹心空，空似体道，君子见其心，则思应用虚者。竹节贞，贞以立志，君子见其节，则思砥砺名行、夷险一致者。”（白居易著，朱金城笺注：《白居易集笺校》第5册，第2744～2745页）

② 黄庭坚《次韵中玉水仙花二首（其一）》云：“借水开花自一奇，水沉为骨玉为肌。暗香已压酴醿倒，只比寒梅无好枝。”确立水仙清雅高洁、素净脱俗的形象。后世如《金陵百媚》《吴姬百媚》等品花文学中多以水仙比喻具有淡雅清丽的女子。李渔亦在《闲情偶寄》中亦称：“妇人中之面似桃，腰似柳，丰如牡丹、芍药，而瘦比秋菊、海棠者，在在有之；若如水仙之淡而多姿，不动不摇，而能作态者，吾实未之见也。”（黄庭坚撰，任渊、史容、史季温注，刘尚荣校点：《黄庭坚诗集注》第2册，北京：中华书局，2003年，第544页；李渔著、江旬荣，卢寿荣校注：《闲情偶寄·种植部·水仙》，上海：上海古籍出版社，2000年，第317页）

③ “萧史者，秦穆公时人。善吹萧，能致孔雀、白鹄。穆公有女，字弄玉，好之。公以妻焉，遂教弄玉作凤鸣。居数年，吹似凤声。凤皇来止其屋，为作凤台。夫妇止其上数年，皆随凤飞去。秦为作凤女祠于雍宫，时有箫声焉。”（李昉：《太平御览》卷一七八，北京：中华书局，1960年，第869页）

时笔也"[1],悉知素素作《吹箫仕女图》时已为沈德符(1578～1642)妾,此图不仅是她对萧史乘鸾跨凤的戏笔,更是一种自况——此时的她身有所托,心有所寄,笔墨间传递的正是她对婚姻状态的怡然自足。与倚石坐立或在假山石旁显得异乎娇小的美人形象不同,该画中的仕女与身后山石保持疏离关系,凸显薛氏虽已婚配但并未就此依附男性、仍以书画维持独立人格的自我期许[2],画面中纤细横斜的三两翠竹在此正是她高尚品性与"文人化"才质的象征符号。

图12　明薛素素　吹箫仕女图
(南京博物院藏)

就明清女性画家而论,她们除擅绘竹外,还长于写兰。兰,多生寂静无人的空谷幽深处,不与群芳争艳,即使无人赏识亦顾自吐蕊,芬芳清香,故为文人雅士视为花中"君子"。例如,元人吴海(约活跃于14世纪中叶)《友兰轩记》称:"兰有三善焉:国香一也,幽居二也,不以无人而不芳三也。夫国香则美至矣,幽居则薪于人薄矣,不以无人而不芳则固守而存益深矣。三者君子之德具焉。"[3]幽兰不仅是男性文人的象征,同时也为女性自喻开启一扇窗,"兰心蕙质"一词即用于形容秉性高洁脱俗的女子。尤其是对出身青楼的艺妓歌女,她们欲表达自身虽出淤泥而不染俗物的人格追求更为迫切,故其中不少人以画兰寄怀言志。据余怀(1616～1696)《板桥杂记》所载,秦淮诸芳中如顾媚(1619～1664)、

① 转引自李湜:《明清闺阁绘画研究》,北京:紫禁城出版社,2008年,第169页。

② 据《列朝诗集小传》记载,素素"能画兰竹,作小诗,善弹走马,以女侠自命"(钱谦益:《列朝诗集小传·香奁下》,上海:古典文学出版社,1957年,第770页)。

③ 吴海:《闻过斋集》卷三,民国二年南林刘氏嘉业堂刊本,第20页b。

卞赛(约活跃于17世纪中叶)、寇湄(1624～?)等人皆以写兰见长。[①]

有时女性绘兰场景亦被其他男性画师用绘笔重现。譬如潘恭寿(1741～1794)《王玉燕写兰图像》(图13),树荫下、湖石旁闺秀王玉燕(约活跃于18世纪末)泼墨挥毫的样态处于整幅画面的中心,她一手扶纸,一手蘸墨,宣纸上隐现寥寥勾勒的二三兰叶。《国朝闺秀正始续集》记载,王玉燕书画造诣承自祖父王文治(1730～1802),"尤工画兰",曾作《题自画兰为某夫人寿》一诗[②],由此推知王氏对自身的写兰工夫应是相当自信,否则断不敢轻易作为祝寿贺礼。又,据王文治对《密斋图书图》所题,王玉燕师从潘恭寿习画[③],由这层特殊关系推测《写兰图》对王氏画艺、相貌、气质的把握应较为精准。画幅中,她目光平视画外观者,舒展的峨眉亦在无意间透露出她创作时的闲适心境以及自信。画面舍去磨砚的侍女,舍去画内外的男性观者,全然于园林一角构成一自足自适的独立女性空间。

图13　清潘恭寿　王玉燕写兰图(局部)
(北京故宫博物院藏)

假使我们将目光溯回,不难发现闺秀以如是姿态停留在高度文人化的园林空间之难能可贵。如仇英(约1494～1552)《人物故事图册》,其中一开表现男性文人在竹园内闲赏清供的景象(图14),这样的社交活动虽有女性身影,但仅是列于男性身后,充当端盏奉茶的角色。类似的还如李士达(1550～1620)《西园

① 余怀著,李金堂校注:《板桥杂记》中卷,上海:上海古籍出版社,2000年,第29、37、51页。

② 恽珠:《国朝闺秀正始续集》卷九,清道光十六年红香阁刻本,第12页b。

③ 《密斋读书图》绘王玉燕与丈夫汪诒成在书斋内一同课书赏画的情景,上有王文治、鲍之钟、伊秉绶等人题跋,该画现藏于北京故宫博物院。又,王文治与潘恭寿交情颇深,《梦楼诗集》收录有两人的唱酬诗作近30首,其中多数为王文治对潘恭寿画作的题诗,故有"潘画王题"之说。详见王文治:《梦楼诗集》,台北:学海出版社,1974年。

雅集图》(图 15)、陈洪绶(1599～1652)《蕉林酌酒图》(图 16),无论是绘写群士雅集还是文人个体幽居逸乐的图像,皆把园林塑造成一由男性占主导支配与寄放生命经验的文化场域,女性在此只是男性文人的陪衬者、侍奉者。另一种情形如明戴进(1388～1462)《南屏雅集图》(图 17)所示,该图取材元末名士杨维桢(1296～1370)邀友携妓于西湖南屏山下雅集酬唱的文人轶事。画面中央,一红衣妓女在众多男性文士的围观下正紧张地伏案创作,无暇抬眼——显然这种画艺才能的展现带有鲜明的供男性消遣娱乐的指向性,因此该女子虽作为园林文会空间的参与者,取得与男性对话的一线资质,但并未就此改变园林空间为男性权力所垄断的事实。

图 14　明仇英　人物故事图册之竹院品古
(北京故宫博物院藏)

图 15　明李士达　西园雅集图(局部)
(苏州美术馆藏)

图16　明陈洪绶　蕉林酌酒图
（天津博物馆藏）

图17　明戴进　南屏雅集图
（北京故宫博物院藏）

不过自明中期以降，伴随女性受教育程度的提高，创作诗文、习书作画、富有才情的女子越来越多。青楼名妓的情况自不待言，同时闺阁中也陆续涌现出一批女画家，如仇珠（约16世纪）、文俶（1595～1634）、邢慈静（约活跃于万历年间）、黄媛介（约17世纪）等。然有明一代鲜有以女性作画习书为主题的仕女画遗存下来,遑论女性在园中作画的题材绘画。[①]至清初,情况得到改观。如陈字(1634~约1713)笔下的仕女已无须在男性权力的凝视下于园内作画习书。陈氏所绘仕女屏一扇共十二开,其中一开《烟峦商榷图》(图18)表现两名女子于山石间笔墨书画的情形:画纸在桌案上展开,其上已被勾勒几笔枝丫,画笔被放置一旁,两女子正端坐案前注视着画卷作窃窃私语状,仿佛正就画作的构图进行商量。再如金廷标(活跃于18世纪中期)《春园题诗图》(图19)也绘制了类似场景:一仕女坐于案前呈凝思欲书的样态,另一仕女提篮拈花而来,像是给她的同伴带去创作灵感。两幅画作,诚然较之《南屏雅集图》已将男性的审视目光隔离在画外,但画中女子的神情动作仍暴露了她们在单独作画题诗时的小心翼翼、缺乏自信,故须有同伴相互切磋、精进才艺。而真正凭借博才见识于园林内辟出一方属于"她"的书画天地,这一女性形象则迟至18世纪末《王玉燕写兰图》才在绘画艺术史上得以出现。

图18　清陈字　仕女屏之烟峦商榷

(清华大学美术学院藏)

① 现存较早的表现女性从事书画活动的图绘作品如陈洪绶《吟梅图》(南京博物院藏),但同时绘有男性参与其中,作相互较量的姿态,且画作并未特意设置配景。详见巫鸿:《中国绘画中的"女性空间"》,第427页;王正华:《女人、物品与感官欲望:陈洪绶晚期人物画中江南文化的呈现》,《近代中国妇女史研究》第10期。不过,图像的保存现状并不代表其时女性未曾涉猎书画范畴,检视明清女性遗留下来的诗文集,其中有不少自题自写的画作、诗作。详见黄仪冠:《晚明至盛清女性题画诗研究:以阅读社群及其自我呈现为主》,台北:花木兰文化出版社,2009年。

图19　清金廷标　春园题诗图(局部)
(嘉德2009年春季拍卖1288号)

除单体女性画像外,同时期尚有反映闺秀如男性文人一般在园中雅集博古的绘画作品。譬如袁枚(1716～1797)据乾隆庚戌年间(1790)杭州宝石山庄大会女弟子的盛况请汪恭、尤诏合写的《十三女弟子湖楼请业图》(图20)。[1]该图为名“湖楼请业”,但卷轴中并未出现湖楼,而是将十三女弟子依次安置在庄园的山石花树间,使她们呈现在寄情风雅景致的同时或抚琴、或拈花、或题书、或作画、或沉吟、或垂钓的样态,袁枚及其侄妇戴兰英、侄孙则被安排在画卷末尾一间半开放式的书斋内。如是画面布局似有意制造空间区隔与颠覆,暗示相对于袁枚系书斋内的空间主人,闺秀则是书斋外大片园林空间的主人,且此一空间又为她们从事艺文活动的展演舞台。雅集图本为男性文人或文人化的商、宦阶层之特权,以表现文士于山水郊外或私家园林内从事四艺、坐而论道、博古品鉴活动为母题。[2]但《湖楼请业图》显然有意改写是一传统,将雅集图与仕女画融为

①　袁枚题跋称此次女弟子诗会发生于壬子年间(1792),不过学者王英志根据《随园诗话补遗》考证袁枚的是一记述有误,详见王英志:《袁枚集外文〈十三女弟子湖楼请业图〉二跋考——兼订正其两次湖楼诗会时间的误记》,《中国典籍与文化》2008年第1期。有关该图的研究,学界论著颇丰,如黄仪冠《园林雅集与闺阁社群——论清代随园女弟子之诗画空间》[《安徽大学学报(哲学社会科学版)》2014年第2期]、林子雁《揭〈十三女弟子湖楼请业图〉版本疑云》(《收藏》2017年第9期)、林子雁《袁枚的心机:17世纪女性诗会雅集图——〈十三女弟子湖楼请业图〉研究》(《中国书画》2018年第2期)。

②　文人雅集图图像历史悠久,可追溯到唐《香山九老图》、宋《睢阳五老图》《西园雅集图》,至明清随着文人文化臻于极致而蔚为大观,如谢环《杏园雅集图》(美国大都会艺术博物馆藏)、佚名《五同会图》(中国国家博物馆藏)、叶芳林、方士庶《九日行庵文宴图》(美国克利夫兰艺术博物馆藏)等,皆为其中精品。关于雅集图的研究,详见苏玟萱:《从明代官员雅集图看明代雅集图及群体肖像的发展》,台湾师范大学2010年硕士学位论文;王进:《明代吴门园林雅集题材绘画与文人雅集的新变》,《美术观察》2015年第7期;秦婧:《明代“雅集”题材绘画研究》,扬州大学2017年硕士学位论文;等等。

一体，以闺闱女子作为雅集图的主角，代替文人占据本该属于他们的笔墨吟咏的风雅空间——园林。又如《闺中雅会图》(图21)，同样描绘闺秀女史在园内一角举办雅集、品供的风雅情境。远近桌案上陈列卷轴、古籍及鼎彝铜炉各色器皿，透露品鉴者们博古通今的史学素养，破除经史学问非女子所长的传统性别定义[①]，较之《湖楼请业图》中所展现的文学才情更胜一筹。

图20　清汪恭、尤诏　十三女弟子湖楼请业图
(上海博物馆藏)

图21　佚名　闺中雅会图
(嘉德2007年春季拍卖1199号)

以上，女性作为园林文会空间的参与者、消费者尽管在绘画艺术史上姗姗来迟，但最终还是被男性画家呈现出来。从无到有、从娱他的配角到娱己的主角、从与男性共享园林空间到独立支配是方风雅天地，这一图像史上的变革诠释晚明以降社会文化风貌与性别实践的重要转变。仕女画毋庸置疑是一种观念的外在映射，是男性文人心中理想化的女性形象之视觉展演。如前辈学者指出，男性对女子的审美评判标准在明清之际发生转向，即从对容貌品德的狭隘欣赏转向对具有经史学问之才、诗文书画之才的鼓励推崇。[②]鉴于画作的观者

① 事实上，明清女性对经史之学的兴趣与追求并不逊于男性，对此业师刘咏聪有充分论述。详见刘咏聪：《才德相辉：中国女性的治学与课子》，香港：三联书店(香港)有限公司，2015年，第24～77页。

② 刘咏聪：《德·才·色·权：论中国古代女性》，台北：麦田出版，1998年，第165～251页；Clara Wing-chung Ho, "Encouragement from the Opposite Gender: Male Scholars' Interests in Women's Publications in Ch'ing China — A Bibliographical Study", in *Chinese Women in the Imperial Past: New Perspectives*, ed. Harriet T. Zurndorfer(Leiden: Brill, 1999), pp.308-53.

多为男性[①],此种观念的变化体现在女性题材绘画的演化进程中,即是塑造了精于诗书艺文的全新丽人形象。其次,作为入画者的女性群体本身也在作出改变,她们经由自觉模仿文人风尚,包括习书赋诗、酬酢雅集、博古品鉴等,正愈来愈多地获得男性社会之认可,并跻身园林与男性文士展开对话,使园林转换为一处超越家庭与私密领域的文学社交场域与展演空间。诚然这些点滴的、个体化的改变并未全然消解女性被视为物品般欲望对象的社会性别机制,但透过对明清女性题材画作的考察,我们应该看到晚期帝制中国的性别秩序正在经历着一场内部的合理化调适:伴随商业出版的繁荣与受教育女性人数的激增,才女文化的兴起迫使男性重新定位女子之才性;而来自男性亲友的支持亦为女性独立沉浸在各式文化活动的享受中、为她们主体意识的成长开辟可能。[②]

余论

明清时期私家园林内外交叠、公私含混的"第三空间"属性深刻影响着其时女性的日常生活。在这一空间中,她们既是装点者,修颈、削肩、柳腰、云鬓、领首、横波目,她们的风姿与周遭的草木泉石共同接受男性欲望的审视,满足他们的情色幻想与视觉耽溺;同时女性也是这一空间的欣赏者、参与者和改造者,当她们迈出闺室、漫步园中,情感思绪因周遭的一草一木、一花一石获得启蒙,继而又通过展演自身的才德之质、仿效异性的文艺志趣,来挣脱男性视觉权力所织成的罗网,将园林转换成一自足自适的空间。此种性别关系表现在女性题材绘画中,即一方面男性画者/观者沿袭闺怨诗的传统创作/观看仕女画,将女性描摹/想象成充满情思春怨的个体,或以梧桐、湖石彰显她们的依附性人格,或作弱柳扶风之状、情色挑逗之态;另一方面部分男性画者也塑造了深具自主性、"文人化"的新女性形象,赋予她们在园中读书、题诗、书画、雅集的权利,这些活动很难置于传统的性别角色与内外空间格局中加以探讨。我们与其去谈论这些女性题材绘画究竟是对女性生活实态的客观再现还是男性对异性的风月幻想与期待,是真实还是虚幻,不如将之视为一虚实相生的文化书写活动与多元

① 仕女画的观者有时也可能是女性,如曹雪芹《红楼梦》第五十三回写贾母的居室中就悬挂有仇英的《双艳图》。Craig Clunas, *Pictures and Visuality in Early Modern China*, London: Reaktion Books, 1997, pp.160-164. 石守谦:《山鸣谷应:中国山水画和观众的历史》,台北:石头出版股份有限公司,2017年,第229页。又,爬梳明清女性诗文集,其中亦有不少题写仕女图的诗词作品,如沈善宝(1808~1862)、俞绣孙(1849~1882)分别写有《题仕女画》组诗10首。沈善宝:《鸿雪楼诗选初集》卷四,民国年间刊本,第5页a~6页a、第8页b~9页a;俞绣孙:《慧福楼幸草》,光绪九年苏州刊本,第8页a~9页a。

② 有关明末清初及盛清时期性别实践的深刻变化,详见Dorothy Ko, *Teachers of the Inner Chambers: Women and Culture in Seventeenth-Century China*, Stanford:Stanford University Press, 1994; Susan Mann, *Precious Records:Women in China's Long Eighteenth Century*, Stanford:Stanford University Press,1997。

复杂的性别对话空间。画作中的佳人魅影既复刻着现实世界中的性别文化，又于真实的个体生命中缔造意义。和今天的我们一样，在看与被看、主体与客体的摆荡游移间，历史上的女性方成为一个个鲜活立体的“她”。

最后笔者拟与同时期表现男性在园内活动的图像文本略作比较、探讨。如前所揭，无论是单体美人像还是仕女群像，凡以园林为布景的女性题材作品鲜有在画中勾画屏风者。反倒是是时许多绘制文人在园林中雅集场景的作品屡屡出现屏风，如杜堇（约15世纪～16世纪初）《十八学士图》、尤求（约活跃于16世纪下半叶）《松荫博古图》、叶芳林（约活跃于18世纪中期）《九日行庵文讌图》，兹不赘举。这些男性文士或赏画或题书，或下棋或抚琴，或饮酒或品茗，或闲谈或唱酬，本具公开性的社交活动既选在幽静开阔、绿植环绕的私家园林，又缘何要用画屏在人与园景间人为制造区隔？[①]是否可据此说明女性在园中较男性享有更多的自由空间？男人或女人，究竟谁的身体在园林中该被呈现/遮蔽？园林，又究竟是谁的内/外？这些问题留待学人深入思考。

① 笔者对这些画作的初步解读是屏风从侧面彰显了文人活动所具有的排他性，鉴于园林是一公/私、男/女、内/外交叉流动的空间，屏风既阻断了来自外部非文人社群的干扰和窥视，也隔断了来自内部女性想要参与其中的机会，以此来构建文人自身的身份认同。

“琐事”:清代女性诗文中的对镜自照*

林稚晖著　荀朋星**译　林稚晖校

摘　要:日常事项是明清性别研究的重要课题之一。闺中的生活琐事构成了物质现实、中国传统价值观和女性主体性相互交融的场域。因此，日常事项不仅是实实在在的行为,还应被视为女性构建自我的场域和情感的表达空间。本研究分析清代女性所写关于“对镜自照”的诗文,探讨女性在对镜自照这件日常事项中的体悟,包括观察外貌身体观察、情感表达和形而上的思考。本文透过这一细节,关注女性自我发现和自我交流这一少被探讨的方面,观照女性日常生活的情感性,并发现她们如何将日常生活与情感形诸文字。

关键词:清代女性;女性作品;“对镜”;“自我”;日常生活

前言

日常事项是明清性别研究的重要课题之一。近年来,学者发现在性别研究上,日常生活(the everyday)的角度比民族主义、女性主义更为到位有效,①并指出,“以日常批评的观点来探讨妇女的主体性,可以揭示为其他情形下所不显的经验和作用模式”。②闺中的日常生活琐事构成了物质现实、中国传统价值观和

*　本文来自作者博士学位论文其中一章。业师刘咏聪教授及方秀洁教授、卢苇菁教授对本文写作多有指导提点,韩子奇教授在学术会议上的提问对本文修改有所启发,作者谨致谢忱。

** 荀朋星,山东大学儒学高等研究院博士研究生。

① Joan Judge,“Everydayness as a Critical Category of Gender Analysis: The Case of Funü shibao (The Women's Eastern Times)”, *Research on Women in Modern Chinese History*, Vol. 20, (2012),p.2.

② Grace Fong,“Female Hands: Embroidery as a Knowledge Field in Women's Everyday Life in Late Imperial and Early Republican China”, *Late Imperial China*, Vol. 25,(2004),p.2.

女性主体性相互交融的场域。因此，日常事项不仅是实实在在的行为，还应被视为女性构建自我的场域和情感的表达空间。

明清女性的日常事项纷繁多样，包括刺绣、纺织、育儿等多种蕴含文化意义及体现女性美德的活动。相比之下，对镜自照（looking in the mirror）是日常生活中最为普通、看似微不足道的事项之一。然而，对镜自照为自我观看和被观看的互动关系创造出一个临时场域，其中女性既是观看的主体（subject to see），同时也是被观看的客体（object to be seen）。因此，它反映女性与自我的关系，在情感上是一种内观和自我交流的活动（introverted and intra～acted activity）。西蒙·弗洛伊德（Sigmund Freud）和雅克·拉康（Jacques Lacan）等西方精神分析学家曾深入研究对镜自照的行为，认为其是一种自我认知的媒介。[①]然而，正如安乐哲（Roger Ames）所指出，中国文化中的“自我”（self）观念必然带有关系性，并以人在关系中的角色为基础，因此明清女性所感知和表达的“自我”与西方语境中建构的个人主义在本质上大相径庭。[②]清代女性的才学和人生关系，都受儒家文化与闺训的培养，她们在写作中也常自觉将自己塑造成符合儒家理想女性期待的形象。因此当她们看待自己时，已然带有闺范和儒家文化的眼光和标准，因此她们既是儒家式的观看主体（Confucian subject），也是儒家式的被观看客体（Confucian object）。

对镜自照与其他闺中日常事项的不同之处在于，它甚少作为女诗人笔下书写的主题，但在有关疾病、衰老、伤怀和童年记忆等其他经历的书写中被反复提及。事实上，对镜自照可谓是女性诗歌中最常提及的日常活动之一。这一现象反映了“日常性”（everydayness）的鲜明特征：一方面，在女性的日常生活中，对镜自照极其普通和普遍，人们仿佛视之为理所当然，因而该事项反而总是不被

① 弗洛伊德在解释“自我”（egoistic self）的基础上，发展出意识与潜意识关系理论，奠定了现代精神分析的基础。（Sigmund Freud, *The Interpretation of Dreams*, based on the 1899 original edition, Hertfordshire: Wordsworth Editions, 1997）拉康将结构主义方法引入精神分析，进一步发展弗洛伊德的理论，构建“镜像阶段”（mirror stage）理论来分析人的情感动力，主体在此阶段确立对个人身体的视觉意识。6～18月大的婴儿在此阶段通过自己与镜像的关系，建立对自我的认知，他会认为镜像是“他者”（other）。（Jacques Lacan, “The Mirror Stage as Formative of the I Function as Revealed in Psychoanalytic Experience”, *Écrits: The First Complete Edition in English Bruce Fink*, trans. first delivered in 1949; New York: W.W. Norton, 2006, pp.75-81）对镜自照在建立民族认同过程中亦有重要作用。例如，Rebecca K. Shrum研究发现，在北美，土著和非裔族群透过从镜中认识自己而建立个人认同、知识启蒙和情感体验。（Rebecca K. Shrum, *In the Looking Glass: Mirrors and Identity in Early America*, Baltimore: Johns Hopkins University Press, 2017）

② Roger T. Ames, “The Focus－Field Self in Classical Confucianism”, in Roger T. Ames, Wimal Dissanayake, Thomas P. Kasulis (eds.), *Self as Person in Asian Theory and Practice*, Albany, New York: State University of New York Press, 1994, pp.187-212.

留心，甚至被认为是琐碎及毫无意义的；另一方面，这种平常性正说明对镜自照在日常生活中不可或缺，因而其得以融入更广泛的生活经验中。换言之，对镜自照是一项与清代女性丰富而广泛的生活紧密交织的典型事项。

该事项融入了古代女性生活的各个领域，而女诗人对其的书写不仅反映自身经验，且有效承续和拓宽了男性奠定的写作传统。回顾中国古代的文史书写，对镜自照并非仅存在于女性创作的诗文中。长久以来，镜在中国的象征体系中被赋予了丰富的历史意涵和道德价值，“对镜”最初并非作为一种具体事项而被书写，而是作为一种隐喻。尤其在唐代之后，文人墨客在咏物诗和咏史诗中将对镜自照作为一种具体的日常事项写入诗文，从而为相关隐喻添加了实实在在的日常意义。女性书写的独特之处在于其不仅遵循传统的象征和主题，而且积极融入女性经验，从而拓展以男性诗人所奠定的文学传统，开辟出表达闺中女性主体性的新领域。此外，尽管对镜自照与儒家规范中的“妇容”有一定联系，但它并不一定指向道德规范体系；也有别于男性凝视(male gaze)，即认为男性对女性的观看总反映权力关系或带有异性间的欲望。①

所有这些特征都表明，我们应用一种新的方法来探索女性对镜自照时的主观体验，不仅要研究与这一活动本身直接相关的女性声音，还应体察女性透过对镜产生的所见和所感，如疾病、衰老，以及因突然注意到身体变化而引发的情绪。同时，我们也需要将女性经验与男性传统进行比较，以揭示其性别意义。本文以清代1644～1912女性书写的作品(主要是诗歌)和副文本(paratexts)为史料，探讨女性在对镜自照这件日常事项中的体悟，包括观察外貌身体观察、情感表达和形而上的思考。清代女性对镜自照看到什么？透过这项“琐事”(“trivial” routine)，女性与自己作何交流？对镜自照与女性其他日常细节有何关系？如何互相影响？女性的书写如何拓展这一日常事项的文本可能性？这些都是理解女性日常实践的重要方面。

值得注意的是，关于对镜自照主题的书写并非由明清女性所独创。相反，镜早在中国象征体系中被赋予了丰富的历史价值和道德价值，因此几个世纪以来，对镜自照不是一种具体的行为，而是一种政治隐喻。唐代以降，男性诗人把日常生活内容加入象征传统，从而为“对镜自照”主题添加了日常意义。当明清时期的女性精英活跃于写作领域，她们不仅遵循象征的传统，而且将女性经验融入主题之中，从而拓展了男性诗人奠定的文学传统。本研究分析清代女性所写关于“对镜自照”的诗文，透过这一细节了解女性自我发现、自我交流这个少被探讨的方面，观照女性日常生活的情感性，并发现她们如何将日常生活与情

① 有关中国语境中的男性凝视与权力关系，参见毛文芳：《物·性别·观看：明末清初文化书写新探》，台北：台湾学生书局，2001年；毛文芳：《卷中小立亦百年：明清女性画像文本探讨》，台北：台湾学生书局，2013年。

感形诸文字。

一、从隐喻到日常实践:“对镜自照”的书写传统

“镜”的意象在中国诗歌传统中举足轻重。文学和文化书写中首次出现的“镜”并非指原始意义上的照物之镜,而是一个隐喻和形而上的概念,它代表前人的经验,包括值得称颂学习的榜样以及先前错误的教训。因此,对镜自照也被哲学化,意指在比照中追寻抽象的政治智慧和道德典范,而不是仪容观察。换言之,在古代文学中但凡涉及“镜”,皆着重其象征性和寓意。《诗经》中“宜鉴于殷,骏命不易”[①]一句即为显例。孟子(前372~前298)有言,这是对周朝统治者的警告,提倡周王以商朝君王的贤愚为镜,从其衰亡中吸取教训。[②]这个隐喻背后强调的是历史经验,劝喻每一位统治者都应以此为标准来审视自身得失。因此,对镜自照在此并非日常事项,而是形而上地服务于政治和道德启蒙的方法。

相较之下,透过实体之镜(physical mirror)来观察体貌则通常被人们忽略、轻视,甚至被视为耽误发展的不利之时,因为注重外貌往往被斥为肤浅,远不如修行内在来得高尚。墨家创始人墨翟(约前468~前376)明确指出“君子不镜于水而镜于人。镜于水,见面之荣,镜于人,则知吉与凶”[③],表明了解自己的容貌远不如从他人的教训中汲取经验重要。这句话强调后者是君子明智之举,也进一步暗示,选择隐喻之镜(metaphorical mirror)而不是物理之镜,这本身就是区分君子与庶人的标准。东汉政论家荀悦(148~209)和明代学者黄省曾(1490~1540)进一步在形而上修养与身体观照之间明确地划分优劣。荀悦是汉献帝(181~234,189~220年在位)的谋士,常为皇帝贡献治国方略,他在《申鉴》一书中提出了自己的政治理论和道德建议,后人黄省曾为之作过注解。以下这段文字从多角度阐述了“对镜”行为的具体等级:

> 君子有三鉴,世人镜鉴。前惟顺、人惟贤、镜惟明……故君子惟鉴之务,若夫侧景之镜,亡鉴矣。[④]

在这段论述中,隐喻之镜和实体之镜成为区别君子与庶人的明确界限。尽管文中承认衣冠得体对君子有一定重要性,但与向历史和前人借鉴相比,外表就无足轻重了。唐太宗(598~649,626~649年在位)的名言延续这种差异:“以铜为镜,可以正衣冠,以古为镜,可以知兴替,以人为镜,可以明得失。朕常保此三

① 毛亨传,郑玄笺,孔颖达正义:《毛诗正义》,北京:中华书局,1957年,第474页。

② 毛亨传,郑玄笺,孔颖达正义:《毛诗正义》,第474页。

③ 参见墨子:《非攻中》卷五,《四部备要》本,上海:中华书局,1936年,第35页。

④ 荀悦著,黄省曾注:《申鉴》卷四,《四部备要》本,第13页。

镜，以防己过。”[①]这些说法都表明，在中国文化和哲学传统中，对镜自照长期被视为一种象征，而非具体的日常事项。

象征之镜在中国早期的诗歌传统亦有类似意义。然而，在男作女声的诗歌中，对镜自照开始用来描绘女性在闺房中的日常行为。例如，在《玉台新咏》（主要反映汉代至南朝梁期间女性生活和爱情的诗集）中，镜呈现出映照体貌的实用功能。[②]在男性作家拟声的女性视角下，对镜自照较少作为超越闺房的历史隐喻，而是女性在其空间领域的具体事项。唐代以降，男性诗人更大量描写实体之镜所映照出的身体变化，关注由此引发的情感，为“对镜自照”主题增添了丰富的日常意涵。由此可见，早在明清女诗人加入写作行列之前，男性作家已拓宽了“对镜自照”的意义，几乎所有关于此简单事项的具体描述和哲学意蕴在明清文人和前代诗人的笔下都已有表达，从观察形貌变化、揭示人生阶段、表达团圆含义，到比喻官员的刚正不阿，甚至思考佛教内涵中的真与幻等等，都在明清女诗人参与写作之前已有表述。

在纷繁多样的意涵中，文人笔下最常见的是慨叹壮志未酬而时不我予。宋代诗人辛弃疾（1140～1207，号稼轩居士）的诗句即为一例。辛弃疾曾是起义军领袖，终生致力于起兵抗金，但屡遭朝廷阻挠。当他在镜子里意识到自己已垂垂老去，永无机会实现军事抱负之时，他写下了“镜中已觉星星误，人不负春春自负”[③]来表达悲伤。陆游（1125～1210）的“镜里流年两鬓残，寸心自许尚如丹”[④]与之有同样的况味，表达不能再为国效力的愤懑。对于男性诗人来说，在镜中实实在在地观察身体变化正是他们体会人生进程和思考未竟抱负的机缘。[⑤]

---

① 吴兢：《贞观政要》卷二，《四部备要》本，第20页。关于唐太宗统治时期的研究，参见Jack Wei Chen, *The Poetics of Sovereignty: On Emperor Taizong of the Tang Dynasty*, Cambridge and Mass.: Harvard University Asia Center, 2010, pp.26-38。

② 见徐陵注：《玉台新咏笺注》，北京：中华书局，1985年。有关《玉台新咏》的英译和性别分析，参见Anne Birrell, *trans. and annt. New Songs from a Jade Terrace: An Anthology of Early Chinese Love Poetry*, London: Allen and Unwin, 1982; Paul Rouzer, *Articulated Ladies: Gender and the Male Community in Early Chinese Texts*, Cambridge: Harvard University Asia Center, 2001, 尤其第4章及第6章。

③ 辛弃疾：《玉楼春·风前欲劝春光住》，《稼轩长短句》，上海：上海人民出版社，1975年，第127页。

④ 陆游：《书愤》，钱仲联注：《剑南诗稿校注》，上海：上海古籍出版社，1985年，第2313页。

⑤ 当代匠人董亚巍先生用《考工记》和《天工开物》等典籍记载的方法进行铸造青铜镜实验。他发现，当往青铜中加入24%锡（这是古代常见的铸镜方式）时，青铜镜明亮光泽，可以像现在的玻璃镜一样清晰地反映细节。参见董亚巍：《范铸青铜》，北京：北京艺术与科学电子出版社，2006年。因此，生活在古代的人们也能够在镜中观察到微小的身体变化。

二、身体、疾恙与殒没：对镜作为女性身体状况的标志

女性的创作固然有继承男性书写传统的部分，但也融入自身经验，发展出了与之异趣的观察视角：她们把“对镜自照”置于闺房的日常语境中，使焦点转向自己的生活经历，自然而然地流露女性独特的思绪和情感表达。[①]这也在一定程度上微妙地改变了女性道德与女性身体书写之间的张力。明清时期，大家闺秀若肆无忌惮地描述自己的身体或欣赏自己的美貌，仍被视为有乖妇德。然而，在镜前欣赏始终有别于化妆、缠足等其他身体修饰，因为镜内转瞬即逝的倒影只有镜前的女子可以看见。因此，对镜自赏可视为一种排他性的审美体验，具有私密性和个人性。对镜自照形成了一个可以接受的、适合上层女性十分取巧地关注自身身体美的场域。自我欣赏这一危险而有争议的表达方式，就这样巧妙地隐藏在女性领域中。例如，张学雅（1649～约1671）对镜自照时，惊讶地发现自己美丽动人的倒影，于是以极为感性的话语写了一首题为《临镜》的词。下阕写道：

菱花乍起，忽见嫦娥来月里。髻腻云香，鬓掠兰花时样妆。[②]

张学雅遵循把明镜比作满月的比喻传统，自然而大胆地把自己比作传说中的月宫美人嫦娥。她惊叹于美丽的自我镜像（self-reflection），满心欢喜地观察和描述自己的时尚妆容，陶醉在自身发出的香气中。对镜自照不仅给张学雅带来了视觉上的惊喜，也形成一个特殊时刻和动态场域，让她可以在其中赞赏自己的美态，充分沉浸在多重感官享受之中。在这方面，镜子就如一条通道，让张学雅与镜中的自己建立了情感连结。

尽管镜中映像有时为女诗人带来惊喜，并激发片刻的自我欣赏，却也在其他情况下引起哀叹，尤其是女性在镜中不经意间瞥见自己容色消减、意识到老之将至时。身体衰老的迹象最直接提醒女诗人，她们人生中不可避免而又总是令人沮丧的阶段已告开始。这种沮丧反过来影响了对镜自照的行为本身，使她们在镜前总表现出犹豫。清代女诗人刘文芳为了避免照见自己的容貌，故意不再磨光镜子，认为模糊的镜子可以掩盖衰老的迹象，这显然是有意识地自欺欺人。[③]另一位女诗人席佩兰（1760～1829年之后）甚至提醒自己“莫更看明镜，先防鬓影衰”[④]，索性回避对镜自照。

① 明清文人颇为留意女性笔下的情感和情感化特征。例如，女性诗文编撰家钟惺（1574～1624）认为，女性作品“发乎情，根乎性”，详见钟惺点次：《〈名媛诗归〉序》，明末刻本，第2页a。

② 张学雅：《减字木兰花·临镜》，徐乃昌辑：《闺秀词钞》卷一，小檀栾室刻本，1909年，第1页。

③ 刘文芳：《感镜》，恽珠辑：《国朝闺秀正始续集》卷一，红香馆刻本，1836年，第18页a。

④ 席佩兰：《蝉声》，《长真阁集》卷二，强氏南皋草庐刻本，1891年，第9页b～10页a；《长真阁集》卷二，扫叶山房刻本，1920年，第7页a。

而女性避镜与疾病之间的关系则更为密切,亦展露得更明显。方秀洁和杨彬彬的研究揭示了女性疾恙书写的审美化特征[①],认为疾病是女性自传体叙事中的一种隐喻。[②]本文从日常生活的角度来理解女性的疾病(及其叙述),发现女性正是透过象征传统将疾病书写与日常习惯联系起来。可以想象,当女性生病时,一系列的日常活动,如装扮、备饭、制衣,有时甚至连阅读和写作,都会暂时中断。其中,避镜和拒镜是最具象征意味的变化事项,因为镜显然会诚实而无情地展示人的病况和倦容。女性诗文表明,即使镜中一瞥这一生活中最平常的小事,也会为病人徒添忧愁。为了避免照见自己的病容,女性会故意把对镜自照暂时从日常生活中剔除。值得留意的是,这种刻意的改变相当频繁地记录在女性作品中,以至于它几乎成了代指女性身体抱恙的象征。例如,清代王德宜在病时所写的诗歌就反映了她害怕见到自己消瘦的身躯:"自怜形似鹤,怕到镜台前。"[③]徐映玉(1728~约1763)的愁绪与之相似,"镜台虫网临妆懒,砚匣尘封得句生"[④]的诗句,婉曲地以"懒"字遮掩自己在病中对镜子的回避。方秀洁敏锐地指出,女性对疾病书写的兴趣"不在于疾病本身,而在于……疾病作为表现其他可能性和经验维度的手段:身体感觉、心理感知、情感状况,以及女性私人生活中的精神反思"[⑤]。笔者认为,避镜行为即一个特殊的标志,它使女性进入一个充满多重经验维度的领域,形成尤为适合书写疾病的氛围。

除了避镜是女性抱恙的标志,恢复镜照也是一种带象征意味、几乎仪式化的病愈表示。徐映玉病后得句:"重开鸾镜施膏沐。"[⑥]重开镜匣、沐浴、涂施膏粉,这些打扮行为都是标志着女性却病痊愈、恢复日常状态的典型事项。女性作品中多有病后重拾一系列装扮细节的描述。[⑦]重启镜匣是女病人的健康和日常生活复

① Grace Fong, "Writing and Illness: A Feminine Condition in Women's Poetry of the Ming and Qing", in Grace Fong and Ellen Widmer (eds.), *The Inner Quarters and Beyond: Women Writers from Ming through Qing*, Leiden; Boston: Brill, 2010, pp.19-47.

② Binbin Yang(杨彬彬), "Women and the Aesthetics of Illness: Poetry on Illness by Qing-Dynasty Women Poets", Ph.D. dissertation, Washington University, 2007;《"自我"的困境——一部清代闺秀诗集中的疾病呈现与自传欲望》,《中国文哲研究集刊》2010年第37卷;*Heroines of the Qing: Exemplary Women Tell Their Stories*, Seattle: University of Washington Press, 2016。

③ 王德宜:《初秋病中即事》,胡晓明、彭国忠主编:《江南女性别集》四编,合肥:黄山书社,2014年,第1092页。

④ 徐映玉:《病中遣兴》,胡晓明、彭国忠主编:《江南女性别集》初编,合肥:黄山书社,2008年,第203页。

⑤ Grace Fong, "Writing and Illness: A Feminine Condition in Women's Poetry of the Ming and Qing", pp.24-25.

⑥ 徐映玉:《乙亥深秋病起》,胡晓明、彭国忠主编:《江南女性别集》初编,第185页。

⑦ 仅举几例,如陈蕴莲:《病起遣兴》,《信芳阁诗草》卷二,清咸丰九年(1859)刻本,第10页;包兰瑛:《病起得句》,胡晓明、彭国忠主编:《江南女性别集》初编,第1477页。

旧如常的标志，她们为痊愈而欣喜，重拾每个日常细节都带有错综复杂的情感，这使得本来平常的事项平添几分仪式的性质。然而，病后立即对镜自照却从来都不是一件容易的事，这需要勇气，因为目睹病容和容颜消逝往往使病人在痊愈喜悦的同时生出自怜。江淑则(1827～1852)的诗句就表现了这样复杂的情感。她大病初愈，也想看看自己的形象，隐晦地问及镜台的情况，思量后还是避见自己憔悴的面容："经旬那忍窥明镜，听说妆台已满尘。"[①]即使江淑则完全康复了，她仍犹豫不决，正如她在另一首诗里所说："妆台明镜在，欲对又徘徊。"[②]虽然江淑则想看看自己的模样，但心里还是做足了失望的准备。其他女诗人也似乎对这种喜悦、激动和担忧交织的复杂心理有同样感受。吴荃佩在卧病近三个月之后所写的组诗详细描述了这微妙的情感。其中第三首诗写道：

药铛初却扬茶烟，
鬓影眉峰剧可怜。
怕向镜奁描远黛，
幽窗先试小吟笺。[③]

病愈无疑令她极为欣喜，她为此一口气写了三首诗就足以说明这一点。然而，这场持久的疾病一定严重影响了她的身体状况，使她小心翼翼，没有信心面对镜中的自己。她手持画笔，故意在镜前画眉和下笔作诗之间摇摆不定。画笔作为书写和画眉的工具，体现了女性作家的双重身份；此处吴荃佩从重拾装扮转向恢复写作，也巧妙地呈现了她对女诗人身份的认同。

可以说，对女性而言，重点不是在镜中看到什么，而是看或不看这个行为。"对镜"是情绪流转的动态场域。值得注意的是，以是否"对镜"作为病与愈的信号，及以紧闭的镜匣暗示生命终结，都仅见于形容女性。尽管男性也会在镜中观照自己，甚至会受镜中自我形象的激荡而赋诗言志，但在他们的作品中，避镜与疾病几乎没有联系，且恢复镜照也不是他们病愈的标志。可见，"对镜"这件事被塑造成偏女性的(engendered feminine)，甚至成为女性闺中日常的象征。这似乎承袭"男作女声"时的传统，又因女诗人们的加入和大量书写而得到强化。

是否对镜自照标志着女性的健康状况，而一面蒙尘的镜子或一个紧闭的镜匣则是女子仙逝的委婉暗示。这种表达在为女性书写的悼亡诗文中尤其常见。例如，文人蒋坦(1824～1861)写下"玉镜承尘雀影凉"[④]暗示妻子的死亡，女诗人

---

① 江淑则：《病剧词》，胡晓明、彭国忠主编：《江南女性别集》二编，合肥：黄山书社，2010～2011年，第1180页。

② 江淑则：《病起》，胡晓明、彭国忠主编：《江南女性别集》二编，第1232页。

③ 吴荃佩：《自季冬卧病至仲春起喜而志感三首》，胡晓明、彭国忠主编：《江南女性别集》四编，第1353页。

④ 蒋坦：《悼亡八十首》，《三十六芙蓉馆诗存》，咸丰七年(1857)刻本，第9页a。

袁希谢吟诵“一帘风雨暗妆台，鸾镜尘封不见开”[①]来悼念她的弟妇。正如避镜和恢复镜照只用来表明女性的身体状况一样，一面封闭的、蒙尘的镜子也只用于对女性亡故的委婉表达，并未见有以同样的意象暗示男性的离逝[②]，这进一步表明对镜行为被性别化，几乎成了女性自身的象征。可见，在诗学传统中，男性文人将对镜行为进行性别化塑造，使之与女性身份紧密相连，而女诗人也扮演了积极的角色，使对镜成为日常事务、复杂情感、多重生活体验共冶一炉的象征。

三、以镜叙事：从身体观察到形而上的自我省思

对镜自照已经成为女性身体状况甚至生存状态的象征，镜的文化意义与女性之间存在深远而亲密的关系。凝望镜子往往勾起女诗人的回忆和对过去的怀恋，成为当下与过去相遇的交汇点。在中国诗学中，唤起记忆及相关情感的基本方式有两种：一种是睹物思人，另一种是触景生情。但对镜自照与二者均不相同，其融合了多重意义：镜的物质性、象征意味、镜像的虚幻性以及镜之所在（闺房）的私密性。历久不朽的铜镜与短暂无常的人生形成鲜明对比；镜在隐喻传统中的团圆意涵也与人生的离别、创伤和死亡异趣。此外，镜像本质上是一种幻想，它引导人对生命的终极意义产生不确定性，思考存在的虚无。对女性而言，闺房也是一个心理和情感上的亲密空间，在其中可以感受放松回忆的舒适，面对内心的真实，品味自己的人生旅程。所有这些因素都使对镜成为女性自我省思的理想场域。

当女性从镜中注意到时间的快速流逝时，她们也自然地想起自己的抱负和成就，这一点和男性相似。然而，男女书写的差异也很明显：男性多慨叹自己未竟的仕途或报效国家的追求，而女诗人则更倾向努力表现自己的勤勉和贤惠。例如，满族女诗人扈斯哈里氏（生于1848年）的《偶成》，表达了她突然意识到自己衰老时的复杂情感：

数卷诗书集案旁，
砚池推得墨痕香。
随时有景随时赏，
竟日闲吟竟日忙。
客里浑忘年半老，
镜中忽讶鬓添苍。
春秋屡易光阴速，

① 袁希谢：《挽娣妇严氏》，胡晓明、彭国忠主编：《江南女性别集》初编，第990页。

② 在关于男性死亡的作品中，几乎找不到死亡与镜的联系。然而，另有一些意象只隐喻男性的死亡，如空剑鞘。

须悟人无百岁长。[①]

首颔两联透露着扈斯哈里氏的喜悦:她忙于写作,非常享受这种半是休闲和半是消遣的状态。她全神贯注于阅读和作诗,直到镜中的映像突然显露出衰老的迹象,她才注意到生命的流逝。这种对容貌的忽视或许令诗人自觉骄傲,因为这恰恰证明她对文学活动的喜爱和专注。这首诗本身就像是她读书的间隙所写的作品。她没有提到自己的雄心壮志是什么,而是想到了生命的有限。对作者来说,阅读和写作的乐趣本身就是生命的价值所在。对镜一瞥不仅揭示了身体的变化,同时促使人们反思时间的意义。

女性的悲叹与男性对镜自照的挫败感一样,总是与未竟的抱负联系在一起,表达出对平庸生活和无法实现理想的恐惧,同时将写作与家庭的期望联系在一起。当鲍之兰(1736～1795)第一次在镜中发现头上白发,她不免产生自省式的焦虑:

清晨揽镜一长嗟,
去日堂堂负岁华。
贫里未伸乌哺愿,
鬓边已见素丝加。
世间荣落如朝槿,
眼底飘萧似晚花。
便是龙钟原不惜,
只愁诗学未承家。[②]

这首诗呈现了对镜这一简单实践如何引导作者从身体观察到自我省思。鲍之兰用"乌哺"这个中国传统文化中对孝道的比喻来表达她做孝女的愿望。与其他女诗人表现出对衰老和不可避免的容颜迟暮的强烈焦虑感相比,她对体貌衰老似乎持一种少见的漠不关心的态度。白发滋长的确令鲍之兰情绪稍有波动,但她最担心的是自己有愧于本家在诗歌和学识方面的盛誉。

当鲍之兰把注意力从容颜观察转向人生省思时,她也重塑了"对镜"这一日常事项的本质,使它成为连接身体镜像和内在省思的通道。她的心理与男性笔下的自省和慨叹相似,但更关注孝道和家学,展示其为才学世家女子的典型;又与女性对容颜迟暮的郁结异趣,呈现诗人的个性。鲍之兰正是通过表达自己担忧未能实现家学理想,不仅继承了男性在该主题表达个人抱负的传统,而且使其与女性在闺房中的实践经验相结合,从而扩展这个主题。

① 扈斯哈里氏:《绣余小草》,李雷主编:《清代闺阁诗集萃编》第9册,北京:中华书局,2014年,第5252页。

② 鲍之兰:《初见白发》,戴燮元辑:《京江鲍氏三女史诗钞合刻》,光绪八年(1882)刻本,第3页b。

通过镜中观察而激发的情绪远不止自我省思。对于清代贞妇范贞仪来说，仔细观察自己的映像只会徒添与亲人离别的悲伤：

匣里青铜久闭藏，
暂时相对转心伤。
飞蓬欲化三秋草，
瘦骨真成百炼钢。
香闺梦回山月冷，
玉台人去鹤书荒。
薛媛欲写丹青寄，
天上人间恨渺茫。[①]

范氏不愿再对镜自照，背后有着凄酸的原因：婚后不到十年，她的婆婆、丈夫、公公、外甥相继过世，她肩负起抚育两个儿子和两个小叔的责任，守寡23年，直到去世。[②]她因此获得了朝廷旌表。[③]生活于她而言极为沉重，她无暇亦无心在镜前装扮自己。作为寡妇，或许她也不应该表现出梳妆打扮的兴趣。[④]范贞仪凌乱的头发和精瘦之姿不仅让人对她悲惨的一生倍感同情，也在展示着她的坚贞刻苦和奉献精神。

范氏在尾联借晚唐才女薛媛作比较。据记载，薛媛在艺术和诗歌方面造诣高深，对丈夫——年轻的文人南楚材——帮助甚多。当她意识到南楚材会为事业前景而抛弃她并另娶郡守的女儿，她执起镜子为自己画了一幅自画像，并题《写真寄夫》一诗，含蓄地谴责丈夫。此举令丈夫忏悔不已，最终家庭重归团圆。[⑤]薛媛的故事与前秦窦涛的妻子苏蕙送《锦缎璇玑图》的故事相似，[⑥]即展示女性如何巧妙地结合日常实践（如织布和对镜）和文学才能来表达对丈夫的爱

① 范贞仪：《对镜》，黄秩模辑，付琼校补：《国朝闺秀诗柳絮集校补》，北京：人民文学出版社，2011年，第1957页。

② 周植：《如皋县志》卷三十二，乾隆十五年（1750）刻本，第25页b～26页a。

③ 王豫：《江苏诗征》卷一百七十四，焦山海西庵诗征阁1821年刻本，第8页b～9页a。

④ 卢苇菁（Weijing Lu）指出，明清时期的贞女遵循对贞节寡妇容貌的限制，甚至将标准推至更为严苛，只欣赏和允许朴素谦卑的容貌。（Weijing Lu, *True to Her Word: The Faithful Maiden Cult in Late Imperial China*, Stanford: Stanford UP, 2008, pp.179-190）

⑤ 这个故事记录在汤漱玉《玉台画史》卷二中，这首诗收录在彭定求《全唐诗》（北京：中华书局，1960年，第8991页）卷一一。有关薛媛及其肖像的研究，详见 Lara C.W. Blanchard, "Imagining Du Liniang in The Peony Pavilion: Female Painters, Self—portraiture, and Paintings of Beautiful Women in Late Ming China", in Melia Belli Bose (ed.), *Women, Gender and Art in Asia, c. 1500—1900*, London: Routledge, 2017, pp.129-130；王耀庭，"Images of the Heart: Chinese Paintings on a Theme of Love, Part II", translated by Deborah Sommer, *National Palace Museum Bulletin 22 (1988)*, pp.1-21。

⑥ 房玄龄等：《晋书》卷九十六，北京：中华书局，1974年，第2523页。

意，挽救家庭：这些事情不仅是女性生活中最熟悉的日常事项，令女性游刃有余地借此表达情感，且这些性别化的事项也有助强化妻子的妇德和对家庭的贡献，从而有助挽回丈夫的心意。换言之，艺术和文学上的作品——一幅画和一首诗——是女诗人表达心迹的直接媒介，而背后的日常事项则无声地突出贤妇的形象。女性文学与日常事项的动态结合，构成了薛媛给丈夫送自画像时所建立的传统，这正是清代贞妇范贞仪希望仿效的。可惜范氏与幸运的薛媛毕竟命途有别，她无法与长逝的丈夫团聚，她的对镜自照只能引起悲伤。

另一位女诗人袁希谢的对镜自照同样勾起唏嘘。范氏的悲伤来自镜中映像，而袁氏则加上了镜喻团圆的象征意义，强烈的对比使她哀叹自己的处境以及表姨的不幸。袁希谢的表姨叶氏比她大一岁，更像一位亲密的朋友和姐姐，与袁氏共同度过无忧无虑的童年。这两个年轻的女孩一起学习、休憩、赏美，直到袁氏外祖母突然去世，两人才分离。从那以后，袁氏就再也没有见过叶氏，只知她已嫁人，最近听闻叶氏因丈夫死于疫病而成为寡妇。这则骇人的消息令袁氏倍感悲痛，她创作了一首四十句的长诗抒发哀情。诗中反复提及镜子和照镜，每次都有不同的含义和情感：

……

殷勤各自说生平，
金兰结契情深厚。
绣得罗裙烂如云，
度我金针花样新。
或倚雕栏待明月，
一杯香茗话黄昏。
晓共妆台理妆镜，
各顾青丝渐长盛。
自怜我少女弟兄，
常愿与君作季孟。

……

一室团圞期偕老，
应如圆镜影常圆。
那知圆镜一朝缺，

孤灯繐帐鹃啼血。[1]

对镜自照和刺绣、读书、欣赏自然、品茗等活动一样，是这两位姑娘小时候在闺中最常做的事之一。在袁氏看来，它不仅标志着与叶氏深厚的姐妹情谊，更代表了最无忧无虑的愉快时光。在个人层面，这曾是她们天真年轻的象征，与成年后的创伤经历形成强烈对比。而在传统象征系统层面，镜所体现的团圆也与两位女性经历的离别和不幸产出对照。另一位女诗人劳蓉君(1816～1847)在对镜自照时，也流露出与娘家分离的辛酸，写下“满怀惆怅寸心知，对镜难忘话别时”[2]之句。从这些诗中可以看出，对镜自照唤醒了女性无忧无虑的回忆，也在提醒她们当下的苦况，美好的往昔与凄凉的现状对照强烈。

这些诗句和其他大量的例子表明，女诗人透过镜子从身体观察发展到对生命省思，将人生历程和回忆融入其中，它们与围绕着“镜”的传统意义互相回应，构建出别有意味的女性生命故事。

四、真与幻：女性身份建构与情感表达

与其他日常事项不同，对镜自照包含虚幻的映像，这是其中重要的特征。不真实的镜像为女性认识自我提供了多种可能，女诗人在理解镜中“他者/第二自我”的过程中，发展出各种自我与自我的关系。明代广东才女张乔(1615～1633)巧妙地将镜像视为真实，从而化解尴尬。她痴迷于三国时期著名的乔氏姐妹的故事，总是自称“二乔”，[3]喜欢用吴侬软语调笑，喜作吴妆。[4]她时常弄镜问影，婉转自怜，仿佛不能自持。有一位迷恋她的客人曾问她：乔氏姐妹指的是两人，而你只是一个人，为什么不直接称呼自己为“小乔”呢？她当即回答，“兼金双璧，名有相当”，并指镜而笑道：“此亦一乔。”客人对她的机智和才华赞叹不已。张乔从此树立了自己的声誉。[5]她正是通过把镜像看作另一个自我，巧借古代著名女性的身份来展示自己的才华，从而成功地建构了个人独特性。

更有女诗人乐意将虚幻的镜像视为一个独立的个体，或视作外化的朋友和

① “余少与叶氏一表姨相友善，姨长余一岁，性甚温和，尤善谈笑，尝遇于外祖母处同课针黹，共阅诗书，凭栏玩月，倚槛评花，每相留连而惜别也。自外祖母亡后，遂相睽隔。后闻适冯氏，迄今数载有余，不得一面，颇为想念。昨闻冯君染疫暴亡，姨亦为未亡人矣，不胜惋惜。予自遭变以来，一身如寄，万念俱灰，追昔抚今，恍如一梦，因作七言古一章以寄之。”载其《绣余吟草》，胡晓明、彭国忠主编：《江南女性别集》初编，第996页。

② 劳蓉君：《忆别》，胡晓明、彭国忠主编：《江南女性别集》四编，第1238页。

③ 关于乔氏姐妹的详情，详见陈寿：《三国志》卷五九，北京：中华书局，1959年，第1260页。

④ 张乔的母亲是一位才华横溢的歌女，从苏州辗转到广州。张乔对吴风的偏爱可能受母亲影响。

⑤ 关于张乔的故事，参见黎遂球：《歌者张丽人墓志铭》，张乔：《莲香集》卷一，西城草堂重刻本，1765年，第20页a～b；钮琇：《花田花冢》，《觚剩》，台北：文海出版有限公司，1982年，《粤觚》一章，第139页。

倾听者。清代女诗人赵同曜创作了一首名为《对镜》的诗来与自己的镜像交流：

晓妆日日与君亲，
可奈相逢隔月轮。
对面不妨原是我，
回头欲问更无人。
漫疑笑眼还相笑，
只恐颦眉便效颦。
绝顶丹青无过此，
周旋形影孰为真？[①]

这首诗展示了"对镜自照"这一日常事项如何成为真与幻的交汇点：赵氏有意把镜像陌生化，把它想象为一个倾诉对象。她并没有专注于容貌观察，也没有借此思考过往人生，而是偏离了书写传统的常规话语，将自己每天面对的形象陌生化，从而把一项平常而碎片化的事项变成了闺中乐趣的源泉。她乐于与这个"他者"相见、与之进行富有想象力的交流，更享受故意混淆真人和幻象边界的乐趣。

另外，镜中幻象也回应女诗人对生命意义的追问，启发她们思考终极价值。在命途多舛的女诗人笔下，相关疑惑和思索尤多。例如，满族诗人佟佳氏(1737～1809)[②]在经历了亲人离世后，屡次叩问生命的意义，创作了《镜前》一诗：

相对五十春，
岁岁容颜换。
色相本非真，
况此幻中幻。[③]

佟佳氏对身体的变化和时间的流逝显然不同于那些被突如其来的白发吓到的女性，或者那些为未竟抱负而担忧的女诗人，她显得尤为沉着冷静。她把镜中的形象和现实中的人视为双重幻觉。这首绝句反应佟佳氏的人生经历：她在二十多岁时，四个儿子中的三个相继去世；随后，她在34岁(1770)成了寡妇；3年

① 参见恽珠辑：《国朝闺秀正始集》卷一五，红香馆刻本，1831年，第15页b。

② 与许多其他中国女性一样，满族皇室后裔如松(1737～1770)的妻子佟佳也只留下了她的姓氏。有关佟佳氏作品的综合研究和英译本，见 Wilt L. Idema, *Two Centuries of Manchu Women Poets: An Anthology*, Seattle: Washington University Press, 2017, pp.12-27,76-85,89-112。

③ 佟佳氏：《虚窗雅课》卷二，清嘉庆十年(1805)刻本，第10页a～b。收录于李雷主编：《清代闺阁诗集萃编》第3册，第1692页。

后(1773),她失去了母亲;又7年(1800),她失去了唯一长大成人的儿子。[①]自从家庭屡遭灾劫,她逐渐转向佛教寻求慰藉,研读《金刚经》。[②]她把自己的一生视作一场梦,“真”“幻”“梦”等思索在其作品中反复出现,体现她对艰苦岁月和创伤经历的感受。[③]很明显,对佟佳氏来说,她的生活似乎是一场毫无意义的幻觉。因此,她的思考不仅是对存在价值的质疑,而且是她对自己生命悲剧的定论。

结语

本文以女性诗词及序、跋、题词等副文本为史料,论证了“对镜”不是女性日常生活中一件无足轻重的琐事,而是女性诗人从身体观察到沉思自省的重要途径。不经意的一瞥或一次仔细的观察,往往成为她们观察身体状况、感叹时间流逝、追想未竟之志、思考命运和生存价值的场域。

女性的日常事项是文化传统和个体经验的融合。她们将镜的文化意涵、男性开创的书写传统和独特的女性的日常体验和情感融入作品,开辟了一个新的领域。自从唐代男性诗人将日常细节引入诗文、将“对镜”从形而上的隐喻转向实践以来,对镜自照便与个体经验紧密相连。在此基础上,清代女诗人不仅延续了男性所确立的书写传统,而且通过整合女性经验,拓展为相关主题添加了饶有意味的女性视角,其作品也因此让后世读者得以理解她们在日常事象中的所见和所思。

① 其作品可以看作是一部自传,涵盖了其所受教育、家庭变故,以及她人生不同阶段的情感和态度。她的作品集包括她与其师的诗集《问诗楼合选》、悼念已故父母的《乌私存草》、哀悼亡夫的《缌帏泪草》、哀悼丧子的《裂心集》以及寡居的作品《虚窗雅课》,从中可以追溯她悲惨的一生。

② 《金刚经》认为一切事物皆是空幻,因此不应执着、不应留恋。自5世纪以来,它在中国一直是最受重视和最有影响力的佛教经典之一。《金刚经》也被禅宗推广并奉为经典。明清时期,女性精英的笔下多有化用《金刚经》的句子。

③ 例如“伤哉自此匆匆去,幻矣从前步步连”(《哭母诗》,李雷主编:《清代闺阁诗集萃编》第3册,第1668页);“浮云已破廿年欢,幻梦应知诀后先。……纵知梦境幻中幻,隐恨惟余诉于梦”(《自述歌》,李雷主编:《清代闺阁诗集萃编》,第3册,第1668页);“受想原俱幻,情愿信是痴”(《述怀》,李雷主编:《清代闺阁诗集萃编》第3册,第1694页),等等。

明清及民初社会背景中的“风雅”概念

——兼评《寻求风雅》一书

刘晓艺*

劳特利奇出版社2007年推出的《在中国寻求风雅：超越性别与阶级的商榷》(*The Quest for Gentility in China: Negotiations Beyond Gender and Class*)是一部编著，共收录12篇论文。它的两位编者都是新生代的英国女汉学家，均毕业于牛津大学。二者的名字很有范儿，Daria Berg以音译“博格”行世，没有取通用的三字汉学家名字；而Chloë Starr中文芳名“司马懿”，乍一看能让人打个激灵。在该书初版的2007年，两位女学者尚都在英国任教，今日则俱已远离英伦，博格去了瑞士的一所大学，司马懿去了耶鲁的神学院。

给两位编者以原始灵感、使她们以“风雅”为主题出版一部编著的是牛津的科大卫(David Faure)教授。科教授的主要研究方向为中国的地方文化，他的著作似乎只有一种以中文出版了，即《皇帝和祖宗：华南的国家和宗族》。网络上流传有他的学生列出的他所推荐的阅读书单。笔者注意到，科教授较为强调从跨学科的视角来看待中国的地方社会和地方组织，注重精神层面的宗族纽带、礼仪、伦理等。在牛津的时候，科教授多次与两位编者谈起“风雅”的概念，认为“风雅”其实存在于许多中国社会历史现象的根部。博格后来到杜伦大学(Durham University)任教，她于2002年在该校召集了一个题为“中国文学和历史中的风雅概念”的跨学科国际会议，会议的部分论文就成为本书的雏形。

此书的12篇文章以内容划分为三个部分：“事件”“反思”和“传播”。这一研究的跨学科性质决定了它不能被传统史学研究的性别、阶级、政治形态、哲学形态或断代史简单归类，分配到其中的任何一个单元中去，但“风雅”的概念可与以上所举产生单面或多面的交集。

在序言的第一段，两位编者淡淡着墨，将历史的坐标指向永和九年的暮春

* 刘晓艺，山东大学文学院教授、博士生导师，兼美国威斯敏斯特学院研究员。

之初。这一天群贤毕至，少长咸集，谢安、孙绰、王羲之等人都来到会稽山阴之兰亭，“修禊事也”。后来在《世说新语》中大放异彩的许多人物都聚向这个历史坐标。这一天，群贤悦赏茂林修竹，清流激湍，不免对景抒怀，各有歌咏。于是产生了《兰亭集》，王羲之为该文集写序，遂留下《兰亭集序》这篇名墨，他的“固知一死生为虚诞，齐彭殇为妄作”“修短随化，终期于尽”的轻喟回响在历史的永恒。两位编者认为，这一天所发生的事情还不止于此。在她们看来，正是兰亭佳会勾勒出了“中国式风雅”的初始轮廓，从而铸就了后世文人精英的输心景从。

然而“风雅”毕竟是一个唯可“内化”而感受的“质”，不能喻于形物，它既不能被名物制度所营建和存贮，就不可能被物理化地承载。说得玄一点，它就像高等俱乐部的会员规则一样，只有“里头人”才懂得。但是“外头人”似乎也能看到，若将文化与社会的资本注入个人的风雅身份中去，就能使其人不致泯然于俗众；注入到家族的风雅身份中去，往往亦能使其家书香传世、历久不衰。既然如此，人们对风雅——或者说风雅的高等俱乐部会员身份——的追求，就贯穿了整个历史，一点也不比对财富和官职的追求为弱。

此书中有四篇论文谈到“风雅”在现代社会的涅槃重生。魏爱莲(Ellen Widmer)考量了中国第一部由女性书写的现代意义上的游记——晚清外交家钱恂夫人单士厘所著的《癸卯旅行记》。魏爱莲治明清女性文学，非常熟悉明清闺秀的旅行模式——她们走出闺阁，吟咏名山胜水，结交文字同侪——但是明清精英仕女的旅行文学体裁多半限于古典诗词，很少会形成真正的游记，更不用说以旅行为主题的小说；在人文渊薮的江南地区，闺阁文学中的旅行作品更是重在表达一种有钱有闲的风流态度。到了晚清，时局巨变，单士厘的旅行疆界已经远迈国门，她的视野、对自身女性身份的定位、对写作的使命感、对读者的定位，都与前代的精英仕女不同。魏爱莲捕捉到了这种不同，并将《癸卯旅行记》与另外三篇写女性旅行的小说进行了比照，揭橥了清末女性现代意识的觉醒。但在价值和道德取向上，魏爱莲却认为：这几位现代女性作家与传统闺秀没有本质区别。

贺麦晓（Michel Hockx）描绘了近代上海的文士佳会，在30年代，休闲的咖啡吧取代了传统的名园茶聚，但西式元素的掺入，却不能改变一个事实：文士佳会本身就是骄傲的风雅传统之强劲存续的明证。密特勒（Barbara Mittler）研究了30年代的《玲珑》杂志，这是一份连张爱玲也爱读的休闲女刊。密特勒的结论是：《玲珑》“以一个新品种的厌男症（misandry）来反抗厌女症（misogyny），行极端之应对”，是以它为大都市的工作女性所钟爱。韩国学者Jeesoon Hong研究了凌叔华的生平与写作，并将其与同时代的弗吉尼亚·沃尔夫相比较——并非出于无因——凌叔华曾与后者的外甥朱利安·贝尔陷入异国且婚外的姐弟恋，男家反对、丈夫捉奸等一系列戏剧元素无一欠奉。当然，Hong的研究不是八卦，他重在考量新式闺秀在近现代社会中，在私人与公众、中国与外国等对立空间中的挣扎心态。

此书另外的篇目则对应一些相对古老的题目，其中晚明就占四个。它们透视"风雅"的视角却是各个不同的。夏丽森（Alison Hardie）探讨了在古典园林艺术中反映出来的女性典雅；Kenneth Hammond重述了杨继盛在弹劾严嵩下诏狱后，他的友人王世贞用笔、他的妻子张氏以生命，分别成为杨氏之"道德代理人"（virtuous surrogates）的过程；董莎莎（Sarah Dauncey）研究了明末女性衣着式样上的俭朴与典雅审美的关系，即：衣着的裁剪样式愈是朴素、简单，愈是能逆暴发户的衣着取向而动，因之而成为上流社会女性的一种时尚诉求；日本学者Yashushi Oki的研究探讨了陈继儒、李渔等人的若干著述成为明末时人学习风雅做派的教科书的有趣现象。

此书有两章是关于清代的，分别来自两位编者。一是博格对清初闺秀的"蕉园诗社"的研究，另一是司马懿探讨清待狎邪小说中妓女对风雅形象的追求。此外还有一篇跨越明清两代的研究，是何安娜（Anne Gerritsen）之于早逝才女的，她以叶小鸾为例，揭示了江南精英文人圈子对不幸早逝的闺阁琼英又怜又叹又慕的一种造神性的集体心态。

此书意在探索风雅这一观念的背后机理，当中12篇论文穿越了广大的时间和空间，上穷碧落下黄泉地追寻、诘问、探索，在此我们不能不赞叹编者的用心之深。可以看出，两位编者在着手编著之前，早有一个大框架在心，她们的目光，穿越了人文学科的门径分类，以一个抽象的概念贯穿起了风俗、心态、服装、文学、园艺、历史的纵深。

此书的序言是笔者所见的英文学术论著序言中的精美上品，它对概念的梳理如层层剥笋，文笔遣词如含珠弄玉，笔者久已熟悉博格的论文和著述，知其笔致虽亦清通有致，但风格与此不同，故不揣冒昧地猜测主执笔者为司马懿。如果一定要说序言部分有何不足，就是分章介绍仍略嫌其简，再稍稍详尽一点就更佳了。

需要指出的是，此书目前未有中文版，但却先有了一个焚琴煮鹤的译名：《中国的附庸风雅：超越性别与阶级的流通》。这个译名是不恰当的：Quest一词的意思是"搜寻"或"探求"，但蕴含有"长久而艰难的"的意思。这个词最著名的用法就是亚瑟王的"圣杯寻求"，the quest for the Holy Grail。它若用于指精神领域的探索，则颇有我国《诗经》名篇《蒹葭》中"溯洄从之，道阻且长"的意味。举个例子：专擅翻译中国古典文学的汉学家白之（Cyril Birch）曾翻译11篇楚辞，都收录在他本人编著的1965年版《中国文学选集》里，在他与“美国学术团体协会”(American Council of Learned Societies)合作出版的《中国文学流派研究》[1]中谈到《离骚》的数页，时常可见Quest一词。

且不说翻译作“附庸”已经远悖Quest的“搜求”“寻求”“探求”之意；“附庸”一词作为动词，在古代汉语中虽有其他的中性义项，但若是在现代汉语中关联“风雅”，其“装点门面”的贬义意味已经跃然纸上，这与该书欲探讨风雅在中国形成和发展的社会历史机理，并自身也为风雅进行代言的倾向是背道而驰的。笔者在此将Quest译为“寻求”，而不使用字面上也说得通的“征逐”“追逐”等稍带贬义的词，这是因为准确的对应需要完全汰去贬义。

这位书名译者也并不懂得，“Negotiation”用作单数时指的是实实在在的会谈或谈判行为，用作复数的时候，就有了“磋商”与“交涉”之意，无论如何，“Negotiation”根本没有“流通”之意，这样译不仅生硬，而且是错误的。

① Cyril Birch, *Studies in Chinese Literary Genres*. Berkeley: University of California Press, 1974.

家庭情节剧与民初社会伦理的重构

林存秀*

摘　要：看戏是一种日常活动，又是高于日常的审美和精神活动。1913年后，家庭剧盛行一时，传统的维护宗族伦理的惩戒剧和伦理教化剧，渐渐向以爱情为中心的家庭情节剧转变。"游园"情节在新剧中出现，是这一变化的表征。同时，家庭情节剧作为一种融合了中国传统戏剧的类型，又受到外来戏剧的极大影响，是特定历史时期社会形态嬗变的隐喻和缩影。家庭情节剧的出现，和核心家庭的出现相关，也要放在工业化和城市化的背景中来考量。

关键词：家庭剧；情节；游园；日常生活；《家庭恩怨记》

托克维尔指出，在一切文艺当中，只有戏剧与社会的现实情况最为繁杂和最密切，当一个国家的社会和政治情况发生改变时，首先受到影响的一般是戏剧，而且戏剧所受的影响总是显而易见的。如果你要观察某个特定历史时期的社会文化，就研究这个时期的戏剧好了。

一方面，中国戏剧的现代化，是在近代民族危机和革命推动下产生的。自鸦片战争以来，传统中国开始了痛苦的蜕变。戏剧因为其潜移默化的引导作用和在普通民众中的影响力，被精英改良者们视为启蒙的工具。精英改良者力图改变传统戏剧的地位，将剧场看作社会教育的大教室，并致力于改良、编写新剧，甚至亲自上台现身说法。另一方面，戏剧作为大众文化在城市空间上演，也要放在资本主义生产关系的脉络中来考察。随着工业化和城市化的兴起，戏剧表演也开始融入现代因素，适应城市新兴阶层的需要，变成城市娱乐文化的重要组成部分。

* 林存秀，绍兴文理学院副教授。

戏剧舞台的变迁，是中国近代社会变迁的缩影。对于戏剧变迁的考察，也需放在社会变迁的脉络和语境中。民国出现的“新剧”，糅合了传统的戏曲基因，也受到外来戏剧的影响，呈现了“杂糅”和“混种”(hybrid)的特点。刘思远用米哈伊尔·巴赫金(Mikhail Bakhtin)的杂糅理论研究新剧，指出“巴赫金的无意识、有机的隐性杂糅也提醒我们所有的戏剧形式都是混杂的，纯粹的戏剧是不存在”。戏剧具有“多亲”的性质，这也导致了新剧的多种混种特性。[①]

这种混杂的戏剧形式，也表现在民初的社会形态上。此时期虽然仍然处在儒家思想体系的“情感结构”支配下，但是社会的道德伦理都受到强烈的冲击。本文将以取材于古老故事的民初新剧《家庭恩怨记》，来分析家庭结构和伦理的变迁以及新出现的社会阶层。

一、传统戏剧的现代转换：家庭情节剧的出现

西方的情节剧(Melodrama)产生于18世纪末期的法国通俗剧场，作为一种“现代”剧场与当时贵族的新古典主义剧场相对立。情节剧是当时政治主导地位尚未确立的资产阶级反映于社会文化层面的一种心理代偿机制。随着工业化和城市化的进程，剧场文化获得长足发展。剧场艺术样式新奇，品类繁多。在维多利亚时期，有杂耍剧院(vaudevill)、歌剧院和一般性戏剧。演剧类型包括情节剧、滑稽剧(burlesque)、默剧(pantomime)等等。佳构剧是19世纪出现的通俗戏剧形式之一，属于“轻喜剧”，源自法国，与默剧、笑剧处于同一行列。在关于中国电影情节剧的研究中，毕克威兹将佳构剧和鸳鸯蝴蝶派小说类比，并且认为这种形式不但影响了五四时期的电影，而且和20世纪80年代复兴的电影情节剧属于同一个类型。19世纪末期，情节剧在戏剧舞台上开始衰落。但是情节剧的表现方式，被电影尤其是后来的电视剧所继承。

由以上分析可见，情节剧不单是一种戏剧类型(genre)，更多应该被看作一种表现风格，以情感的充溢(excess)和丰富的想象力而著称。有学者纠结于家庭剧和情节剧的关系，提出情节剧是不是家庭剧的观点。实际上，两者并不是一个平衡的概念。尽管如此，大多数的家庭剧仍然可以归入情节剧行列。

我们知道，情节剧的概念是在西方的语境中讨论的。但是，并不能以此为标准认为中国不存在情节剧。民初的情节剧，多是悲剧。民初悲剧，受到晚清时期学习西方悲剧的影响。陈建华指出，1904年王国维发表《红楼梦评论》，以亚里士多德、叔本华的哲学来肯定《红楼梦》为悲剧之中的悲剧。他引入悲剧观念，旨在弥补中国“乐天”传统的不足，这成为文学现代性的标志之一。民初戏

① 刘思远：《新潮演剧与杂糅》，《戏剧艺术》2016年第3期。

剧、文学中"哀情"大为流行，与王氏的鼓吹不无关系。[①]另外，传统"诉苦戏"，可以追溯到晚明的"情教"传统。清代有"诉苦戏"，郭安瑞将其比作西方的情节剧，并且认为剧中以主角的悲惨经历或者纯洁的品格，引发同情，催人泪下，这种感伤本身就是对社会的一种控诉。[②]清末写情小说，也以"哀情"最能打动人心。

中国也有表现家庭关系的传统戏剧，但是真正的家庭剧产生于近代，可以将《家庭恩怨记》作为滥觞。

家庭情节剧在早期工业化城市的繁荣，在世界各地区出现了惊人的相似。这是因为资产阶级核心家庭渐渐出现，大家族制度逐渐受到冲击。核心家庭即以一夫一妻为基础的近代家庭，渐渐成为社会结构的基本模式。这一制度在西方形成于18～19世纪。以19世纪维多利亚时代的英国为例，这不仅是资产阶级经济秩序发展的结果，还有基督教的文化强势作为后盾。和之前的家庭形态相比，"近代家庭"有如下特征：

(1)以夫妻为中心
(2)以孩子为中心
(3)排除非血缘亲属[③]

工业革命引发了都市流行小说的全球化传播。这一类从18世纪的英国传入欧洲其他国家和美国，又通过翻译传播到全世界。在东亚，日本最先受到这种潮流的冲击，在19世纪70～80年代，最初是在大阪和东京，一些通俗小说家的作品被翻译，如狄更斯、哈葛德、凡尔纳，以满足新兴的城市中产阶层的读者。与戏剧市场相应而生的是新派剧(shinpa)，新派剧目前在日本仍然存在，叫作"剧团新派"。新派剧以采自欧洲浪漫派戏剧的"翻案剧"和由家庭小说改编的"家庭悲剧"称盛。而且，新派剧也被称为"连锁剧"，这和20世纪中国城市戏院出现的"连台本戏"异曲同工。

在晚清和民国初年，新剧表现出激进的政治化倾向，而一战期间及其以后，却转向了社会家庭伦理的关怀。家庭伦理剧的创作者，是城市化进程产生的新兴中产阶层，他们是大众文化的生产者。他们不能进入政治的核心圈，却致力于改变日常生活风尚。这一类城市"印刷资本主义"的从业人员，或者叫作"文人"阶层，在中国晚明时期就出现了。16～19世纪，社会经济结构的变化，促使

① 参见陈建华：《紫罗兰的魅影——周瘦鹃与上海文学文化，1911～1949》，上海：上海文艺出版社，2019年，第329页。

② 郭安瑞：《文化中的政治：戏曲表演与清都社会》，北京：社会科学文献出版社，2018年，第197页。

③ 上野千鹤子：《厌女：日本的女性嫌恶》，王兰译，上海：上海三联书店，2015年，第133页。

了城市大众文化的出现。而经济的增长，促进了教育机会的增多。但是科举考试录取人数却比较固定，这就注定很大一部分书生穷其一生也进不了仕途。尤其是出生在晚明、在清代康熙年间度过成年的文人，彼时汉人不但上升机会少，而且不时面临“文字狱”，这促使更多的人转到大众文化领域。[①]

1905年，科举制度废除之后，更是扩大了城市中的“文人”群体。苏州等地的文人，纷纷来到上海谋生。自己创办报纸，或者做报社记者、编辑，或者成为流行通俗小说作者。他们多出生于1880年左右，早年曾经接受过私塾教育，后又进入新式学堂。他们身上体现了新旧参半的特点，而其在内心确也存着社会改良的愿望，保持着儒家的社会责任感。

学生是20世纪新兴的政治力量。到1914年，新式学校的毕业生人群已经非常庞大。在传统社会，他们要走的路很确定，学而优则仕。但是新式学校的毕业生却产生了分化，有些人成了职业的革命家，尤其是海外留学生。归国留学生在国内政坛特别活跃，比如在孙中山临时政府的18名内阁成员中，就有15名有留学经历。[②]国内学校的毕业生，有的也积极参与政治，有的能进入银行、商业、文化等领域和部门，也有一些人找不到出路，曾经在学校热衷演剧的，则继续之前的新剧事业。1914年后成立的新剧社，有些著名演员就毕业或肄业于国内新式学校。比如汪优游，毕业于上海民立中学，在学生时代组织过“文友会”演剧。陈大悲出生于官宦家庭，毕业于苏州的东吴大学。凤昔醉，毕业于江南高等实业学堂，有口才，通英语。周剑云，出生于1893年，幼年也曾接受私塾教育，后入兵工厂专门学校。[③]学生在学期间受到时局的影响，故而即使是在商业新剧时期，他们内心也存有“社会教育”的关怀。在以往研究中，往往关注苏州、杭州、上海的“鸳鸯蝴蝶派”文人群体，而对于这批源自学生阶层的中低阶层知识分子缺乏关注，他们中间很多人成为“新剧家”。

二、古老故事的重新讲述：《家庭恩怨记》

1912年4月20日，以留日学生为主体组成的新剧同志会假座上海青年会首演《家庭恩怨记》。同年12月，又在假座大舞台演出。1914年春柳剧场开幕后，也曾多次演出。此后的商业剧团新民社、民鸣社，女子新剧爱华社的演出版本，皆在此基础上改编而来。这部戏也曾被旅行剧团带到江浙一带，湖南、汉口等

---

① Evelyn S. Rawski, “ONE. Economic and Social Foundations of late Imperial Culture”, in D. Johnson, A. Nathan & E. Rawski (Ed.), *Popular in Late Imperial China*, Berkeley and Los Angeles: University of California Press, 1985, p. 13.

② 徐国琦：《中国与大战——寻求新的国家认同与国际化》，马建标译，成都：四川人民出版社，2019年，第38页。

③ 《新剧潮流·传略》，《繁华杂志》1914年第1期。

地演出，是一战前后比较流行的通俗戏剧。我们利用多次演出的资料和信息，来还原这部戏剧在民初的演出情况。

首先我们看大体故事情节。有剧评介绍，六幕分别为纳宠、私约、毒计、奇冤、追悔、杀妾。第一幕，前清标统黄伯强投身军界，光复之际侵吞巨款，后挟资来沪，纳筱桃红为妾。第二幕和第三幕，桃红为勾栏中人，与李三有旧，入黄家后仍与之暗通。一日两人私会之时，被伯强之子重申撞见，李遂设计害黄父子。第四幕，黄生日宴会将至，桃红命重申购洋酒献父，而偷偷下毒嫁祸。黄受蒙蔽，逐重申。重申冤愤莫白，以手枪自裁。第五幕，重申之妻菊仙与之伉俪颇笃，至是悲痛成痴。在忠仆的帮助下，黄亦渐知妾奸，痛子怜媳，老泪暗弹。某日，李三潜至后花园，被两仆所擒。第六幕，黄怒杀妾，尽以家财40余万捐助孤儿院，投军而去。也有剧评六幕名为嫖妓、游园、毒计、自尽、哭夫、杀妾。郑正秋的《新剧考证百出》列为七幕。①

《家庭恩怨记》，取材于刘向《列女传》"孽嬖传"中的《晋献骊姬》。《列女传》共有七章，"孽嬖传"故事的重点在于训诫和评判亡国破家的"女祸"形象。"女祸"作为一个专有名词在官修史书中确立，主要目的在于防止女性干政和告诫女性不要干政。《列女传》一开始在宫廷女性中传播，后扩展到民间。人物故事通过颂、图，画像石等多种方式在历代得到有效传播，但主要是选取"节义""贞顺"二传中的人物。巫鸿在关于汉代画像石的研究中，分析了山东武梁祠中的"列女图"系列，这七幅图位于武梁祠后壁和左壁最上一层。从图像学角度来解析，"由于每个故事只由单幅画面表现，图像的主要功能并不在于讲述整个故事，而在于通过制造紧凑空间单元中的戏剧性冲突，以点明故事隐含的道德训诫"②。图像隐藏或省略了真实的建筑空间，反而将性别隐喻的空间建构和凸显出来。编入戏曲的人物有《节义传》中的鲁秋洁妇，此为流传甚广的《秋胡戏妻》。夏晓虹教授的研究指出，在晚清类似《女诫》《列女传》这样的传统女教范本在新式学校渐渐遭遇冷遇，教科书代之以西方女杰故事。③那么，在通俗戏剧领域，当列女故事，尤其是"孽嬖传"故事被编演上舞台的时候，观众的接受和评价又如何呢？《家庭恩怨记》所塑造的筱桃红这一典型女性形象该如何解读？

我们能找到的最直接的评点当时演出的资料就是剧评。我们先以1912年新剧同志会所演《家庭恩怨记》为例，《申报》上刊登有较为详细的演出实况描述。此次演出全剧分六幕。剧评有一段论及陆镜若所扮演之角色：

---

① 郑正秋：《新剧考证百出》，上海：上海图书集成公司，1919年，第3～4页。因为演出时间跨度长，剧团也不同，所排演幕数及每幕名称亦不相同。

② 巫鸿：《女性绘画中的"女性空间"》，北京：生活·读书·新知三联书店，2019年，第65～66页。

③ 夏晓虹：《晚清女子国民常识的建构》，北京：北京大学出版社，2016年，第1～24页。

陆镜若饰黄伯强，精神雄壮状态纠桓，做工老到说白清爽。《嫖妓》一场，与筱桃红并肩密语眉目相传，描摹得入情入理。同时与孤儿院经理何三山对白谓："现在经济困难，自顾不周，安有余款以助孤儿院耶？"数句说得奕奕有神。嫖妓则挥金如泥，公益则一毛不拔，可为一般守财奴写照。又《梦境》一场谓："我最亲爱的儿呀，我以一时之昏昧，致冤屈汝以不孝之罪，汝亦何忍竟舍我以长逝耶！"数句说得凄惨动人，是殆深于新剧智识而极有心得者也。[①]

以上剧评，首先从戏剧表演论上，把演剧的逼真程度作为必要条件，强调对白和做工。其次从戏剧观众论上，非常看重能否感动观众，引发共鸣。最后强调戏剧的社会改良功能。新剧强调逼真，强调演员的表情和真情实感。在辛亥革命前，多政治类新剧。青年会的演出，仍强调剧中的社会责任教育，有前期革命演剧中类似演说的部分。黄伯强这一人物，是对辛亥革命中投机政客的讽刺，具有极强的时代色彩。

新民社和民鸣社的演出，和最初新剧同志会的版本有所差异。在新民社、民鸣社演出版本中，重申的名字被改为"孝先"[②]，越来越倾向于传统家庭伦理，《家庭恩怨记》被当时报纸冠以"家庭惨剧"，被宣传为"有益于社会之良剧"。

这部戏剧以父子人伦为中心，重申因为"孝"而不愿拆穿毒计，他的自杀引发观众同情，表现出对儒家伦理的眷顾。如果说五四精英知识分子的讨论并不容易在日常生活层面被接受，那么如陆镜若一类的知识分子，他们是和民众较为贴近的。在剧评中，重申之"孝"也成为争论的焦点。1914年9月12日，针对春柳剧场的演出，署名为筠霄的观众发表观后感，认为对申生的模仿再逼真也无法描摹众人心中已有的形象。在民初的戏剧中，"三从四德"和"三纲五常"这一类明显的说教，已经遭到了鄙弃，但某些儒家伦理却以道德情感的形式留在戏剧中。民初新剧除了宣扬"孝"，也保留了传统伦理中的"忠"。例如《家庭恩怨记》中的仆人，帮助主人揭穿真相，擒拿奸人。如细读民初的家庭剧，我们可以发现，多部戏中都有一名忠心的仆人。

但是，剧评的声音并不是一致的。1914年，春柳剧场重新演出《家庭恩怨记》，出现了针锋相对的争论。《申报》"自由谈"专门辟出"剧谈"一栏，刊登新剧剧评。1914年9月12日，署名筠霄者在"自由谈"发表观后感，首先批判了此剧的取材问题：

① 新剧团体往往有自己的机关刊物，我们借助剧评了解当时的演出情况。民初新剧理论处于形成和发展时期，剧评包罗万象，有时剧评人和剧团成员之间亦有重合。凤昔醉：《青年会连日演剧之盛况》，《申报》1912年4月22日。

② 药风，即为郑正秋。剧评称："药风饰王孝先体贴，戏情极为周到。至痛哭故母，执刀自尽时，语语凄惨……演时神情之凄楚者，多为下泪。"

> 此剧本事全袭申生、骊姬故事而改头换面出之，如伯良之子名重申意谓更一申生也。园中一幕，梅仙对重申历诉家庭之苦，重申婉譬以骊姬故事为解。《自戕》一幕，梅仙劝其往外国游学，重申云，背父私逃必为外人所笑，即《檀弓》申生对狐突语也。凡此诸点，不惟袭其意兼袭其辞，用意虽佳究嫌板滞。且观者胸中先有一真正之申生在，必不为此夺形易貌之申生所动，就使扮演者以十二分精神为之，终不能不因脚本之敷衍而减其声价也。[①]

9月22日，新剧编剧冥飞于《申报》同版发表《驳�霄之〈家庭恩怨记〉剧评》予以辩驳：

> 不敢不拜服筠霄之大孝不匮(盖筠霄谓观者胸中先有一真正之申生在，必不为此夺形易貌之申生所动)，可知筠霄胸中固时时有一至行绝特之申生在，且代表观者谓无人不有申生在胸中。岂非大孝不匮？钦佩之至……不知申生、骊姬之事，可以谓之典乎否也？如申生、骊姬亦可谓之典，特未尝征诸实而已。是必以申生、骊姬当日之语言及举作，以及宫车队衣服一切，一一起古人古物于地下而模仿之，至毫发不差而后所数之与乃始征，实则甚矣，实之难也。[②]

二人争论的焦点在于申生之“孝”。筠霄以为，对申生的模仿再逼真也无法描摹众人心中已有的形象。而冥飞则反驳，观众并非只是看到了孝的一面，新剧呈现了多种面向。而且，剧本虽然取材于此，但却是有所发挥的，对话和动作都是按照时下的想象而来。剧评称：“药风饰王孝先体贴戏情极为周到，至痛哭故母执刀自尽时，语语凄惨……演时神情之凄楚者，多为下泪。”[③]可见，在民国时期通俗家庭剧中，“孝道”仍然是一个强调的重点。

自清康熙之后，禁毁和改编了大量的明代戏剧和小说。例如，晚明具有反清意识的时事剧《铁冠图》变成《表忠记》。故事主角周遇吉战死后，其妻自刎，其子触阶而死，其母令家将放火自焚。尤其是周遇吉辞别母亲时，母亲慷慨陈词：“妇人家以三从为首：在家从父，出嫁从夫，夫死从子。不幸你父早亡，喜汝名登武科，出镇此土。今当国难尽忠，也是理所正当，何必再商？”“你若是为国捐躯，不负我谆谆训义方！”[④]这一类说教完全是儒家家庭中的母子关系的呈现，没有真实的情感成分。在民初的戏剧中，“三从四德”和“三纲五常”这一类明显的说教，都已经遭到了鄙弃。但这并不代表，儒家伦理已经像在后工业化的基

① 筠霄：《余之春柳社家庭恩怨记评》，《申报》1914年9月12日。

② 冥飞：《驳筠霄之〈家庭恩怨记〉剧评》，《申报》1914年9月22日。

③ 丁悚：《剧谈》，《申报》1913年11月2日。

④ 周秦主编：《昆曲集存》，合肥：黄山书社，2011年，第4529～4530页。

督教世界一样被“祛魅”，儒家伦理虽然已经褪色，但还是基础的底色。民初新剧除了宣扬“孝”，也保留了传统伦理中的“忠”。例如《家庭恩怨记》中的仆人，帮助主人揭穿真相，擒拿奸人。这些传统道德伦理的隐性呈现，也是故事感动观众的所在。

如果只是这样，似乎缺少抓住观众的真正卖点。这样一个忠孝故事如何在民初的商业剧场中胜出的呢？�霄批评的第二点，即针对的是欧阳予倩扮演的筱桃红角色，他对这个角色甚为不满：

> 予倩去桃红，烟视媚行俨然一妓。其演置毒劝酒，投入伯良怀中，作种种狎亵之态，尤以为未足。且加之以淫调，使人肤生三日粟。此等处岂必如是而后为佳耶？盖编者演者均不过欲博当场一赞，遂不惜自贬声价而为之，不知群雌粥粥对此作何感想？吾愿神圣尊严之剧界，居常以化俗牖民为己任者，于此等处加之意也。

对此，冥飞则反驳，妓女就应该有妓女的样子，不应该演成道学先生：

> 小桃红之在《家庭恩怨记》中，其性质纯然是一妓女。予倩之去小桃红，当然以妓友之态度出之。……信如�霄言，则妓女不应烟视媚行，自当正襟危坐，岸然面道貌而后合于筱霄之心理？此等妓女大约可名之为“理学妓女”，为之狎客者又必周、程、朱、张诸大儒而后可者也！

筱桃红的角色才是问题真正的焦点。这段话换个视角，指出表演恰合人物身份。欧阳予倩也曾对此评论做过回应，认为“批评当然出了戏剧范围以外”，反而因为“揣摩的苦心收到了效果”，演出逼真而“非常得意”。我们也可以理解为，商业新剧以惩戒和社会教化，将情色的公共展示合法化。

《家庭恩怨记》属于传统惩戒故事。这一出戏的最后一场——筱桃红被杀，展示了暴力的淫妇惩戒过程，以达到维护正统伦理秩序的目的。这类带有“厌女”特征的戏剧，在元代就已经出现。田仲一成在分析元代杂剧的商业演出时指出，勾栏里演出绿林杂剧，妖艳女角经常扮演其中的毒妇，最后被英雄杀死。[①]郭安瑞（Andrea S. Goldman）对清代戏剧的研究表明，关于悍妇、妒妇或者淫妇的戏剧，是皮黄戏的一个重要种类，而且往往以反面的女人被惩罚为结局。京剧根植于正义且暴力的男性豪杰激情，及其对女人的私行暴力来获取愉悦，在男性观众中还是有一定的市场。[②]

在民初戏剧市场，当观众群体发生变化时，剧情会发生哪些改变来适应新

① 田仲一成：《中国戏剧史》，云贵彬、于允译，黄美华校译，北京：北京广播学院出版社，2002年，第161～162页。

② 郭安瑞：《文化中的政治：戏曲表演与清都社会》，郭安瑞、朱星威译，北京：社会科学文献出版社，2018年，第230页。

的观众需求？仅仅从剧评入手，也很难看到演出的实情，因为剧评本身就带有观者的偏见和意识形态。我们从剧照、情节以及布景等方面，以春柳剧场欧阳予倩版的《家庭恩怨记》来分析筱桃红形象。人物性格塑造的不同和剧中游园情节的凸显，使得整部戏的表现重点和情感指向发生变化。

三、“游园”情节与言情剧转向

1915年《剧场月报》刊登了欧阳予倩扮演的筱桃红剧照。《剧场月报》是春柳剧场的机关报，多刊登演出剧目和剧评。演出场所为谋得利剧场，虽然不如演出京剧的商业剧场设备齐全，但也有布景、灯光等现代舞台设置。

剧照展示了一个室内场景，筱桃红侧卧在床上，纤指放于唇畔，凝神于一张照片。剧场以写实主义的方式设置场景，墙壁以图片的方式展示。屋内家具、摆设，包括茶几、花瓶、床、薄裘、窗纱都是实物。演员着新式服装，梳新式发髻。营造了一个静谧的，又充满情色意味的封闭空间。在剧照下，并有题诗一首：

素手纤纤玉照擎，秋波斜眄最多情。
昨宵曾记花园立，私语喁喁碍月明。
鸳鸯枕畔玉钗斜，薄拥香裘脸泛霞。
心事满腔谁可诉，莫教偷觑绿窗纱。①

这首题诗呈现了一个心事重重、充满柔情的筱桃红，而非一个淫荡的毒妇。如“秋波斜眄”“心事满腔”，都非常细腻地刻画了筱桃红的多情。从剧照上，人物观看照片时的深情款款，也令观众对其人产生些许同情。此处“筱桃红”这一人物所呈现的空间，兼有训诫、欲望、爱情的多种复杂成分。

这张剧照可以单纯理解为女性是色情凝视的对象。但是在剧场中，有着三重凝视：剧照中筱桃红对情人的深情凝视、观众对筱桃红的凝视、女观众对男旦的凝视。这些凝视，体现了复杂的性别和权力关系。

在商业化戏剧的背景下，以“工业文学”为特征的大众化消费文化，对欲望和野心的呈现必定变成一种常见的形态，而其中色情身体的变迁和命运、身体的凝视和权力关系，也变成一种值得讨论的情节叙事风格，即这种色情身体的展示，可能借助惩戒的风格。由此可见，20世纪初的城市民众消费的虽然还是前现代的故事，但是故事的内核和主要情节已经发生巨大变化。

《家庭恩怨记》最重要和最有趣的是第二幕游园。首先，这一段情节展示了三对情人的亲密谈话。先是“伯强与桃红携手过桥。亭畔花前，两情相得，令人艳羡不至(止)，竟忘其为剧中之化身也”。稍后，伯强因事离开。“李生冒昧而来，阿秀传语，桃红初未之信，既而睹面，喜出望外。即赠银币二纸，李生负气不

① 《新剧家欧阳予倩君扮〈家庭恩怨记〉中之小桃红照片》，《剧场月报》1915年第3期。

受,桃红悲愤欲绝。"[1]而在暗处,还有重申夫妇在游园。

这一段情节又充满了紧张的冲突,其中有发现、有突转。筱桃红和李生暧昧情事被重申夫妇撞见,他们从而密谋了一个令人感到恐惧的毒计。观众从中看到了什么,大概是各取所需,因人而异,仁者见仁,智者见智。比较保守的观众,对这个角色及其扮演者甚为不满,批评这个角色太过"狎亵",编剧者是"自贬身价"。

对真挚爱情观念的宣扬,还体现在重申和菊仙之间。如《自尽》一场,重申哀痛真挚,泣呼"我只丢不下最亲最爱的菊仙!",闻者多泪下;而《发痴》一场,扮菊仙者"忽哭忽笑,两目呆定,酷肖神经病者:'我的哥哥那里去了?'",令人闻之酸鼻。[2]多处剧评都重点提及,可见亦是当时所重。

民初戏剧的布景和灯光运用,使得园林景色逼真优美,使爱情的发生更加自然。《家庭恩怨记》有多张剧照留存,其中就有花园的场景。当时评论也称"布置园景,颇合剧情"。在"家庭恩怨记之一幕"的剧照中,有画片做背景的烟树楼台、近景实物的花、石凳等摆设。戏景是戏剧的六个组成部分之一,戏景虽然和戏剧的艺术性关系稍疏,但是却最能吸引人。尤其是在民国初年,大城市才刚开始用电,在舞台上应用光电和布景,能收到震撼的景观效果。清代的剧场并不使用布景,例如在舞台上演出《嫂子我》等戏剧,其情色表现是直白和浅陋的。而布景,就像《牡丹亭》中的优美词句一样,将情色日常化和艺术化。

民初的新剧家,作为新兴的资产阶级,制造了既能反映他们的理想,又能适应市场的大众戏剧。如果我们把民初作为家庭伦理的修正时刻,在经历危机之后,也正是一种新的伦理秩序重构时刻,有各种力量参与的"阈限"时刻。新的家庭伦理和两性道德的形成,是各种力量相互竞争和妥协的结果。民初的思想界是非常复杂的,有非常保守的传统士绅、新兴的中产阶层、学生群体、妇女等,他们的话语竞争都在戏剧领域得到体现。

结语

民初新剧再现的家庭和言情故事,并非代表个人主义的自由爱情,其仍然在儒家的情感结构中,并且存在将道德情感化的倾向。在感伤的故事中,展示那些美好纯洁的品德遭受的磨难和困境,的确像是在为日渐凋零的儒家世界哀悼。

《家庭恩怨记》显示了叙事倾向正在发生转变。"游园"的情节,在之后的女子新剧中被继承。《家庭恩怨记》作为家庭剧开始兴起的标志性剧目,与传统的家庭戏相比有了性质上的改变,从惩戒剧慢慢转向以言情为核心的叙事。

① 病鸿:《新剧管见:〈家庭恩怨记〉》,《联益之友》1926年第16期。

② 《纪新剧同志会演家庭恩怨记》,《申报》1912年12月16日。

《家庭恩怨记》作为现代家庭剧的滥觞，惩戒的意味渐渐减少，而言情的成分逐渐增加。这一趋向在后来的家庭剧中日趋明显，尤其是在女性主导的戏剧中，惩戒剧渐渐变成翻案剧，通过再现剧中被压迫女性的心理和生活状况来重新诠释戏剧情节。戏剧中所演绎的爱情故事，对现实生活产生反作用。从传统以农业为基础的社会组织形式向现代核心家庭的转变以及新的科学和技术的进步，要求生活在城市里的人们不得不去关注和学习新的东西。